社會福利概論

The Concept of Social Welfare

葉至誠◎著

序

　　「社會福利」被視為具有悠久的歷史，因為在農業社會，世界各地有許多救災、濟貧的思想和活動。在此歷史的傳承下，社會福利往往被視為慈善的社會救濟、廉價的社會服務。事實上，現代社會福利的本質，已有別於往昔的慈善救濟的活動。現代的社會福利是指政府、民間及非營利組織，運用集體資源再分配或轉化為各種福利服務之手段，以滿足人們基本生活需求、增進社會平等、提升社會團結和諧為目的，所進行有組織、有系統的活動，其本質不是慈善施捨，而是基於政府責任、人民權利或社會互助的思想。

　　台灣自實施工業化以來，社會生活環境不斷變遷，大多數人從農業生產活動轉而受僱於工商產業體系，家戶由大家庭轉變成小家庭，各種生活需求愈來愈依賴市場供應，單靠家庭與市場力量，已無法因應生活快速變遷的衝擊。隨著經濟富裕化、政治民主化、社會競爭劇烈化的背景下，社會福利與一般人的關係愈來愈密切，非營利組織因時勢所趨而蓬勃發展。當前我們的社會，正值人口高齡化、少子化，家庭功能萎縮，民眾對政府推動社會福利的需求日益殷切下，顯示社會福利更須積極主動，以謀求民眾福祉、營造關懷的公義社會為目標。隨著我們社會邁進政治民主、經濟發展、社會多元的新階段，如何使社會福利與國家建設同步提升，以達成現代化社會福利指標，是國人應該建立共識、努力以赴的課題。現階段推動社會福利的原則為：

1. 需求原則：社會福利應以民眾的需求為依歸，特別是對弱勢族群要適時提供幫助與照顧。
2. 積極原則：社會福利具有解決社會問題的積極意義，必須兼顧精神與物質，落實公平正義，才能確保社會安定。
3. 效率原則：社會福利的推動，要重視各項政策的規劃、執行與考

核,使有限的社會資源做最有效的利用。

4.前瞻原則:對於各項社會問題要預作準備,及早規劃解決方案,以避免發生爭端,影響社會安定。

5.均衡原則:要兼顧不同組群的需要,縮短城鄉資源的差距,達成公平分配的目標。

6.整合原則:要運用科際的整合,研議相關措施,加強機關間的協調及公、私部門的合作,以強化整體力量。

推動社會福利是我國憲法所明訂的基本國策,主要項目包括國民就業、勞工農民保護、全民健康保險、兒童老弱保護、婦女人身安全保障、原住民保障與扶助,以及身心障礙者就業、教育、醫療生活保障……等,充分顯示我國對社會福利的重視。多年來,政府為了社會發展的需要,先後訂頒「民生主義現階段社會政策」、「現階段社會建設綱領」和「社會福利政策綱領」等重要措施,以為推動社會福利的根據,而且已收到相當的成果,為社會發展奠定了穩固的基礎。近年來全球化的浪潮,以及科技、資訊的高度發展,已改變了傳統民眾對社會福利的期待,各國政府對於福利服務方式已面臨巨大的衝擊與興革。為確保民眾生活福祉,我們社會亟需一套高瞻遠矚的社會福利體系,以迎接二十一世紀的挑戰,建設一個公義祥和的新家園。

筆者自大學專業教育的啟沃,即本諸社會福利服務為終身職志,服膺在社會科學享負盛名的羅爾斯(J. Rawls)於1971年發表擲地有聲的《正義論》(*A Theory of Justice*),其中揭示「一個正義的社會,必定是能使社會中處於不利地位的人,多得好處較少受損的社會」。追求社會公義成為個人學術志業努力的目標,也是多數國家及民眾共同的期盼。該主張與社會福利所揭示的目標皆為「正義的原則,是要調節社會制度,從全社會的角度處理社會不平等,排除歷史與自然方面偶然因素對於人們生活前景的影響」。本書以此為理念,藉由十二個單元論述社會福利的基本概念及行動實踐等兩大領域,期能提供讀者對於社會福利

服務的「思與言、知與行」具體落實，達到社會公義的理想，為謀知識推廣。感謝揚智文化閻富萍總編輯的玉成，得將助人專業的服務理念以專書方式呈現，期能就教方家。知識分子常以「金石之業」、「擲地有聲」，以形容對論著的期許，本書距離該目標不知凡幾。惟因忝列杏壇，雖自忖所學有限，腹笥甚儉，然常以先進師長之著作等身為效尤的典範，乃不辭揣陋，敝帚呈現，尚祈教育先進及諸讀者不吝賜正。

葉至誠　謹序

目　錄

序　　i

Chapter 1　社會福利概說　1

前　言　2
壹、社會福利的主要意涵　3
貳、社會福利的主要功能　7
參、社會福利的歷史演進　9
肆、影響社會福利的因素　16
伍、社會福利的發展趨勢　22
結　語　25

Chapter 2　社會福利的理論思維　27

前　言　28
壹、社會福利實施模式　28
貳、社會福利傳統思想　33
參、近代社會福利理論　40
肆、當代社會福利理論　43
伍、福利理論發展趨勢　47
結　語　49

Chapter **3** 福利國家與社會福利 53

前　言 54

壹、福利國家的歷史脈絡　54

貳、福利國家的理論思維　57

參、福利國家的主要型態　64

肆、福利國家論的主要內容　70

結　語 74

Chapter **4** 社會福利的實施現況 77

前　言　78

壹、社會福利政策檢視　78

貳、社會福利政策理念　82

參、社會福利實施現況　85

肆、社會福利努力方向　91

結　語　103

Chapter **5** 兒童及少年福利服務 105

前　言 106

壹、兒童少年福利的政策 107

貳、兒童少年福利的實施 111

參、兒童少年福利的現況 115

肆、兒童少年福利的發展 119

結　語 122

Chapter **6** 婦女福利服務 125

前　言 126

壹、婦女福利政策思維　126

貳、婦女福利服務現況　129

參、婦女福利立法重點　134

肆、婦女福利服務發展　139

結　語　141

Chapter **7** 弱勢族群福利服務　143

前　言 144

壹、身心障礙福利政策與立法　145

貳、外籍配偶政策與相關作為　151

參、原住民福利的政策與立法　156

結　語　160

Chapter **8** 老人福利服務 163

前　言 164

壹、高齡人口的福利服務需求　165

貳、老人生活經濟保障的檢視　167

參、老人福利政策與工作重點　170

肆、老人福利服務前瞻與發展　174

結　語　180

Chapter **9** 社會救助與社會福利 183

前　言　184

壹、社會救助的意涵　184

貳、社會救助的特質　186

參、社會救助法的內涵　188

肆、社會救助的現況　192

伍、社會救助的發展　197

結　語　199

Chapter **10** 國民年金與社會福利 201

前　言　202

壹、國民年金的意義　203

貳、國民年金的類型　206

參、國民年金的實施　209

肆、國民年金法簡述　212

結　語　216

Chapter **11** 社區發展與社會福利 219

前　言　220

壹、社區發展工作的內涵　220

貳、福利工作社區化的趨勢　222

參、社區發展政策的落實　228

肆、社區工作的努力方向　230

結　語　232

Chapter 12 社會福利的發展願景　233

前　言　234

壹、社會福利發展的挑戰　235

貳、建構社會安全的保障　238

參、社會福利思維的變遷　241

肆、社會安全與社會福利　245

結　語　250

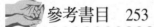參考書目　253

Chapter 1

社會福利概說

前　言

壹、社會福利的主要意涵

貳、社會福利的主要功能

參、社會福利的歷史演進

肆、影響社會福利的因素

伍、社會福利的發展趨勢

結　語

 前　言

　　「福利」（welfare）是被廣泛使用的概念。在歷史上，福利作為一種價值判斷，曾包含有倫理道德說教的涵義，並等同於慈善、救濟、施捨等觀念。這種觀念認為，那些老人、孤兒、精神病患者、殘障人、非自願失業者……等，都應得到食品、衣服、住宅、工作……等各方面的救助和扶助。這一觀念在現代「福利國家」中也占有重要的位置。在現代，福利常常被理解為具體的公共援助或者社會補貼項目。在社會福利的實施方面大都和政府行為接連在一起，因而福利可分為社會福利、財稅福利及職業福利。社會福利以社會穩定、社會公義、勞動生產為基本目的，其基本準則是保護與生產力發展相適應的最低限度的社會公平，對於整個國民經濟的正常發展及社會運作扮演著非常重要的作用。機構福利及職業福利以經濟效率為目標，旨在鼓勵和刺激生產、工作的積極性，它適用於企業或機構的人力資源管理。

　　社會福利是指由國家以及各種社會團體透過各種公共福利設施、津貼、補助、社會服務，以及舉辦各種集體福利事業來增進群體福利，以提高社會成員生活水準和生活素質的社會保障形式，它與社會保障制度中的社會保險、社會救濟等形式是並列的。社會福利既可以是基本生活保障，也可以是較寬裕層次的生活享領，由國家、地方、企業、國際社會提供的福利，主要是「脫貧」與「致富」，產生促進社會發展的作用，社會福利是一個範圍廣闊、涵蓋面大、理論和實踐緊密相連的綜合性議題，它涉及到經濟學、政治學、社會學、哲學、倫理學、心理學和歷史學等諸多學科。

壹、社會福利的主要意涵

福利是 "welfare" 的中譯，有人把它當作「厚生」或「福祉」。不過welfare的原意應該是well-being，well的意思是「好」或「很好」以及適應得很好的意思，而being的意思是「存在」或「生存」的意思，因此，well-being可以是「生存得很好、很舒適」的意思，也就是幸福實現之意。人類要追求幸福或政府要促使國民幸福，必須採取各種手段或方法。一般較廣泛、較抽象來說，福利是生活得很滿足（精神面），厚生是生活得很富足（物質面），因此，厚生是動機，福利是結果。廣義社會福利是指福利國家（welfare state）所提供的各項社會服務（social service）及社會政策（social policy），包括房屋、醫療、教育、社會保障及社會服務等等，目的是滿足人民「從搖籃到墳墓」的各種需要；狹義社會福利多是指由政府機構及非政府機構（Non-Governmental Organisations, NGOs）所提供的服務，包括家庭及兒童服務、青少年服務、老人服務、婦女服務、社區發展及社會救助……等多項服務。而政府的財政及政策分類中，社會福利、教育、醫療及住宅均屬於社會服務（social services）的範圍（Bryson, 1992）。對一般人來說，福利是生存不可欠缺的要件，也是人類日常生活的目標。一般社會福利學者皆認為，社會福利包含社會保險、社會救助、社會津貼以及社會服務。其中有關社會服務（social service）的意義，Eyden認為它是一種以社會制度來滿足社會成員需要的服務，這些事情可能並非個人依靠家庭或商業部門的資源就能夠獨自達成。在此，社會服務是以組織或制度的方式，針對使用現有資源仍無法解決自身問題的個人、家庭或社區所提供的一種制度性的服務（Spicker, 1988）。根據《社會工作辭典》（*The Social Work Dictionary*）對社會福利的定義：「社會福利是一個國家對於福利方案、給付水準以及服務項目所設計的制度，目的在於儘可能去滿足人民的心理、社會和經濟需要，而這些需要的滿足是成就個人與社會福祉

的根本。」社會福利（social welfare）簡單說是由公、私立機構或團體，運用有目的之組織與有系統之方法以及各種社會資源，提供有關公共福利之社會服務，包括各種社會調整性（social adjustment）設施與服務，如慈幼、養老、救助鰥寡孤獨殘疾者之機構與福利服務，提供醫療照顧與公共衛生服務與足夠居住之住宅，以及提供現金給付、康樂設施與文教服務等。其目的是協助個人或團體與社會環境之相互適應。DiNitto（1995：307-309）在其所著的《社會福利：政治與公共政策》（*Social Welfare: Politics and Public Policy*）一書中提到，社會福利的方案通常是針對貧窮者，但仍然有許多社會服務的提供不是依據受助者的所得和社會地位，如果將這些社會服務依據受助群體來區分，可分為個人服務、家庭服務以及社區服務三大類。社會福利，包括因應基本社會需要而訂定的各項法律、計畫和普及服務，其主旨是為解決現存和潛在的個人及社會問題。社會福利擔任一個重要的發展角色，透過有組織的服務及體制，協助個人及各類別人士充分發展自己的能力，建立良好的人際關係，達到美滿的人生，並切合家庭的需要及期望。

社會福利其意義一般可分為積極與消極的社會福利，前者是偏重於社會問題發生的預防性之健全社會發展目標的福利措施；後者是偏重於社會問題的解決性即補救和改善的福利措施。社會福利內容為：

1.依性質分為財稅、職業、社會服務等福利。
2.依對象分為兒童、青少年、婦女、殘障、老年等福利。
3.依服務方式而分為家庭、社區、機構等福利。
4.依提供支援方式而分為項目服務與現金服務等。

社會福利強調以特定社會弱勢、落伍者為對象給予必要之救助，也就是服務對象只限特定事故之弱勢團體或不幸之國民而已，如貧民、殘障者（身心障礙者）、老人等，也就是我們所謂的「鰥、寡、孤、獨、廢、疾」者的救助。各國定義或概念如下：

一、英國社會福利

英國社會福利的概念或意義：「老人、身心障礙、犯罪者之特別服務等福利。社會全體成員之福利，從搖籃到墳墓（老人）或從出生前到死亡後之福利。具體內容：保障最低生活保障與批評的自由；公民館活動之社會團體福利的措施；老年人的特別援助；自然環境的保護。」

二、法國社會福利

法國社會福利的概念或意義：「是具有專業資格者之社會工作員從事的社會工作事業，而且還包括公、私立團體活動在內的社會事業。具體內容：醫療保險；國民教育；弱勢不幸國民援助；住宅或鄉村改善等。」

三、日本社會福利

日本社會福利的概念或意義：「憲法第20條之規定國家對國民生活的一切非努力去提升或增進社會福利、社會安全及公共衛生不可。具體內容：經濟保障；社會保險、健康保險及國民年金；國民就業；國民教育；社會救助；國民住宅；公共衛生、環境保護；社會福利服務。」

除上述英、法、日三國是採廣義社會福利之外，其他先進國家即採折衷的社會福利。先進國家對弱勢團體或不幸國民採國家責任，並把社會福利當作國民的權利；先進國家具體照顧服務對象，包括孤兒、棄嬰棄兒、貧困老人、病患、身心障礙者、盲人、精神病患者、犯罪者、被虐待者、寡婦、鰥夫、雛妓等。先進國家福利服務的內容包含：生活照顧與輔導、就業與更生輔導、醫療保健服務、住宅或家庭服務、教育服務、社會參與服務。

西方先進國家在第二次世界大戰以後，普遍建立了福利經濟制度，

建構了「福利國家」（welfare state）。福利制度是由國家經由立法和行政措施設立的，旨在保障社會成員的基本生活需要、促進社會發展的一系列法律、經濟制度和政策措施的總和。它既是以立法形式確定的、由國家對其社會成員的最低生活水準、基本生活權利予以保障制度，同時又是國家透過收入的分配和再分配而直接或間接實施的一種社會安全制度。政府為其國民提供的各種社會服務和社會保障的總和，構成了「福利國家」。可見，建立福利國家的目的是有意地運用政治權力和組織管理的力量，在某些領域（主要是分配領域）中，減緩市場機制作用的範圍，矯正市場機制對無勞動能力者分配方面無能為力的缺陷，為一部分特殊的社會成員提供物質生活幫助。福利國家的福利政策是國家干預市場的一種特殊形式，它包含就業安全和社會保障制度；另外，福利國家的範圍已逐步拓展到環境保育、教育機會及其他社會服務等方面。

國家的社會福利制度有其相似之處，但各有特色。英國作為社會福利的標竿，其福利制度完整、全面、系統、普及；瑞典是全面福利國家，其基本特點是普遍福利，最大特點是崇尚社會平等；德國的福利經濟制度特別重視市場經濟，將權利與義務相結合；美國的福利經濟制度則帶有較多的自由經營色彩。

由於福利國家及社會福利制度尚存興革的空間，福利制度的建立尚未能達到預期的全部目的，而且在一定程度上有影響自由市場機能之虞，因而福利制度的變革仍屬必然。借鑑西方先進社會福利服務推動的經驗，與社會發展的挑戰，福利制度興革的基本思路是：建立多元化的保障主體、多管道籌資方式、多層次保障結構的社會安全體系、社會福利實施範圍普及化、基本保障社會化、保障作為一體化、社會福利法制化。為此，採取的對策是：社會福利經費由國家、企業和個人三方分擔，各盡其責，循序漸進，逐步建立起完善的社會保障體系。

貳、社會福利的主要功能

　　社會福利的作為均有一個中心的主軸，即如何協助滿足人類需要的決心與意志，而此決心與意志的產生是源自於一些動機的出現。與社會福利發展有密切關係的五項主要動機是：互助、慈善、政治、經濟以及意識型態的因素。社會福利的歷史根源之一是人類參與互助的需要與渴望，而家庭是互助行為最主要的場所。然而，家庭結構正從「傳統」家庭轉變為許多不同形式的家庭。社會福利是由互助與資源共享的念頭，當傳統的家庭形式及其他支援不足以因應時，則需要提供必要的支持給個人。這些共享的資源並不只限於財源，也包括精神支持、社會關係、資訊及活動等。對部分的社會福利方案而言，其目標是為了擴大在家庭、鄰里及其他場所的互助活動。簡言之，互助是形塑社會福利的主要動機之一。

　　社會福利的產生乃在於滿足人類的需求，社會福利處理的是「人類需要」（human needs）的對應。人類的需要可以區分為一般的需求、特別的需要以及因社會因素所引起的衍生的需要（societally caused needs）三種。針對社會與個人問題所進行的需要探測與衡量的方法，可歸納為相對性（relative）、規範性（normative）或絕對性（absolute）三種。社會福利即是在滿足人類的需要，社會福利可被界定為直接或間接處理人類需要的方法。社會福利亦可以使個人或團體維持他們目前需要滿足的狀態；或者也可以協助處理那些尚未獲得滿足的需要或尚未解決的問題。這些不同類別的社會福利功能就是預防性、維持性，以及重建性的社會福利功能。處理人類需要的優先方法，包含社會福利的四個主要概念：傳統式、重分配的正義模式、社會發展模式或社會重建模式，幾乎所有的社會福利方案均強調本身是要滿足需要。

　　多數的社會工作字典裡將「需要」定義為：「為了實踐生存、幸福與成就目的之生理面、心理面、經濟面、文化面和社會面的必需品。」

社會福利認為人類需要的層次可分為：

一、普遍的需要

人類「普遍的需要」（common human needs）可以區分成不同的型態（如生理的、心理的和社會的需要）。隨著對身心交互影響會有不同型態的需要，如母親寧願讓自己挨餓，只為讓子女有衣服穿，這顯示，個人會將自己的需要壓抑住而滿足別人的需要。馬斯洛（Maslow）提出人類需要的層次論（hierarchy of human needs）指出，生理需要（physiological needs）：食物、空氣等；安全需要（safety needs）：職業穩定、生活保障、環境安全等；愛的需要（love needs）：愛、情感、歸屬、友誼、社交等；自尊的需要（esteem needs）：成功、力量、權力、名譽等；自我實現的需要（need for self-actualization）：潛能的發揮、理想的實現、事業的成就等。當一種需要滿足後，才會有另一層級的需要產生。依其觀點，人類最基本的需要是「生理的需要」，除非它們能夠多少獲得了滿足，否則其他的需要不會被感知，或是雖有感覺但並不強烈。當生理的需要獲得滿足，「安全的需要」就浮現出來了，緊接著社會（或「愛」）的需要和「自尊的需要」也會陸續出現。馬斯洛的理論中，最後也是最高層次的需要是「自我實現的需要」，一種憑著自己的力量，將自己的潛能發揮到最大程度，以獲得工作上最大成就的需要。

二、特殊的需要

除了普遍性的需要之外，還有些是只有某些特定的個人或團體才有的需要，或是偶一為之才有的需要，稱為特殊的需要，如能力不足者、準備不足者等。能力不足者（the incapable）是指，此類人部分或完全無法自力謀生，因為他們擁有的某些特質使之處於弱勢的地位，如兒童、孱弱老人、染患生理或心理疾病的人以及殘障者。準備不足者

（the unprepared），指有謀生能力，卻尚未準備妥當者。此可以是個人或團體，包括文盲、從未受過教育的人、只有些許或無用技能的人、沒有學習適應社會生活的技能或行為的人、無法適應正常工作和應付生活變化的人。許多此類需要是由社會福利體系提供服務，而這些都是在事情發生後才提供，主要因為人們事前並沒有準備。災難受害者（disaster victims），指有謀生能力也適應一般正規生活，卻遭遇到重大的災害打擊而需要臨時性幫助的人。其原因分類為，天然災害，如洪水或地震；生活環境的問題，如空氣或水污染；居民的動盪不安，如暴動；經濟上的動亂，如股市崩盤；社會失序，如大量的人口遷移；犯罪或恐怖活動，如恐怖攻擊。災害也可以歸類為以下三種：因意外、情境變遷，或不可預料的狀況而發生的。這些因環境劇變所產生的需求，是為社會福利所對應的特殊的需要。

三、衍生的需要

這是社會因素引起的需要，還有一種需要是因為整個社會的影響，或社會本身的困境或階層之間的鴻溝所形成的。例如，已開發國家面臨由製造業轉以服務業為主的趨勢，由此造成職業型態斷層，發生大量勞工結構性失業。再如，從農業轉為工業的開發中國家，其轉型衝擊如缺乏適量受過良好訓練的勞工、住宅的短缺、土地的閒置等。此外，在引進外勞的過程中，也會有一系列與外勞相關的需要產生。這些因社會變遷所導致的社會失序問題，是需要相關福利服務方案以為因應。

 參、社會福利的歷史演進

社會福利為現代人所重視，然其思想淵源可追溯至希臘時代，並隨著社會變遷而有所差異。早期的思潮源流，有來自希臘時代的幸福論，

認為幸福應與別人共享而得；羅馬時代的責任觀，認為富有的人有責任幫助窮苦及不幸的人；希伯來時代的公正觀點，認為個人應依其需要享有資源的提供，並主張以大同的分配原則；部落時代的德政觀念，主張部落的領導者，對於所屬社群的成員有保護的責任；宗教的慈善觀念，認為對貧病殘疾者給予施捨；現代福利國家思想，認為政府應保障每一國民生活的最低標準。如健康、教育、住宅、營養；並且主張此種保障是基於每一個國民的基本權利而不是慈善的施捨。由於自有人類以來人們即行團體生活，而社會福利源自人類建置在互助的慈善作為，社會福利早就出現在史前時代，在當時，互助是人們生存的必要條件；部落及氏族也要負起照顧自己族裡成員的責任。

　　清代陸曾禹所撰述的《康濟錄》記載著我國最早的救荒事業是始自唐堯，藉此凸顯出民飢己飢與民寒己寒的悲天憫人精神：「唐堯之為君也，存心於天下，加志於窮民，一民飢，曰：我飢之。一民寒，曰：我寒之。」而《禮記・禮運篇》是歷代儒家思想所共同認定的目標，其內容揭示著社會安全體系的建立，以期能夠做到大同世界的理想止境，其中所主張的「故人不獨親其親，不獨子其子，使老有所終，壯有所用，幼有所長，鰥、寡、孤、獨、廢疾者皆有所養」，孕育社會福利的思想（楊懋春，1987），諸子百家思想也分別強調社會福利服務思想，並且成為歷代主政者追求的施政目標。《易林・大有》：「賜我福祉，壽算無極。」《韓詩外傳》：「是以德澤洋乎海內，福祉歸乎王公。」韓愈《與孟尚書書》的「有去聖人之道，捨先王之法，而從夷狄之教，以求福利也！」孔子《論語・季氏篇》：「丘也聞：有國有家者，不患寡而患不均，不患貧而患不安。蓋均無貧，和無寡，安無傾。夫如是，故遠人不服，則修文德以來之，既來之，則安之。」孔子論政時就標舉出養民、保民以及利民的政治經濟思想，一方面主張足食；另一方面則是特別強調合理分配或均富主義，並且認為道德內化（internalization）的工作應該是要落實到人民日常的經濟生活上做起（楊懋春，1987）。《宋會要稿・恩惠條》：「凡居養院遺棄小兒，許宮觀寺院養為童行。」在民以食為天的古代中國社會

裡，歷代的統治者皆是以標舉行仁政的恩惠思維，而相關的濟助措施則包括有像是設置救病坊、悲田院、居養院、安濟院、養濟院以及漏澤園等等。在實際的賑救災荒上，寺院性質的宗教福利亦扮演著重要的角色，成為一種慈善機構（岑大利、高永建，1999）。

就古代我國福利思想的歷史性探究來看，像是儒家的大同思想、墨家的兼愛思想、道家的無為思想以及法家的實利思想，強調「保民」以盡一切責任保護人民使其不受痛苦或是減少痛苦；著眼「養民」以協助人民開闢資源而有或多或少儲蓄維持經濟生活；以及以「教民」協助民眾接受文教以提升非物質層面的生活，當為歷代不同社會福利思想的中心主軸原則（楊懋春，1987）。

西方世界對於社會福利亦多所主張與作為，在四千多年以前，《漢摩拉比法典》明示，當遇到大災難時，社會有責任幫助那些受難者。古雅典政府曾實施的社會福利措施有：在飢荒或物價膨脹時，主動發放穀糧給人民；發放撫卹金給因戰爭而殘廢的士兵及失去雙親的孤兒；一般的孤兒可接受救助直到18歲生日為止。

英美政府的社會福利則是從1601年「伊麗莎白（Elizabeth I）濟貧法」制定後，才正式開始。在濟貧法之前的法律只濟助老年人和貧困者，但濟貧法的救助範圍卻籠統以受扶養的人口為一整體作為濟助的對象。濟貧法雖然強調有必要救助兒童與殘障者，但卻刻意壓抑人們乞討的行為。在「伊莉莎白濟貧法」的執行下，規範不值得救助者與較不具有獲得救助的資格，或是只能獲得較少救助的資格，所以這項原則就被人們稱之為「較少資格」（less eligibility）的觀念。若一位身體健康的窮人，卻不願意做一個工作的參與者而去從事勞動的工作，則他應該被送至「習藝所」或要求他為另一個人工作。因為，通常此類雇主幾乎都是農夫，因而此類措施就被稱作「農民承包救助工作」（farming out）。這種救助體系的副作用即是將「院外救助」與「院內救助」加以分開，前者是指被救助者居住於習藝所之外，而後者則指被救助者分派居住於習藝所、救濟院及其他救濟機構。在農民承包救助工作的措施中，報酬

給付是給農夫，因為他們讓那些需要救助的窮人有地方住、有食物吃，以交換這些人的勞動。農夫藉此多賺取一些報酬的一種方式，是給這些勞動者最簡陋的房舍居住，以及數量上僅夠維生的食物，結果就出現許多虐待的情事，使得此救助體系最終還是被摒棄。對於不值得救助者較偏好施予機構式的院內救濟而非院外救濟，此舉存在給予被救濟者某種懲罰的意味。當被救濟者進入習藝所時，例行的作法是先給予其一頓鞭撻，以進一步達到嚇阻的效果，使其日後不要再選擇這種生活方式。濟貧法更以「工作」作為回應需求者救助要求的主要手段，對不想工作的窮人施以懲罰，而地方教區被賦予執行救助活動的責任。

英國在1802年制定世界上最早的「工廠法」，禁止12小時以上的勞動和夜間勞動；1844年制定「女工勞動法」；1847年將12小時修改為10小時勞動制；1896年制定「調停法」，規定勞資紛爭須讓政府進行調停；1880年制定「雇主責任法」及1897年修改為「勞動災害補償法」，讓在工傷意外中要求賠償的工人不須證明自己在引起事故時的責任成分，奠定現代的工傷賠償法；1911年制定「國民保險法」，打開福利國家的大門。至今，當初濟貧法等相關的福利法規已經歷了許多的改變，然而這些法律的許多規定仍然是今天西方世界裡不少政府實施社會福利政策的基礎。舉例來說，福利領受者資格的嚴格限制，要求居住一定期限才符合申請資格的限制，以及要求親屬對親人有照顧的責任等，目前均持續被世界上許多國家在實施社會福利時加以採用。

1942年英國「貝佛里奇報告書：社會保險及其相關福利服務」（The Beveridge Report: Social Insurance and Allied Social Service，簡稱「貝佛里奇報告書」），成為英國國民保險及相關福利服務等社會安全制度建構的藍本。其中提出福利國家（social welfare states）之概念，建議建立一套完整的社會安全體系，同時認為政府有責任提供衛生、教育、住宅及就業等方面措施，這種強調政府責任的論點，在此時期達到高峰。貝佛里奇主張國家對於國民遭遇所得能力中斷或喪失，以及因生育、結婚或死亡等導致特別支出時，提供最低生存保障，以免貧窮匱乏，其中

強調社會保險的重要性，建議英國開創一個涵蓋全民的「社會安全網」
（social safety net），視社會保險為一個「自動的穩定器」。其特點：(1)
普及式，涵蓋全民；(2)均一給付；(3)維持國民最低基本生存。保險費支
付原則，而非稅收支付原則（詹火生，1994）。

至1880年代，德國宰相俾斯麥（Otto von Bismarck, 1815-1898）引
入重要的社會福利立法，亦即是後來的社會保險制度，這項革命性的立
法措施迅即為歐洲許多國家所模仿。在第一次世界大戰期間，大英帝國
擴展其公部門的社會福利施政的領域，使得住宅、就業與其他領域的政
策與方案有了較大幅度的改革。也是因為在前線作戰受傷的士兵需要安
置，促使英國政府採取行動，人們就把政府的這些舉動普遍稱作「構築
一個適合於英雄居住的家」。但戰後經濟的蕭條卻使福利措施的推動受
到相當程度的阻礙，而這種情形一直持續到1930年代的經濟大恐慌，英
美政府才又採行另一個重大的步驟，以保障人們生活免受許多意外與不
確定因素的打擊。此舉造成世界上許多國家的社會福利政策與方案，最
主要是突顯了政府在社會福利上應扮演更重要的角色；而也明顯地反映
了一項事實，即在面對大規模的社會問題時，個人與私人機構是沒有能
力來解決的。

在美國，政府回應經濟大恐慌的方式，就是建構了眾所周知的「社
會安全制度」。其於1960年代提出「大社會計畫」和「對貧窮宣戰」的
概念，政府開始積極對婦女及弱勢團體——如非裔美人、亞裔美人、西
裔美人及印地安原住民——的需求做出更多的回應，並且關切社會上的
一般性貧窮問題。

總而言之，社會福利強調「慈善」作為是一種施惠援助，慈善是
一慈愛好善助人救人之表現，兩者均為社會福利最早最莊嚴的理念。後
來，基督教、天主教、佛教、道教、回教等宗教倫理對不幸個人寄予同
情，並以愛護、扶助的仁愛精神給予照顧，對非道德的不幸之犯罪者給
予各種教育或技能訓練，這些助人思想是現代社會福利的基本精神所
在。因此，透過宗教的慈悲和憐憫精神，所從事的各種社會福利事業，

在人類歷史上占有極重要的角色。「慈善」簡單地說是慈愛好善之意；也就是協助、同情、幫助，通常用於救貧救濟的行為，具有救人助人觀念與積德為善心理。政府擔負起更廣泛的責任，提供人民各項社會福利的措施與服務，這一連串的過程與作為，即是福利國家的角色扮演。

　　自歷史脈絡可以知道社會福利的推動包括：

一、福利國家

　　慈惠、慈善傳統福利時期，以濟貧、施捨為主，採行施惠或以抑制、鎮壓方式進行貧窮控制，其貧民救濟不是領導階級的施恩賑濟，就是具有抑制性或懲罰性的特性。由於工業革命以後，貧富差距愈來愈大，引發出慈善施捨。工業革命後至第一次世界大戰時期，以貧民戶即資產調查方式來判定必須或值得救濟的貧民，採行社會救助來對付貧窮問題。認為政府應保障每一國民擁有基本權利及享有最低生活條件的所謂「福利國家」的觀念於焉產生。福利國家是十九世紀以後，先進國家推動社會福利的重要主張與理想。福利國家最早是出現在1909年英國的「人民預算」被冠上「福利預算」（welfare budget）時，雖然德國早就以福利國家之名來指稱俾斯麥首先推行的「社會保險體制」，但直到1930年代，福利國家一詞才被世界各國廣為使用。福利國家是指一個國家採取有意識及周全的政策來保障所有人民至少過著最低的生活水準，並促進就業機會之平等。所以福利國家是社會福利政策、預算等資源與措施，均由中央來分配與推動的一種社會福祉事業之國家。二次世界大戰以後，強調貧窮來自社會結構因素，非個人罪惡，國家必須干預濟貧救貧措施，福利國家的制度成為主流，社會福利政策與行政採中央統合的方式。

二、福利社會

　　福利社會即是以福利社會取代福利國家，以削減福利國家所帶來

的諸多危機，以福利社會為主流，社會福利規劃與行政採地方分權的方式。福利社會使政府不再是唯一的福利服務提供者，家庭、市場以及各種民間團體都是可參與的基本單位。在自由市場經濟的效率和社會平等的人文價值影響下，若干福利國家採取了一種中間路線，主張以多元主義的思維來取代傳統的思維，將個人視為政府的合作夥伴，以維護個人的權利來思索社會的重大議題，強調國家經濟的發展和公民的生活水準為政府的首要考慮。因此，在社會福利問題上，國家要扮演的角色是既要建構一個穩定的作用，又要不成為經濟發展的限制，所以「混合式福利」和「福利多元主義」（welfare pluralism）已成為建立政府部門、私營部門、志願機構和家庭之間合作夥伴關係的目標，以實現社會福利上的責任分擔（Qureshi & Walker, 1989），即是福利社會的型態。

三、福利社區

到了二十世紀末，「福利社區」概念成為基本的思潮與嶄新的作法，這種「福利」與「社區發展」的結合將是二十一世紀的社會福利主流。福利社區的實施源於1970年代石油危機造成之國家財政問題嚴重，國民對政府所推行的福利需求愈來愈多元化。政府為削減財政支出及多元福利的壓力，降低國家對地方福利的干預，而提出地方分權式的社會福利，也就是社會福利服務除政府提供之外，可採多元方式，如由私部門、非營利部門或家庭等來提供福利服務。其方法為：(1)分權：福利服務的提供由中央轉至地方政府，地方政府再請社區或民間機構或福利市場來營運操作；(2)參與：福利服務的消費者與提供者共同參與福利政策與方法的決策過程。

二十世紀末、二十一世紀初所推動的社會福利服務，在當今西方福利國家裡自由主義與社群主義思潮此起彼伏，將社會政策的發展從資源再分配推向更深入的經濟再分配領域，使恢復社區精神、重構秩序與自由之間的社會關係成為一種道德的主要關懷（Etzioni, 1991; Delaney,

1994）；將社會福利政策的建構依公共／私人領域的大二分法（the grand dichotomy between public and private），從簡單的政府部門／非政府部門的關係推展到個人參與到公共生活領域的公民權範疇，將社會弱勢群體的需要與公民參與及社會整合加以聯繫，這顯然是對馬歇爾（T. H. Marshall）提出的市場經濟不足情況下，福利作為「公民的社會權利」觀點的回應（Marshall, 1950; Weintraub, 1997）。為落實福利社會以及去機構化和福利社區化理念，所進行的社會福利服務重組與整合，以社區本身的服務體系及輸送網絡，來提供居民完整而且連續性的福利服務。福利社區成為福利重要方式，結合專業社區工作與社會福利服務的福利社區作法，主要目的是要達到福利服務去機構化或小型化、居民參與化，以及被服務者生活正常化、在地化、在宅化等。在工業化的社會裡，社會福利也可以經由以個人的貢獻和公民權利兩者為基礎得到兌現，比如儲金式的社會保險，就是利用市場的機制將個人風險公眾化，代際之間的責任轉移成為一種制度性的安排，退休保障和醫療保險領域是最明顯的例子。但是，當市場失效時，家庭的承擔和國家的介入顯然是十分必要的。在具有集體主義性質的社會政策模式下，對社會弱勢群體提供基本的保障和以全面主義為所有公民提供社會福利，是以資源再分配而非透過市場的方式來實現。

肆、影響社會福利的因素

　　日裔美籍學者福山（Francis Fukuyama）在1992年的著作《歷史的終結和最後的人類》（*The End of History and the Last Man*）中強調，這是一個全球化（globalization）的時代，在全球競爭與產業分工的發展趨勢下，驗證了哈佛大學杭廷頓（Samuel P. Huntington）的觀點，全球主要文化體系間的抗衡將如影隨形。對西方自由主義所宰制的新世界經濟秩序，在二十一世紀裡歷史與文化的衝突依舊是深刻。「許多複雜的社

會問題中，現在沒有比失業問題更難解決的。其應急的對策，一方面要積極的興起救濟事業，另一方面要消極的對於就職不能者，如老幼、廢疾、精神疾病……等的救助法，以保障其生存權。」面對的社會問題，雖然時空條件變化，新的福利理念、政策與措施不斷出現，但社會所努力對抗的或是所追求的，仍是社會公義的實現。

一、社會福利基本原則

(一)平等原則（equality）

　　社會福利資源分配是不患寡而患不均，而社會福利基本目標是保障人民最低生活水準與需求，其手段就是藉財富重新分配的方式，縮短貧富差距，以求「均衡」的社會。而這種求均、同等分享、無差別待遇的社會，就是一種平等。所以，平等是社會福利的中心思想。

(二)公平原則（equity）

　　公平是指「合理的分享」（fair shares）的意思，社會福利的基本目標是幫助需要幫助的國民，如無力自助或弱勢族群，給予其必要的生活照顧，使其合理。

(三)正義原則（justice）

　　正義是社會努力的目標，最進步的社會首要之務就是正義的追求。社會正義的基本前提就是「自由」與「差異」等原則。前者自由原則（liberty principle）是指對相同的基本自由的整個體系，每一個人都擁有相等的權利，而對此基本自由體系與所有人共享的自由體系是一致的。所以社會正義的第一個原則，就是個人所擁有的自由與平等，不因個人之先天或後天的差異而有所不同。而後者的差異原則（differential principle）是指社會和經濟不平等的存在，能替劣勢者帶來最大的利益，

同時社會和經濟的不平等，個人在機會均等的條件下，均有陷入不平等的均等機會，也就是在「差異原則」下，社會不平等必然存在，但這種不平等必須是對那些不幸者有利的安排，同時必須保證機會絕對平等。所以，社會福利的終極目標是建立在「正義」原則下的「大同社會」，公允地分享社會的成果。

二、社會福利意識型態

(一)公民權利

著名英國學者馬歇爾（Alfred Marshall, 1842-1924）於1950年提出社會福利是現代國家的公民權之一。「福利是公民的權利，而不是政府的施捨」。馬歇爾將公民權利分為三個部分：

1.公民權（civil rights）：指的是個人享有自由的權利。
2.政治權（political rights）：指的是參政的權利。
3.社會權（social rights）：指的是適度的經濟福利安全。

因此，社會權的經濟資源、教育與醫療保健普及以及住宅環境的完善，是保障公民權、政治權的重要條件，公民權、政治權、社會權三者是互為因果而有密切關係。福利權亦稱為「社會福利權」，如同聯合國1948年「世界人權宣言」第22至27條所包括的社會、經濟及文化權與政治及公民權同屬人權，是人類平等享有各項生活照顧與條件之社會福利資源與社會服務的權利。所以包含生存權、教育權、工作權等的社會權也同屬於人權。

社會工作知識或理論的落實，乃是鑲嵌於人群服務或政策實施的脈絡當中，亦即知識的有效性反映在對於人群服務的助益。另一方面，社會工作專業之發展需要有系統的理論引導，提升服務的專業性與責任，因此理論模式與實務發展二者應形成「引導──驗證」的循環關係。史

必可爾（E. Spicker）曾指出，「福利的供給是一種道德行動，其蘊含的價值，即反映出社會所盛行的價值」，表示社會福利是體現著社會正義、社會權與福利權及公民權的作為。

(二)社會正義

在人類發展的歷史上，正義問題始終都是人們探究的核心議題之一，希臘羅馬時代的正義側重在個人品德的正義，近代的正義理論則側重在社會正義。社會正義所以會成為重要的議題，與社會不平等日益加劇、貧富兩極化與社會問題層出不窮有密切的關係。

對於如何建立一個自由而公正的社會，當代的政治社會哲學大師——羅爾斯提出了不同的正義理論。羅爾斯《正義論》的出發點是自由主義，自由主義的基本精神包括：承認多元價值，保障個人自主，注重人的平等，以及社會政策公開透明等。就承認多元價值而言，社會應維護所有成員都能表示其自主性的意見與生活方式，所以公共政策的制定與執行，不應該預設任何一個價值理念。一個社會制度無論多麼具有效率，只要它違反正義，就必須加以修正或廢除。但是正義的標準何在？基本上，每個人會對正義有不同的看法：較先決的重點是「可行性」（feasibility），意指「我們能不能做」；後決的重點是「可欲性」（desirability），意即「如何做較有利、較無害」。其實對於不同事務每個人各有各的「可行性」與「可欲性」判斷，所以容易造成大眾對於公共議題的不同爭議。因此，建構一種純粹程序正義（pure procedural justice）就非常必要。純粹程序正義就是確立一個公平的程序，當正義缺乏獨立評斷的標準時，只要依照程序公平決定，就能建構正義，而不強求取得絕對的正義。純粹程序正義是以公平的程序定義結果的公平性，所以程序必須在實際上被執行是其重要特點，執行是社會成員共同選擇的結果，並希冀不會對任何人或團體特別有利或特別不利。為了達成社會成員一致的同意，資訊的公開、透明、中立性必須絕對堅持，讓社會大眾都能藉此發表自己選擇的正義標準，也由此瞭解彼此互相的正義標

準。社會正義不僅僅關切是否達到社會整體效益最大化，更須注重社會利益分配問題。

一個正義的社會，必定是一個儘可能使社會中處於最不利地位的人多得好處較少受損的社會，此即照顧弱者原則。正義原則如下：第一原則，每個人都擁有享受彼此相容的最大限度自由的平等權利；第二原則，權力和地位在機會均等基礎上對每個人開放，機會公平開放原則又具有優先性。在羅爾斯那裡，正義不外乎公平。《正義論》通篇探討的就是「作為公平的正義」（justice as fairness）。公平涉及人與人之間的關係。這就是說，常識中的公平，至少要求站在對方的立場上去設想「己所不欲，勿施於人」。更進一步，當在辯論一項政府政策是否公平，或一個司法程序是否公正時，人們會要求不得以個人的利害關係為判斷根據。必須設身處地，替受影響各方著想，對有關利害關係做通盤考量，方能顯示不偏不倚的立場。

公民在一個自由社會中，如何從權威的道德（the morality of authority），發展成結社的道德（the morality of association）。換言之，正義的社會必定喚起公民的正義感，提升每個人的價值。正如盧梭（Jean Jacques Rousseau）主張「社會契約」：「每個人都必須使自己的人格與力量，服從總體意志的最高指導，而且在合作之中，接納每個成員都是群體中不可或缺的一部分。」由此看來，公義必先以個人的人格為基石，而後才可能建造總體意志的大纛，來庇護那些亟需庇護的貧者與弱者。

(三)公民身分

擁有公民身分（citizenship）似乎是天經地義的一件事情，但是對於身處專制獨裁政權下的民眾，或因各種情形必須遷移到其他國家的人們而言，公民身分就成為非常重要的認同來源，同時因「公民身分」伴隨而來的權利義務關係，往往影響一個人是否在該社會當中被公平對待的機會。到底何謂公民身分？可以有以下三個重點：

1.賦予一個人的公民身分定義意味著個人為共同體（community）所接納，承認他對共同體的貢獻，同時也承認其個體的自主性格。

2.公民身分完全不能接受從上到下的宰制關係，是一種由下而上的力量，強調互惠的理念，權利義務間的相互平衡。所有公民都必須善盡其職，這也意味著公民不能只享受各種權利，還必須包括承擔法律與社會責任。

3.當前各國正面臨一方面要建立一個積極且致力於良善生活方式的公民社會，卻又必須仰賴有作為政府的福利國家。

就社會福利來說，政治菁英分子的觀念，多半仍留在菁英式德政的福利概念，或以福利制度來塑造人民的生活習性。例如各級政府領導人尋求適時突破官僚體系來做個案式的施捨恩惠，謀得民眾更大和直接的感恩，而非強化法治精神等。為能保證人民可以自主、自發性和諧生存。國家與公民社會合作，與公民社會的其他主體，包括家庭、社區市場應該相互支持，同時充當地方的監督者；公民在參與國家分權後，將使公民生機盎然，公民社會的基礎會更鞏固。另一方面，國家須積極介入社福組織重整，活絡公民社會，便可造就福利國家和公民社會雙贏局面。

因此，保障人民經濟生活基本安全，降低資源分配和社會財富不平等，是公民社會形成的基本條件，此時就須仰賴國家或政府的角色。福利國家與公民社會應該是雙向影響的關係，一方面福利國家提供基本生活保障、降低不平等福利政策，協助建立公民社會的物質條件，並鼓勵公民積極參與各項活動，增加政策執行的效能，兩者相輔相成將是最佳的發展方向。

伍、社會福利的發展趨勢

面對科技主導之生活型態，世界移民熱潮，及時空的縮短所造成的家庭、個人及社區的巨大改變，我們社會實務工作者面臨了更大的挑戰，是我們需要思考因應的。

一、家庭及婚姻型態的轉變

相較1956年每戶人口數5.53人，到2007年每戶人口已降到平均3.16人，顯示台灣每戶人口數逐年減少中；另2007年婦女平均生育子女數為1.1人。受到離婚率增加，每三對夫妻結婚，就有一對夫妻離異，造成多次婚姻的家庭也有增加的趨勢。各種新的家庭組織結構也在變化中，如無子女、獨身、同性同居型態的家庭；因為工作分居兩地的候鳥家庭等；單親的家庭增多形成新的家庭結構與人際關係；隨著外籍配偶家庭及子女的增加，出現特殊的文化及社會的適應需求。

二、性別平權社會的落實

美國社會工作者協會在1983年提出「性別主義社會中的社會工作實踐」時強調，排除性別歧視是社會工作倡導的重點之一。是以台灣的社會工作者如何在服務輸送、工作方法及內容上展現性別無歧視的環境，將是努力的方向。

三、貧富差距致社會救助對象趨向多樣

行政院主計處資料顯示，2001年台灣平均每人國民所得成長率開始負成長；失業的人口迷有增加；婦女因為失婚、殘病、喪偶、遺棄、受

暴等原因造成貧窮；未成年媽媽、受暴婦女、外籍新娘及單身高齡婦女成為貧戶的現象必須要正視；因為婚姻破裂而成為單親家庭的數目增加不少；女性戶長的單親家庭成為貧窮家庭的可能性增加；這些新的貧窮家庭的困境及需要宜給予正視與協助。

四、因應多元文化的社會全球化新趨勢

由於經濟全球化的趨勢，造成婚姻移民的潮流，外籍配偶增加。2007年底，外籍配偶人數合計為396,829人。外籍新娘的結婚年齡普遍偏低，教育程度不高；外籍配偶不論是語言、風俗習慣、生活方式，甚至飲食習慣，都和原來生長的國家不同，容易產生生活適應上的問題；子女的教育問題也是外籍配偶的經常困擾。因此，文化適應、子女教育問題，以及隱藏的家暴危機等，都是需要協助及保護的部分。

五、社會工作須面對現代資訊化、網路化的社會互動型態

當我們潛在的案主都在上網的時候，社會工作人員如何接觸我們的案家是現今的挑戰。中輟青少年流連在網咖成癮，傳統的家訪已不能訪到案主時，我們勢必要更新我們的社會工作方法。需要善用資訊科技，縮短溝通時間，迅速回應社會需要，拓展接觸廣面。但同時面臨網路上個案的隱私、個案資料的真實性、技術性等等還待克服的問題。又如何在傳統社會實務工作重視人的關係的工作理念與資訊科技的快速回應的溝通方式中取得平衡？需要審慎研究。

六、集合社會實務工作者的經驗與學術工作者相輔相成

由1947年到現在，台灣已有六十年的社會實務工作經驗，如何與學術連結，進一步由學術界與實務界合作，面對台灣社會的新議題，新的

趨勢及未來的挑戰，社會工作者與學術界需要更多的互動，在彼此的角色及功能上做良好的互動及合作是努力的方向。

近年來，新管理主義（new managerialism）的崛起，對社會福利掀起了巨大的漣漪，健康維護制度的管理性競爭（managed competition）、福利服務制度的個案管理（case management）以及社區照護制度的照護管理（care management）均在此一趨勢下應運而生。如何建構社會福利機構的管理理論和提升社會機構的經營效率，將是二十一世紀社會福利的重要講題。究此，社會福利宜朝向社會福利服務工作建立專業制度及形象，早期社會工作在台灣的實務工作多以慈善救濟的面貌為大眾提供社會服務。根據1948年《中華年鑑》的記載，1947年底全國救濟機構共計4,172個，其中慈善及宗教團體就占全數74%強（簡春安，2004）。目前社會工作實務的發展已與之前有完全不同的專業形象，社會工作師法在1997年通過後，目前我國已經有超過一千人通過考試，成為國家認證的社工師，第一個社會工作師公會也在隔年於台北成立，目前各地有當地的社會工作師公會及全國聯合會依法選舉理監事，推動社會工作師的業務發展。至此，社會工作師的專業性證照制度已經建立，社會福利有關的法規也逐年訂定或修訂而日趨完備，「兒童及少年福利法」、「性別工作平等法」有了法律上的依據。另外，老人福利、身心障礙、社會救助等的法條也因應現今狀況做法令上的修正。社會工作的教育培育也發展極快，專業制度建立，社會福利相關福利措施與法令頒布，政府社會服務專屬單位的增多，非營利機構的蓬勃建立等的發展，台灣的社會工作已普遍被認定為具有專業服務內容的提供者。

面對社會所呈現許多的變化，社會福利服務是貼近人民需求的專業，必須注意社會的變化及因之帶來的新需求。面對台灣社會生活型態、經濟、家庭結構的各項變化必須要有所因應，如預防性的服務方案增加；使用者增權的觀念提升；社區及團體工作方案的多元嘗試；與政府的關係轉向委託及夥伴關係；對社會的需求由被動到主動倡導的角色。因此，隨著社會型態變遷及個人需求改變，社會福利為因應環境變

動，台灣社會福利有福利私有化，及強調「在地老化」、「在宅服務」等福利社區化，及福利服務的去中心化等的趨勢。是以制度上自「殘補式」到「制度式」，理念上自「慈惠慈善」到「權利保障」，內涵上自「特殊化」到「普遍化」，層次上自「低度化」到「高度化」，目標上由「個人改善」到「社會改良」，參與上自「志願服務」到「公共責任」，屬性上自「貧民福利」到「福利社區」。

結　語

　　依工業先進國家的經驗，社會工作與社會福利發展是回應各該國社會、政治、經濟與意識型態變遷的制度產物。就社會工作與社會福利後進國家的發展經驗言，來自工業先進國家的知識擴散，是促成這些國家社會工作與社會福利學術與實務擴展的觸媒。從長期的歷史觀點而言，福利體系的發展原本是針對當時日漸惡化的勞工生活所做的反應措施，另一方面也是為了維持勞工生產的水準。在資本主義的生產體系下，工人的平均生產力愈高，整個社會財富的累積也愈多，而維持工人有效生產能力因而成為整個社會經濟發展的最根本基礎。亦即經濟發展的持續和穩定，需要執行生產的工人有足夠的能力和較高的工作意願和動機，為此政府透過社會福利的實施以達該目標。我們可以由歷史事實的展現中，發現在英、法、德、義等國其社會福利的發展直接受到經濟發展、實施工業化趨勢的影響。社會福利的推行不論是基於提升工人的生活改善或個人福利，抑是利用福利制度所具有的再分配過程，以補償工人在生產過程中的落差，讓社會及生產關係顯得比較公平，以便能維持整體社會生產力而達到經濟體制的穩定和擴展。正如同芮霖閣（J. Rimlinger）所說的：「社會的經濟發展程度愈高，其福利制度就愈有『人力資本投資』的意味。」福利計畫的實施已成為一種工業化過程中的制度性調整機能，以避免過度的不平均分配而妨礙了社會的生產秩序。

社會福利服務的內容與方法也隨不同階段有所更動以符合社會需要。今日面對台灣社會在人口結構、家庭型態、經濟政治及科技通訊的轉變，帶來社會福利的挑戰，更需要政府、社會實務工作者與學術界共同面對相互合作，提出適切的回應，建制永續發展的基石。

問題與討論

一、請以社會福利廣義及狹義的定義分析其內容的異同之處。

二、請說明社會福利的主要內容。

三、請就西方先進社會福利服務推動的經驗與社會發展的挑戰，說明我國福利制度興革之道。

四、社會福利的產生乃在於滿足人類的需求，請問該需要於福利服務的實施上有哪些領域？

五、請說明我國社會福利歷史演進的特色。

六、請說明西方國家社會福利歷史演進的特色。

七、請自歷史脈絡說明社會福利的推動包括哪些領域。

八、請說明建制社會福利制度的基本原則為何。

九、請說明影響社會福利意識型態的因素為何。

十、面對社會生活型態變化，社會福利的因應之道為何？

十一、請問您是否同意芮霖閣所說的：「社會的經濟發展程度愈高，其福利制度就愈有『人力資本投資』的意味。」試申論。

Chapter 2

社會福利的理論思維

前　言

壹、社會福利實施模式

貳、社會福利傳統思想

參、近代社會福利理論

肆、當代社會福利理論

伍、福利理論發展趨勢

結　語

 **前 言**

　　社會福利制度正式出現以前，以福利或慈善形式出現的社會再分配作為，為社會成員提供基本生活保障的活動。在古代，福利是一個價值觀念，是依照人類至善的旨意來照顧他人，特別是窮人、弱者的行為。也就是說，在那個時代，用慈悲喜捨的力量解決人類的生活與社會需求。在中世紀，歐洲社會依靠著這種道德說教以及因果報應心理，維持著社會的相對穩定。在當時，福利作為一種慈善事業，是教會的工作，實行的範圍小，主觀性高，隨意性大。因此，它不是現代意義上的社會保障形式。現代社會福利是社會安全制度環節中一個必不可少的組成部分。

　　由於社會制度和文化的多元性，我們在界定和理解社會福利時，就應將它與一個特定的社會、歷史和經濟背景下的社會狀況及其對社會問題的系統反應相聯繫。在社會安全政策中，社會福利或社會服務是一個主要的焦點。1960年代西方有學者最早將社會福利系統地分為兩類，一是「殘補式福利」，另一個是「制度性福利」，這是經常被學者們引用的社會福利二分法（Wilensky & Lebeaux, 1965; Mishra, 1981）。而英國社會政策研究的鼻祖笛姆斯（R. Titmuss），在1970年代早期指出，可以從三方面來劃分社會福利的模式，從而全面地說明社會福利的功能，他的三分法包括：社會福利的殘補模式、社會福利的工業成就表現模式和社會福利的制度再分配模式（Titmuss, 1974）。

 壹、社會福利實施模式

　　理論就是試圖要提供我們合理的解釋，理論愈周全，它所能解釋的範圍就愈廣。理論是由一些通則（generalizations）組合而成，這個通

則在物理科學裡稱為「規律」（law），在社會科學或可稱為「命題」（proposition）。通則是對兩個或兩個以上的現象或事件（events）之間關係的敘述，也因此，通則有預測（predict）的功能。

一、理論模式

一般的理解，「研究」大體上就是我們對某社會問題關心，針對該問題蒐集資料，進而分析以發現其事實的過程。為了蒐集相關的資料，我們針對所欲瞭解的問題加以操作，並藉此設計出問卷，訪問有代表性的樣本，將其結果分析、研判，再從其調查的結果做結論，與其他的研究相比較，看是否可以藉之歸納為某些概念，並因此形成某種理論，或因此擴充其理論。這種蒐集資料、分析、研判、理論化的過程就是「歸納」的過程。當我們針對某種問題有其興趣，並願意進行研究時，我們必須也從這個問題的理論層面去進行瞭解，探討理論如何探索這個現象，理論如何解釋這個問題，相關的研究又如何解釋這種現象。把這些理論拿來與我們要研究的問題連貫在一起時，必須把這些理論操作化，把理論化為一些概念，再把這些概念轉化為一些變項。有了變項以後，我們就可以設計問卷，並進行研究。這種由理論而概念，由概念而變項的過程則是一種「演繹」的過程。理論從其結構而言有三種：聚合式理論、散發式理論、因果結構式的理論。

(一)聚合式理論

聚合式理論（convergent theory）的成立取決於早已存在的某個前提（可能是早經證實或已被廣泛接納的理論），有關形成這個理論的概念或變項的成因也早已被瞭解，當研究者把這些有關的前提或概念組合，針對某特定的問題提出說明或論點，甚或形成理論時，我們可以說這與上述之定理組合形式的理論（the set-of-laws form）不謀而合。

(二)散發式理論

　　散發式理論（divergent theory）與命題衍化式的理論雷同，強調其後果及其潛在的影響，它的重點不在前提，不在是否有已經被證實的命題或理論，而是在前提所造成的後果或影響性。在衍化式的理論中，我們也不是看理論如何組合，而是在理論本身如何形成命題或如何再度的衍化，因此理論就可解釋更多實務與現象。

(三)因果結構式理論

　　因果結構式理論（causal-effectual structure theory）不僅重視前提，也重視後果，針對特定的問題與現象做因果式的說明。例如解釋青少年犯罪的原因時，壓力理論認為當一個人合法的需求或欲望沒被滿足時，青少年就會用非法的手段來完成。控制理論認為，當青少年與正規的支持網絡的連結不夠時，就比較容易造成犯罪。

二、行動模式

(一)傳統模式

　　傳統模式的行動與方案是用來協助個人、團體與社區，解決他們現有的問題及讓此類問題不再浮現。這些行動主要包含有財務上的救助、人際間關係的指導、心理問題的協談、以案主的立場進行政策倡導，以及某些社會與政治的行動，此包括將零散的案主群組織起來成為政治或壓力團體。一般稱此為「問題解決」的模式，因為此模式主要用來處理眼前所能感受及認知到的問題。

(二)重分配正義模式

　　重分配的正義模式試圖以使經濟與社會體系更為平等的方式來解決個人與團體的問題，而藉由汲取有較多資源一方的資源以幫助較少資源

一方的手段。在某些案例中，促使社會更為平等，本身即是社會福利的正當性目標。

(三)社會發展模式

聯合國在1995年的「社會發展世界高峰會議」提出宣言，表示社會發展是將人民置於發展與國際合作中心的一種承諾，其目標是將滿足社會的需要作為整體努力的一部分，以促進更大的國家與國際的穩定。社會發展模式的社會福利觀點植基於許多社會福利的原始概念，譬如天助自助，以及在自助之外應幫助那些無法自助的人。

(四)新世界秩序模式

新世界秩序模式意圖重新建構全球的社會、政治、經濟與生態的秩序。強調民眾對於自己發展的參與程度、對和平的追求、滿足全世界各地人類的基本需求，以及保護脆弱的地球生態系統。

三、實施方案

(一)保險型方案

保險型的方案是要提供被保險人有一收入的來源，且要在被保險人中形塑一種他們是有權利來領取給付的措施，因為那是他們先前辛苦工作與先行付出保費才有的結果。如此，更可以去除被貼上依賴社會福利方案而沒有任何繳費與貢獻的標籤。

(二)補助金型方案

補助金型的方案福利接受者，不必取決於過去的工作成就或是須經歷一段時間的繳費，而是根據是否缺乏足夠維生資源的需要證明。決定需要和資源是否不足的程序，通常稱之為「資產調查」（means test）的

過程。那些必須接受資產調查的福利領受者，會有一種不名譽的烙印效果。

(三)提供實物方案

提供實物的方案係提供物資財貨的福利方案，例如食物、衣服、送餐服務以及學童的午餐供應。發配給符合資格者的「票券」，用以購買食物，亦即讓福利領受者可以自由地購買自認為最有用的東西。當證明單只能限定在某一個地方使用，或僅為單一目的而使用，就可以發揮控制效果，如此可以確保政府為此福利方案支出的經費能正確無誤地用在原始規劃的目的。

(四)普及式方案

另一種方案的分類方式是將社會福利方案分為「普及式」（universal）。普及式方案是對指定人口群中的每一個成員開放的，例如每一個家庭、每一個有小孩的家庭，或每一個已到達某一年紀以上的人。

(五)類目式方案

「類目式」（categorical）或「選擇式」（selective）方案，則是針對有需要救助的個人，通常須通過資產調查才符合資格。兩者差異在於前者可視為是沒有資產調查的方案，後者則是有資產調查要求的方案。

四、社會福利行政學說

(一)政策論

為了提高人民水準，滿足社會的需求，所推行的一切政策、制度、活動等之社會福利措施，也就是以社會幸福為目的而推行的一切措施與

管理,稱為「社會福利與行政」、「社會福利政策」或「社會行政」。

(二)實質論

因應人類社會生活需要而推行的政策、服務、活動等,對社會有利的措施與管理,也就是把社會福利作為一種社會運作的制度,而不是把它當作抽象的概念,稱為「社會福利服務」。是一般國民生活條件之保障,其內容包括社會保險、公共救助、國民就業、醫療照護、公共衛生、社區住宅、教育等措施。

(三)技術論

社會福利是以科學的方式援助人們自立,也就是把資源應個人、團體及社區的需要做技術性實施供給與援助。從歷史來看,社會福利的發展有二個方向,一是要滿足個人的社會生活之基本需求,一是滿足人類人際關係的生活適應與發展。社會福利是屬於技術領域,也就是提供援助或治療的過程。

 # 貳、社會福利傳統思想

英國是最早進行工業化的國家,也是最早大規模地由政府主辦福利事業的國家之一,1601年頒布實施的「濟貧法」是一個典型的工農業社會時期的法案。隨著工業在英國的快速發展,貧富差距加大,貧民不斷增加,需要救濟的人不斷增多,形成了社會救濟制度的社會安全思想。然而,自由主義的主張對政府的介入持保留的態度。傳統的自由主義思想,最早可以追溯到洛克(John Lock)、穆勒(John S. Mill)、亞當·斯密(Adam Smith)和近代的霍布豪斯(L. T. Hobhouse)等人的思想。

一、「反集體主義」的社會福利政策

現代的自由主義者以海耶克（F. A. Hayek）和費里曼（M. Friedman）最為著名，他們主張「反集體主義」（anticollectivist）的社會福利政策，這種理念自十九世紀一直持續到二十世紀初期。這一時期，對社會保障制度持否定態度的代表性人物主要是：

(一)亞當‧斯密

英國自由放任主義經濟學創始人亞當‧斯密，把經濟現象看成是具有利己本性活動的結果。他認為，每個人改善自身境況的努力是社會財富、國民財富及私人財富所賴以產生的重大因素，追求個人的利益及市場經濟的作用，必然導致普遍的福利。經濟是受看不見的手的指導尋求個人利益的最大變化，其結果是更有效的促進了社會公共利益，提高了社會公眾的福利。依據斯密的理論，理想的社會是一切都聽其自由，各個人都能自由選擇自己認為合適的職業，每一個人在他不違反法律時，都應聽其完全自由，讓他採用自己的方法，追求自己的利益，和其他人相競爭。施捨將會使得接受濟貧的貧困者造成依賴心理，因而對當時施行的「濟貧法」進行了批評，政府無須對窮人給予特別的關注。

(二)湯生

英國牧師湯生（Joseph Townsend）在《論濟貧法》（*A dissertation on the poor laws*）一書中，頌揚貧困是能激起財富追求的必要條件，由於人口增加勢必造成部分工人處於貧困的狀態，此種情況將能有利於刺激工人勤奮作為，帶動社會生產的增進。是以，認為「濟貧法」的實施是破壞自然的和諧與優美、勻稱與秩序。

(三)馬爾薩斯

馬爾薩斯（Thomas Malthus）在1789年出版的《人口原理》（*An*

Essay on the Principle of population）一書中，論述了貧窮問題。由於人口和糧食存在著不同的增加率，兩者之間的平衡必然被破壞，生活資料的增長受到土地有限性的限制，保持兩者平衡的唯一出路就是抑制人口的增長，如果人口的增長不受限制，那麼貧困就是必然的。可見，貧困是私人問題而不是社會問題，貧困在本質上是一種個人對抗社會的失敗，貧困的主要責任在貧困者本身，是貧困人口過度增長的結果，要消除貧困，就必須抑制人口的增長。而濟貧院的救濟，卻會使過剩的貧困人口繼續存在、繼續繁衍，濟貧院給民眾提供工作會增加在業工人的失業機率。因此，濟貧院施行的各種救濟措施不僅毫無意義，反而會造成貧民的依賴心理。據此，馬爾薩斯反對「濟貧法」，否定向貧民提供救濟的政策。

(四)李嘉圖

李嘉圖（David Ricardo）認為，勞動者的工資是透過自己的勞動付出而得到的收入。勞動和其他商品一樣具有市場價格，勞動的市場價格是由勞動的供給與需求的變化而調整。勞動供給的增加將會導致市場價格逐漸下降，使勞動者的生活水準下降。當貧窮使勞動者人數減少、勞動供給減少時，勞動的市場價格又在向其自然價格上升。這就是說，勞動市場上自由競爭的結果及工人人口自然率的變化，會使工資必然趨向於最低生活資料的價值。李嘉圖反對「濟貧法」，他認為，像其他契約一樣，薪資應當接受公平的和自由的市場競爭，不應當透過立法干預進行管制。「濟貧法」就是和這些原則背道而馳，它不是改進窮人的狀況，而是惡化窮人和富人的狀況，不是使貧者富，而是使富者貧。

(五)薩伊

法國經濟學家薩伊（Jean Baptiste Say）認為，國家的繁榮取決於財富的增長，生產創造產品的需求，也就是說，供給能創造自身的需求。局部的生產過剩只是一種暫時的現象，價值規律的自動調節作用總是

會使各種產品的供給和需求趨於平衡。也就是說，由於價值規律的自動調節，生產總是按照社會的需求成比例地進行。如果出現生產過剩的危機，那也只是由於政府干涉的結果，如果對生產不加干涉，一種生產很少會超過其他生產。自由放任、自由調節、自由競爭能使個人得到最大的滿足，社會不可能會產生全面的經濟危機和失業，所有希望工作的人都能得到工作，而貧窮和懶惰有關，是一種自作自受。因此，失業和貧困是個人不努力的結果，它應由個人而不是由社會（經濟制度）負責。薩伊這種關於貧困救濟和社會福利只是私人的事情，國家和政府無須干預的思想，後為馬歇爾所繼承和發揚，馬歇爾在1890年出版的《經濟學原理》（*Principles of Economics*）中，對福利問題更加關切，力圖找出一種對經濟福利進行數量測量的工具。

綜上可見，這一時期的經濟學家們實際上認為，低工資來源於勞動的過度供給，失業是因為勞動者要求過高的結果，貧困則是由於這些力量相互作用的結果，因而勞動者自己應該學會控制其數量的增長，自己對自身的狀況負責。這些建立在個人主義、功利主義基礎之上的經濟思想，使社會對於貧困、失業的責任逐步讓位於社會對於貧困人的壓制。正因為如此，1843年英國通過了「濟貧法修正案」即「新濟貧法」。這一保障制度不但廢除了對體格健全者的救濟，而且採用了更加嚴厲的管理濟貧行為的法則，並規定依靠救濟的人必須接受三個非常苛刻的條件，一是喪失個人聲譽（接受社會救濟被視為污點）；二是喪失個人自由（必須禁閉在貧民所裡勞動）；三是喪失政治自由（喪失公民權尤其是選舉權）。然而隨著工業的迅速發展，社會條件的進一步惡化，自由放任理論無力抵銷日益高漲的要求及改善醫療和福利服務的呼聲，人們開始尋求更符合人道的經濟生活保障。在這種形勢下，1911年英國政府制定了「失業保險法」，這揭示著實行了三百多年的「濟貧法」的結束，也說明濟貧式的社會救濟政策必然要為社會福利制度所取代。

二、實行社會安全保障

1870年代以後，隨著工業的發展需要在城市使用大批的工業勞動者，愈來愈多的勞動者以工資收入維生，一旦失去工資收入，就沒有足夠的力量抗拒年老、疾病、生育、殘疾、事故、死亡、因失業所造成的收入中斷及其貧困。為生活所迫的工人們組織起來，展開了爭取權利的作為，確保在經濟和社會上享受保護的權利。隨著工業化大量生產取代手工業所導致的工人失業問題，對社會安全產生巨大的威脅，工人的貧困化及由此產生的工人運動的高漲，迫使整體社會開始考慮社會安全保障問題。

社會福利體制推動時，一個很重要的原因是勞動力的再生產。工業化發展時期，經濟以擴大生產為主體，要求勞動者的素質不斷提高。這一變化使得僱用勞動者所需要的費用大大增加。在這種形勢下，面臨著兩種選擇，一是給勞動者增加工資；二是由國家建立一套社會福利體系。雇傭勞動者以自身的利益考慮，更願意提高工資，因為工資收入靈活方便，個人可以隨意支配。但雇主則更願意在小幅度提高工資的同時，把更多的資金用於社會福利項目。因為，第一，與薪資相比，社會福利具有一定的彈性，有可能降低標準甚至取消，而薪資具有剛性，其標準一經確立，就很難改變；第二，有些社會福利項目如住宅低利貸款，往往要附加一些條件，而政府可以把社會福利的支出作為一種對勞動者的控制手段；第三，社會福利費用的增減不會對物價產生影響，也不必隨物價的變動而變動，而工資則須隨物價的上漲而不斷提高。基於以上考慮，雇主及政府選擇了增加社會福利的辦法，藉此來維持勞動者與現代生產相適應的生活要求，保持社會穩定，並為經濟發展提供必要的勞動力。而商品經濟的發展，使社會財富大量增加，這不但為雇傭勞動者提供一定的物質基礎，而且也規定了採取社會安全的形式來運用這些社會資源。

最先實行社會安全保障的是俾斯麥執政時期的德國。這是由於德國

具備實行社會安全的條件。十九世紀上半葉開始，馬克思主義首先在德國傳播開來，這使得德國工人為了爭取自己的經濟利益和勞動權利，與資方展開了爭鬥，他們一方面要求政府實施保護勞動權利的社會政策，另一方面自發地組織各種互濟互助的民間組織，1871年的德國實現全國統一後，首相俾斯麥認為，要加快國內經濟的發展，必須安撫好國內的工人群眾，調和勞資關係，實施一整套社會政策，其中包括社會安全保障政策。1881年11月17日德國皇帝威廉一世（Wilhelm I）發布「黃金詔書」，宣布建立「社會保險法」，這促使了福利國家的產生。此後，德國先後於1883年通過了「疾病社會保險法」、1884年通過了「職業災害保險法」、1889年通過了「老年和殘障社會保險法」等三個社會保險計畫。

　　上述這三個社會保險計畫都是強制性的，其權利和義務都有法律保障。這些法令完成了當時世界上最完備的社會安全計畫。加以普魯士多年來形成的高效率的行政官僚機構，使德國能夠順利地推動社會保障計畫。俾斯麥政府的國家社會保障計畫並不是純粹福利性的，只是以不同的角度強調了勞動的重要性，將保障勞動者的勞動權作為社會安全的機制。其社會保障立法的受益者並不是全體公民，也不是最需要救濟的貧民，而是所有的雇傭勞動者。也就是說，當時德國社會保障的著眼點在於生產而不是在於救濟。而且，俾斯麥政府並沒有承擔社會保障的全部職責，而是把相當一部分的責任留給了個人、社會和家庭。健康、職災和退休這三項保險計畫，都採用了讓勞動者共同承擔風險的保障方式。這種透過國家權力將保險的方法運用於社會領域的方式，不但落實了勞動者共同平等地承擔風險的原則，也落實了先納稅後受益、勞動和福利相結合的原則。1911年德國又制定了「職員保險法」，1923年頒布了「礦工保險法」，1927年制定了「職業介紹與失業保險法」。

　　德國社會保險法規的頒布，象徵著國家開始擔負起社會安全的責任。幾個社會保險法案的頒布與實施，是由於德國認識到社會福利對社會發展的促進作用，社會福利有助於社會資本的累積、人力資本的提

升、社會基礎的穩定及社會安定的維持，不應視為只是消費性的支出與負擔，而且他們的這種觀點逐步影響到其他國家。這一時期，主張由國家來舉辦社會福利的主要代表有：

(一)李斯特

李斯特（Friedrich List, 1789-1846）反對英國的古典政治經濟學主張。他在1841年出版的《政治經濟學的古典體系》（*Pas Nationale System der Politischen Ökonomie*）一書中，把經濟學劃分為「個體經濟學」和「社會經濟學」，而且把「社會經濟學」分為「世界主義經濟學」和「國家經濟學」（或政治經濟學）。他將斯密的經濟學視為「世界主義經濟學」，這種經濟學是「教導全人類如何才能幸福的科學」。而德國需要的是教導某一個國家，處於世界目前形勢以及它自己的特有國際關係下，怎樣來維持並改進它的經濟狀況的國家經濟學。李斯特主張國家干預，由政府採取保護主義的政策來激發、增長並保護整個國家的生產力，以此促進國民財富的增加，增進國民的福利。而國家財政經費的公共支出則有利於物質資本和精神資本創造價值，使人民得以創造生產力，李斯特關於國家干預主義的思想，既為當時的德國建立安全保障制度奠定了理論基礎，同時也成為現代福利國家論的理論來源。

(二)俾斯麥

德國首相俾斯麥在吸收李斯特社會福利思想的基礎上，進一步公開宣稱社會保險是消除社會動亂的投資，他認為一個期待養老金的人士最守本分，也最容易被統治。因此，俾斯麥在1871年統一德國後，逐步實行了有系統的福利政策，建立了疾病、職災、失業、養老保險體制。這些勞工保障措施促成近代社會安全制度的產生。

(三)新歷史學派

新歷史學派在1870年代產生以後直至二十世紀初期，在德國盛極一

時，並流傳到其他國家，主要代表有施穆勒（G. Schmoller）、桑巴特（W. Sombart）等。他們強調發揮國家的行政職能作用，經由賦稅政策實行財產的再分配，並透過各種法令和建立國營企業等措施來實行自上而下的改良，為整個社會謀利益。新歷史學派關於由國家來實施社會福利的思想，概括起來主要包括以下內容：第一，國家的職能除了安定社會秩序和發展軍事實力外，並包括干預和控制經濟生活、運用國家計畫達成經濟發展的目標；第二，勞工問題是國家的主要社會問題，因而國家應該採取一系列的措施，實行經濟和社會改革，如制定工廠立法、勞動保護、工廠監督、孤寡老人救濟等法令，實行土地、森林、礦產、鐵路和銀行等生產事業的國有化，限制土地私有制，改善公共衛生，改革財政賦稅制度等，以緩和社會矛盾，促進經濟發展。新歷史學派為了貫徹他們的政策主張，積極參與實際政治活動，並於1873年成立了以他們為主體，旨在推行改良主義政策的「社會政策學會」。該學會的改良主義主張被俾斯麥政府所接受，從而成為德國率先實施社會福利的理論依據。新歷史學派的主張，成為西方國家建立社會安全機制的思想基礎。

社會福利制度由最初的社會救濟發展到國家舉辦的社會保險，並繼續向外擴展。第二次世界大戰以後，西方各國的社會安全體系也逐步完善，形成比較完整的社會保障制度。

 參、近代社會福利理論

福利經濟學觀念的提出以庇古（Arthur Cecil Pigou, 1877-1959）所著《福利經濟學》（*The Economics of Welfare*）一書為出發，庇古因而被稱為「福利經濟學之父」。庇古福利經濟學的思想基礎是邊沁（Jeremy Bentham, 1748-1832）的功利主義（utilitarianism）哲學。邊沁認為個人是自身利益的最好判斷者，人們的理性活動是尋求快樂，同時避免痛苦。「最大幸福並不是行為者自身的最大幸福，而是最大量之一般人幸

福。」可見，功利主義的原則是以經驗主義和抽象人性論為哲學基礎，以個人主義為出發點，以功利幸福為核心內涵，以行為效果為評價依據，以最大多數人的最大幸福為基本原則和最高理想。如果每個人都能自由的追求個人利益，那麼必然會實現公共利益及最大多數人的最大幸福。由於個人追求私利是正當的，政府就不應該進行干涉，而應實行自由放任政策。最早使功利主義哲學與政治經濟學兩者結合起來的是詹姆斯・穆勒（James Mill, 1773-1836）。他認為，社會福利應當關心個人的幸福，但是資本主義追求私利的結果，並沒有為勞動者帶來幸福。於是主張功利主義哲學與政治經濟學的折衷、調和趨勢：一方面，繼續依據功利主義原則，實行自由放任政策；另一方面，又主張採取國家干預政策，以調和勞資矛盾。這種趨勢從約翰・穆勒開始一直到馬歇爾，形成「福利經濟學」的重要觀點。

馬歇爾開創新古典經濟學派（neoclassical economics），學術成就係基於1890年出版的《經濟學原理》，該書亦為近代經濟學之範本，奠定了他的學術地位。新古典經濟學亦稱為「劍橋學派」，是集古典經濟學（classical economics）的大成，首先以「經濟學」代替以往「政治經濟學」，著重個體經濟的研究，認為財貨價值決定於供給與需求，馬歇爾形容需求和供給就像剪刀的雙刃（blades of scissors）剪出了均衡價格（equilibrium price）。以此理論來解釋價格的變動。在自由市場的條件下，這理論推斷價格會常處於均衡水平，而需求量（quantity demanded）亦必然等於供給量（quantity supplied）。除了討論需求理論、生產理論與市場的價格決定外，他很注重影響到社會制度的經濟因素，因此，我們可以將經濟學看成是攸關人們日常生活的行為科學。

研究福利經濟學的學者霍布森（John Atkinson Hobson, 1858-1940）明確主張，經濟學要以社會福利為研究中心，他是從倫理觀點出發研究福利問題的。他認為，人生的目的在於追求福利，財富是由勞動、土地、才能、資本等共同生產出來的；生產是人類成本的消耗，但也包括積極的快樂與享受；消費是效用的享受，但某種消費也包含有痛苦與成

本。他提出生產力配置要能使勞動痛苦減少到最小程度，消費品的分配要使社會效用達到最大程度，即用最少的人類成本，求得最多的人數效用，從而獲得最大量的福利。在生產中，工人、資本家、企業主和地主通力合作，創造一種「非生產性剩餘」（或「剩餘價值」）。這種非生產性剩餘是由於各種生產要素的不平等，以及各種經濟勢力所形成的，因而政府應以課稅的方式，或政府獨占的方式，將這種剩餘用於社會福利。一切徵稅應以非生產性剩餘為限，從這裡面儘可能爭取，讓國家有益地用來維持和發展公共事業。為了保證最大社會福利，國家必須干預經濟生活，實行國家社會主義，這種干預不但包括分配領域，還應包括生產領域。國家不但可以經由賦稅消除財富不均，實行免費醫療、老年撫卹金、比較充分的失業救濟等健全的社會政策，而且還應當對一些企業進行直接管制，以便把個人利益調和起來，使「最大多數人的最大幸福」得以實現。

福利經濟學的創始人是庇古。庇古以馬歇爾等人的一般經濟理論為基礎，庇古的福利經濟學，以完全競爭為前提，系統地論述了福利概念及其政策應用，建立起福利經濟學的理論體系。相對於他以後的福利經濟學來說，被稱之為傳統福利經濟學。庇古以效用價值論為基礎，把福利分為兩類：一類是廣義的福利，即社會福利；另一類是狹義的福利，即經濟福利。廣義的福利包括由於對財物的占有而產生的滿足，涉及到人身自由、家庭幸福、精神愉快、人際友誼、社會正義等內容，但這些是難以計量的。經濟福利雖然只是總體福利的一部分，但卻具有決定性的影響，它可以在一定程度上反映社會福利的狀況。庇古認為既然效用可以透過商品的價格進行計量，那麼個人的經濟福利也是可以計量的。各個人獲得的效用總計起來就構成了全社會效用的總和，而效用總和也就是全社會的經濟福利。

庇古把國民收入量的增加和均等化的收入分配，看作是福利經濟學研究的主題，並採用兩個標準作為檢驗社會福利的標誌：一是國民收入的大小；二是國民收入在社會成員中的分配情況。他認為，在福利經

濟學中，有兩個基本命題：第一，對於一個人的實際收入的增加，會使滿足增大；第二，轉移富人的貨幣收入於窮人會使滿足增大。根據這兩個命題，凡是能增加國民收入總量而不減少窮人的絕對份額，或者增加窮人的絕對份額而不影響國民收入的總量，都意味著社會福利的增進。收入均等化或減低收入不均的程度，是福利最大化的必備條件。也就是說，如果政府把富人的一部分貨幣轉移給窮人，將會增加一國的經濟福利。將富人的收入轉移給窮人有兩種方式：一種是直接轉移，如舉辦一些社會保險或社會服務設施；二是間接轉移，如政府對窮人必需品的生產部門、工人的住宅建築、壟斷性的公用事業等進行補貼，已減低這些商品的售價，使窮人受益。由於救濟有工作能力而不工作的人會減少國民財富，因而庇古反對實行無條件的普遍的補貼制度，主張訓練身強力壯的低收入者，讓失業的技術工人學習新技術，為工人的優秀子弟提供上學的機會並補貼其生活等，這些政策有利於擴大資本的積累。

庇古認為，要使一國經濟福利有所增加，還必須增加國民收入總量。國民收入總量的增加是促進經濟福利、徹底解決貧困問題的主要因素，而增加國民收入量的關鍵就在於資源的有效配置。最適度地配置生產資源，可以使國民收入或社會經濟福利總量達到最大值。由於庇古提出了這一著名的社會福利思想，因而他被譽為關心正義和保護窮人利益的一流經濟學家。庇古關於最大社會福利的原則為以後所有福利經濟學家所沿襲，但由於他的某些觀點和理論如收入均等化理論，不能完全適應壟斷資本的需要，他以後的經濟學家對此做出了某些修改、補充和發展，形成了新福利經濟學。

肆、當代社會福利理論

新福利經濟學產生於1939年前後，主要代表人物有勒納（A. P. Lerner）、卡爾多（Nicholas Kaldor）、希克斯（John Hicks）、伯格森

（Abram Bergson）、薩繆爾森（Paul Samuelson）。他們運用序數效用論、帕累托（Vilfredo Pareto, 1848-1923）最適度、補償原理、社會福利函數等分析工具，來說明政府應當保證個人的自由選擇，經由個人福利的最大化來增加整個社會的福利，以實現社會福利的極大化。當一國的經濟福利總合增加時，整個社會安全保障水準也就隨之提高。具體來說，新福利經濟學的基本觀點主要有以下幾個方面：

一、序數效用論

新福利經濟學家運用「序數效用論」、「無差異曲線」、「消費可能曲線」等方法，在微觀經濟領域裡對福利問題進行一系列探討，豐富和完善了庇古的福利經濟理論。根據序數效用論，物品的效用不能用具體數值來表示，但可以用第一、第二、第三……等序數來進行比較。這種比較說明，一個人對於不同物品的不同組合有偏好上的差異，如甲偏好一種組合而乙偏好另一種組合，只不過表明個人對物品趣味不同，而不能表明甲種物品的組合比乙種物品的組合效用大、福利多。同時，根據無差異曲線，兩種商品的不同組合可以給一個消費者帶來同等程度的滿足，消費者為了使自己的滿足程度不變，就會在損失了一定數量的甲種物品時，用一定數量的乙種物品來補償。由於效用不能相加，各個人的效用和偏好方式的不同而無法進行比較，因此，消費者追求最大滿足的途徑，就不能如庇古所理解的那樣，只是力求達到最大滿足的總量或最大效用的總量，而應該是力求達到最高的滿足要求，即最高的無差異曲線。

二、「最適度原理」的發展

新福利經濟學認為，只有經濟效率問題才是最大福利的內容，而不是收入的均等分配。所謂「經濟效率」是指生產資源的使用達到最有效

的狀態，當資源得到最適度配置時，經濟就是最有效率的，因而才能達
到最大社會福利。為了說明經濟福利，勒納等人論述了實現「帕累托最
適度」在交換和生產兩方面所須具備的條件，發展了「最適度」原理。
其主要論點是：交換的最適度條件，就是在完全競爭條件下，交易雙方
經由交換而使彼此得到最大滿足的條件，即在一定的收入、價格和偏好
的基礎上，任何兩種商品之間的邊際替代率對於適用這兩種商品的每一
個人來說，是相等的條件；生產的最適度條件，就是在完全競爭條件
下，生產要素最有效地進行配置，從而使產品最有效地生產出來所必需
的條件；生產和交換的最適度條件是指同時滿足交換最適度條件所要求
的前提。根據這一原理，一切社會變革都只能直接為壟斷組織謀利益。
但實際上，在社會變革中，一個階級或一些個人蒙受損失是不可避免
的，如果不能觸動任何人的利益，就等於否定社會變革，也沒法談福利
經濟學。

三、「補償原理」

為了解決「最適度原理」的矛盾，卡爾多和希克斯等人在1930年代
末期，提出並論證了所謂「假想的補償原理」，對新福利經濟學的發展
產生的作用。「補償原理」的實質是，如果一些社會成員經濟狀況的改
善不會同時造成其他社會成員經濟狀況的惡化，或者一些社會成員狀況
的改善補償了其他社會成員狀況的惡化，社會福利就會增加。根據這一
原理，政府的某項措施或立法會使一些人得益而使另一些人受損，如果
得利總額超過損失總額，那麼，政府可運用適當政策向得利人徵收特定
租稅，以補償受害者，如此對任何人都沒有不利，卻有利於一些人，因
而增進了社會福利。這一原理宣揚的是「整個社會的福利」或「福利綜
合指標」，而且，這一原理認為只要提高了效率，所受損失總可以在長
時間內補償過來。如果一種政策措施的結果雖然是使貧者愈貧、富者愈
富，但是，只要它使國民收入總量有所增加，也被認為「增進」了社會

福利。

四、「社會福利函數」理論

伯格森、薩繆爾森、阿羅（K. Arrow）等人著眼於個人的主觀感受，認為補償是否恰當，要在受益者感受到以後才能確定，事前是無法預測的，因而補償原理並不是科學的，而應當把福利最大化放在最適度條件的選擇上。在他們看來，生產和交換固然應符合最適度條件，但生產和交換達到了最適度條件並不一定表明福利達到最大化。經濟效率是最大福利的必要條件，合理分配是最大福利的充分條件，只有將所有分配方面及其他支配福利的因素一併列入，編製一種「社會福利函數」，當這個函數達到最大值時，才算達到了福利最大化。伯格森、薩繆爾森等人提出的「社會福利函數」是新福利經濟學的一個主要內容。這一理論認為，社會福利和一些影響社會福利的各種因素之間存在一定的函數關係，這些影響因素可能有各種不同的配合。在一定的收入分配條件下，社會福利的最大化就在於個人對各種不同配合的選擇，個人的自由選擇是決定個人福利最大化的重要條件，而社會福利又總是隨著個人福利的增減而增減，因此，要使社會福利最大化，政府應當保證個人的自由選擇，進行「合理的」收入分配。

五、「相對福利」論

1950年代以來，一些福利經濟學家更加突出福利的主觀性和福利的相對性。杜森貝里（J. S. Duesenberry）在論述人們的相對收入對消費傾向的影響時指出，每個人的消費支出，不僅受自身收入的影響，而且受周圍的人的消費行為及其收入和消費相互關係的影響。一個人的福利如果受其他人的福利影響，則「最適度條件」將更為複雜。美國著名的福利經濟學家米香（E. J. Mishan）則認為，像美國這樣的豐裕社會，人們

不僅關心他們收入的絕對水平，而且更關心他們收入的相對水平，即他們在社會收入結構中所處的地位，以致出現這樣一種極端的情況：「一個人寧可在其他人的收入減少10%的前提下，把自己的收入減低5%，而不願意大家的收入都增加25%」。由於福利是相對的，福利與個人收入並無直接聯繫，因此，提高國民收入的政策和縮小國民之間收入差距的政策都不能增加國民福利。而且，由於人的欲望是無止境的，因而福利永遠不能得到滿足。「相對福利」既否定了收入均等化措施，也否定了普遍提高國民收入水平的意義，認為任何社會變革都不能增進社會福利。

自從福利經濟學產生以來，其理論雖然經過了一些變化，但內部之間並沒有本質的區別，都是建立在邊際效用價值學說、消費者自由選擇學說和自由競爭學說之上的，都包含有兩方面的內容：一是論證競爭市場的有效性及其例外，得出了福利經濟學的第一個定理，即競爭的市場注定是帕累托有效的；二是認為政府透過採取合適的收入分配政策能夠有效地矯正市場失靈，實現社會福利的最大化或帕累托最優，得出了福利經濟學的第二個基本定理，即在採取了合適的收入分配措施之後，帕累托效率仍然可以由競爭的市場機制實現。

伍、福利理論發展趨勢

由於新舊福利經濟學存在著諸多的不足和矛盾，因而受到了來自各方面的挑戰和批評。最有代表性的人物是英國劍橋大學的印度經濟學家阿馬蒂亞‧森（Amartya Sen）。他因對福利經濟學、社會選擇理論、發展經濟學做出了貢獻，而榮獲1998年度諾貝爾經濟學獎。阿馬蒂亞‧森對正統的福利經濟學理論提出了挑戰，使福利經濟學獲得了新的發展，主要表現在以下幾個方面：

一、對「福利主義」思想提出批評

　　對以個人與社會福利水準可以經由生產和消費的商品量，以進行的「福利主義」（welfarism）思想提出了批評，認為這是福利主義狹隘性的體現。因為，由於不可能獲得對於個人福利的完全資訊，僅僅透過對收入和財貨的比較，不可能對社會福利做出一個準確的比較；另外，福利主義價值的原則也對可以運用的資訊施加了種種限制，使得一些非經濟事件如壓迫、剝削等被排除在社會福利函數之外不予考慮，而這些事件對社會福利的影響很大。這就使得對社會福利的判斷往往不及全面，甚至出現許多錯誤。因此，福利經濟學應該擺脫福利主義的狹隘範圍，把基本價值判斷（basic value judgment）引入研究領域，根據道德和政治等多方面因素來評價福利水準及其變化。基本價值判斷是指在任何條件下都被認為是正確的價值判斷，如追求自由、反對剝削和壓迫等，只有滿足了基本價值判斷，經濟福利的改進才能被視為社會福利的增加。

二、對社會福利函數理論進行批評

　　社會福利函數理論認為，單純用個人效用指標來衡量社會福利也還存在著缺陷，帕累托主張福利經濟的自由觀與自由主義觀之間存在著不一致性，功利主義將導致反公平現象（anti-equalitarian）。據此，森提出了能力（capability）中心觀，以取代幸福的效用觀——個人的幸福是他所能做的各種事情的函數，這樣，社會福利水準的提高來自個人能力的提高。由於個人滿足感具有可量度性和可比較性，在資訊充分的條件下，它是可以擴展為合理的社會福利函數的範圍，因而社會選擇與社會福利之間存在著密切關係，社會選擇就是把個人利益、個人判斷或個人福利彙總為社會利益、社會判斷或社會福利的某種整合概念。

三、對貧困與飢荒進行研究

　　阿馬蒂亞‧森對發展經濟學中的貧困與飢荒問題所做的研究，是對傳統經濟學關於競爭性市場中，所創造的財富為解決貧困問題提供了一個長期方案的觀點，即財富萬能（money answers all things）觀點的挑戰。他認為，個人平均收入的增加並不必然帶來社會福利的增加，例如，在一些人均收入水準較低的國家，人民的健康素質和平均壽命會高於許多人均收入較高的國家，這充分說明平均收入作為衡量社會進步的標準有其不足，經濟增長之所以重要並不是因為增長本身，而是因為增長過程中所帶來的相關利益（associated benefits），因此經濟學應關注人的權利（entitlement）和能力的提高。更多地關注人類最基本的生活保障條件，以提高居民的社會生活能力，如讓更多的人擁有食品、住宅、接受基礎教育和醫療保健等。為此訂定了衡量貧困的指數即「森貧困指數」（Sen Index）。聯合國人類發展指數（UN Human Index）就是依據他關於權利和能力標準的一個具體應用。森關於權利和能力的方法為個人福利的研究開闢了新的領域，也造成了極大的影響，森對貧困經濟學的研究使他獲得諾貝爾經濟學獎，正如森對自己所說，這表明「貧困和不平等問題，使得處於經濟底層的人們的利益問題，得到了正視」。森關於貧困、社會福利和保障的理論分析，不僅有可能改變社會對貧困和福利保障的價值判斷，而且必將影響政府的社會安全政策選擇。

結　語

　　追求一個美好的社會是人們亙古的期待，對這個期待給予哲學家式的思索與解答或許是件容易的事，但更嚴酷的挑戰則是政府將之付諸實現的政策能力，而這也直接關係到政府存在的價值。經濟改革與社會福利改革不是各行其是的兩碼事，而必須是互相搭配的緊密結合。隨著全

球化而來的競爭壓力與新貧的產生，已逐漸侵蝕了社會穩定的基礎，是以我們必須能以更全面與寬廣的視野去面對與思考我們社會未來發展的問題，我們需要將社會福利當作一種社會發展的主要機制，審慎而積極推行社會福利以呼應世界潮流。

　　檢視英國政府於1998年公布之「社會福利綠皮書」（Green Paper）即指出，當前英國社會的福利制度，正面臨著三大問題：第一，不平等的增加和社會排除（social exclusion）：儘管多數國民的生活漸趨充裕，仍有些弱勢人口、家庭和社區停滯不前；第二，福利陷阱（the benefit trap）：現行的福利體系提供了許多誘因，使得被救助者在自食其力時，工作所獲得的酬勞，低於失業時領取的津貼，抑低其工作意願；第三，福利詐欺（welfare fraud）：福利服務的對象過於浮濫，大家分食有限的資源，使得弱勢人口未能獲得妥善的照顧；而這些問題也正普遍困擾著其他福利先進國家。是以，已有跳脫出過去經濟與福利兩難的思維。

　　除了英國的「第三條路」取向之外，在美國也以麥吉利（James Midgley）為首提出了「社會發展」（social development）觀點。以福利與經濟的關係為切入點，強調整體發展，認為兩者之間不是截然對立而是互為根本，是有計畫的社會變遷過程，不是藉由犧牲某一部分以獲得快速成長的扭曲式發展，必須透過社會福利來促進經濟發展，因此必須更著重於有利於人力資本（如教育與訓練）、社會資本（如交通設施、公共衛生、社區建設和公民社會），以及促進就業或自行創業的措施。為了達到這個目標，必須確保經濟發展以改善生活的福祉，所以經濟應維持適度而均衡的成長。而新近崛起於歐盟（European Union）的「社會品質」（social quality）基金會，正推動社會品質概念，以作為指引歐洲社會模式的發展方向，運用維繫各國既有的生活水準，以有利於走向統合的過程，否則相對剝奪感的產生會損及整合的可能性。這意味著生活水準與社會發展的高度關聯性。為此，該政策已發展出「排除／包容」（exclusion/inclusion）的政策取向，而社會品質取向則是進一步地擴大，納入了經濟安全、族群包容、社會凝聚與尊重自主等四個指標。社會福

利政策已儼然為人們所戮力追求的發展目標，而強調經濟與福利整合的思維與作為，已經成為人類社會邁入二十一世紀時的方向。

問題與討論

一、請以社會福利實施模式中理論模式的類型，簡述其類型及內容。

二、請以社會福利實施模式中行動模式的類型，簡述其類型及內容。

三、請以社會福利實施模式中實施方案的類型，簡述其類型及內容。

四、請說明社會福利傳統思想時期，對社會保障制度持否定態度的代表性人物及主張。

五、請說明社會福利傳統思想時期，對社會保障制度持肯定態度的代表性人物及主張。

六、請說明近代社會福利理論的代表性人物及主張。

七、請說明當代社會福利理論的主要內容。

八、請說明福利理論發展趨勢的主要內容。

九、請以社會發展的觀點說明福利發展的趨勢為何。

Chapter 3

福利國家與社會福利

前　言

壹、福利國家的歷史脈絡

貳、福利國家的理論思維

參、福利國家的主要型態

肆、福利國家論的主要內容

結　語

 前　言

　　社會福利往往被視為具有非常悠久的歷史，因為在漫長的農業社會時期，世界各地的官方和民間都有許多救災、濟貧的思想和活動。在此種歷史認知的延展下，當前的社會福利往往被等同於慈善的社會救濟，免費的或廉價的社會服務，甚至被聯想成免費的午餐。事實上，現代社會福利的本質，已全然不同於往昔的慈善救濟活動。在社會科學享負盛名的羅爾斯於1971年發表擲地有聲的《正義論》，其中揭示，「一個正義的社會，必定是能使社會中處於不利地位的人，多得好處較少受損的社會。」追求社會公義成為多數國家及民眾共同的期盼。該主張與社會福利所揭示的目標皆為「正義的原則，是要調節社會制度，從全社會的角度處理社會不平等，排除歷史與自然方面偶然因素對於人們生活前景的影響」。社會福利的基本概念具體落實，達到社會公義的理想。

壹、福利國家的歷史脈絡

　　英國是最早實現工業化的國家，也是最早較大規模地由政府出面干預福利事業的國家之一。十六至十七世紀，英國幾次大規模剝奪農民土地的圈地運動，使許多農民失去了田地，被剝奪了賴以生存的土地保障的農民，被迫背井離鄉、四處流浪，從而引起了一連串的社會問題。於是，英國政府制定法令和法規，禁止沒有工作能力的人和失業者流浪，強迫失業者和流浪者進入工廠、農場就業；同時，法律還禁止給「健壯的」求助者提供救濟。為了緩和矛盾，防止被剝奪農民的反抗和騷亂，1536年英國頒布法令，讓教會承擔救助貧農的義務，但又要求對有工作能力的乞丐施以嚴厲的懲罰。1572年並徵收濟貧稅，命令保安審判官任命負責救濟事宜的管理員和監督員。後又幾次頒布法令，訂立了新的原

則，要求各地自籌資金，對貧民實行就地救濟，由公共官員負責管理救濟機構，救濟機構實行學徒制度。1601年，英國將以上一些規定匯集起來，加以補充，成為正式的「濟貧法」（Poor Law）。它以法律的形式，將救濟貧困由私人義務變為社會公共責任，並規定了救濟貧民的福利措施。該法案要求各級教區負責向居民和房地產所有者徵收濟貧稅，用這種收入給無力謀生的人發放救濟，並負責組織失業的成年人從事勞動，安排孤兒當學徒等。

　　1601年頒布實施的「濟貧法」，是一個典型的農業社會過渡時期的法案。這一法案具有很多建設性的成分，如規定了社會救濟的責任領域，即每個教區都只負責本區的成員，這種以居民身分為合法條件的政府濟貧原則，則為現代的福利國家所沿用；對福利資金的來源做了規定，即自籌資金，包括自願的捐助、教區內部的公共土地稅等；承認公共福利的全國性覆蓋和全國性行政的必要：建立了學徒制度，開始了在就業保障方面的最初嘗試，即以工代賑式的濟貧……等等。隨著工業在英國的快速發展，尤其是圈地運動的合法化，貧民不斷增加，雖然法律已更加嚴明，濟貧的範圍進一步縮小，但需要救濟的人還是不斷增多。為了減輕教區救濟金負擔，英國政府於1723年頒布法律要求各地設立濟貧院，同時也進行院外救濟。工業革命後，大批手工業者破產，為了防止社會動亂，政府規定貧民習藝所只能收容那些陷入貧困的老、弱、病者和孤兒，以及隨同母親的孤兒；對於那些健壯的貧民則由教區安排就業，對短期內不能就業者暫時提供衣食，直到找到工作為止，工作後工資不足以維持生計者，從濟貧稅中提供補貼。由於失業者不斷增多，濟貧稅額不斷增加，1760年為125萬英鎊，1812年提升到650萬英鎊。與此同時，英國的社會情況繼續惡化，中世紀遺留下來的各種民間的、自發組織的社會保護組織被無情的摧毀，結果是城市工人罷工，這一系列的問題促使人們開始不斷地對接受扶助合理合法的道德觀念及「濟貧法」所規定的濟貧原則進行認真思考，並形成了新的福利經濟思想。

　　自1870年代開始，由於產業自自由競爭逐步朝向壟斷階段邁進，

造成社會階層的對立及貧富差距拉大。在經濟危機期間，工人被大批解僱，流落街頭工人的實際工資大幅下降，生活貧困且無保障。與此同時，國家之間為了爭奪世界市場，其競爭更加激烈，以至於在歐洲大陸爆發戰爭。戰爭使工業和建築遭到巨大破壞，導致消費品短缺、物價上漲，人民生活在苦難之中。在第一次世界大戰期間，英國工人的實際工資下降約24%，德國工人的實際工資下降約50%，法國工人的實際工資1918年只相當於1914年的三分之一；德國由於貧困、飢餓、瘟疫、戰爭而死亡的人數竟達到630萬人。經濟危機、連年的戰爭、資本的壟斷等，加劇了無產階級的貧困化，並進一步使勞工和資本家之間的矛盾不斷激化，歐洲各國工人紛紛建立起自己的工會組織和政黨，開展了反對資方壓迫的行動。第一次世界大戰前夕，英國、法國、德國等國的工人運動曾引起了國內的政治危機；俄國十月革命的勝利，更是給全世界擺脫資本壓迫的重要啟示。

　　1929至1933年的世界性經濟大危機，使以馬歇爾為代表的傳統經濟學出現了嚴重挑戰，這一次經濟危機導致了德國納粹、義大利法西斯的上台，並促使了歐洲工人運動的進一步高漲。面對這種嚴峻的形勢，歐洲若干國家一方面透過各種反勞工運動、反社會主義的立法，強化國家機器，對工人運動進行鎮壓；另一方面，又試圖利用各種保障措施來舒緩工人不滿，調和勞資矛盾。正是在這種社會政治背景下，出現了各種社會改良思潮。主要的內容有：壟斷資本國家轉變成全民國家，它代表全社會的利益為所有社會成員謀福利；資本主義制度是合理的，但存在著一些弊病，如財富和收入分配的不平等、失業和由此造成的貧窮等；這些弊病是由於某些政策失誤而造成的，因而可以在不改變既有生產方式的前提下，只需要改變分配方式就能夠消除；同時也對範圍有限的社會保障制度和不能適應市場化、社會發展要求的社會福利理論，造成了極大的衝擊。經由一點一滴的社會改革及實行漸進改革，可以改變勞資互動的關係，建立穩定的社會發展。在這些思潮中，其經濟方面的主要內容就是福利國家。

為了解決嚴重的失業、貧困以及由此帶來的諸多社會經濟問題，美國總統羅斯福（F. D. Roose Velt）實施了「新政」。1935年3月，美國正式通過了旨在解決失業和養老問題的「社會安全法」（Social Security Act），這是美國第一個由聯邦政府承擔義務、全國性的社會安全立法。從此，美國逐步建立全面的社會福利制度，並將社會保障制度化，這對第二次世界大戰後福利經濟制度的全球化發揮了很大影響。因此，羅斯福「新政」不僅啟發了現代社會保障理論的形成和發展，並使福利型社會安全思想在工業化國家逐步得以確立。與英國「濟貧法」頒布後經濟學家對其持否定態度的情況不同的是，美國「社會安全法」的頒布卻使經濟學家產生了共鳴。1936年經濟學家凱恩斯（J. M. Keynes）出版《就業利息和貨幣通論》（*The General Theory of Employment, Interest, and Money*）所導致的「凱恩斯革命」，使國家干預主義與社會福利結合起來，同時使國家干預論者的福利經濟思想逐步形成，並在西方福利經濟理論中居於主導地位。這些思想和理論集合起來，可以稱為「福利國家論」。

社會福利制度由最初的社會救濟發展到國家舉辦的社會保險，並繼續向外擴展。第二次世界大戰以後，隨著社會安全思維的確立，西方各國的社會福利體系也逐步完善，形成比較完整的社會經濟制度。

貳、福利國家的理論思維

在第二次世界大戰以後的最初年代裡，英國、瑞典等西歐國家宣稱它們已經建制為福利國家。此後，福利國家幾乎成了現代歐洲先進社會的代名詞。福利國家的產生不是偶然的，而是有其深刻的社會歷史原因，亦即福利國家雖然最終形成於第二次世界大戰前後，但是，這種思潮卻由來已久。它有一個逐漸形成的過程，根據時間大致可以分為三個階段。

一、第一階段：十九世紀中期至一次大戰以前

這一時期是資本由自由競爭向壟斷階段過渡的時期。在這一階段，一些經濟學家和社會改良者的著作和主張裡，已經出現了有關福利國家的改良主義思想，但還沒有系統化。英國經濟家穆勒看到了資本分配方式的不公平，提出了有關分配制度的折衷主義思想。他把生產與分配割裂開來，認為生產方式是永恆的，而分配方式則是可以改變的，因為「財富生產的規律和條件含有自然真理的性質，在這些規律和條件方面是沒有任意選擇或可以武斷的餘地的，而財富的分配決定於社會的法律和習慣。

決定分配的法規是根據統治社會的那部分人的看法和心願創造出來的；在不同的時代和不同的社會，這種法規是大不相同的。目前的資本主義制度存在著一定的弊端，勞動產品分配——幾乎總是與勞動成反比例，結果絕大部分落到完全不勞動者的手裡，其次，剩餘的大部分幾乎只是名額的勞動者，並按遞減的百分比分配，以此類推，勞動愈沉重愈不痛快，報酬則愈少，直到最後，最勞累、最繁重的體力勞動者，連維持生活所需要的報酬都沒有把握得到」。但是，可以在保存現存生產方式的條件下，透過政府立法來減少分配上的不平等，消除這些弊端。在穆勒看來，社會主義分配制度有利於發展生產、普及教育、控制人口，以及由於把公共利益看作自己的利益，從而有利於社會福利及利己主義。由於自由競爭是絕對必要的，而對個人的基本權利是不能干涉的，因而，穆勒設想的公有制社會，實際上是一種具有競爭機制而又能保障所有人分享集體勞動利益的社會。他在對資本私有制與公有制進行比較時，又採取了折衷、調和的辦法，認為「人類發展現階段的主要奮鬥目標，不是推翻私有制而是改進它，促使社會上每個成員從中得到益處，政府可以直接和間接地在幫助改進人民的物質福利方面做一些事情」。為此，他提出了一些改良主義辦法，主要是：(1)透過土地稅使地租社會化；(2)頒布變小農制經濟為自耕農制經濟的法律，對現存地主土地所有

制經濟實施改良；(3)限制遺產繼承權以減少財富的不均⋯⋯等等。十九世紀末期，德國歷史學派和講社會主義者繼承和發展了穆勒的「福利國家」思想，宣揚社會改良，主張經由賦稅政策實行財富再分配。他們認為，國家除了維持社會秩序、保護人民安全外，還有文化和福利的目的，應該採取各種措施實現促進文化、改善老幼貧弱、保護工人安全等社會目標。認同俾斯麥的社會保障作為，並讚揚德意志帝國在為整個社會謀福利所做出的貢獻。

　　這一時期，英國費邊社會主義（Fabian Socialism）對福利國家的形成和發展產生重要的作用。費邊社會主義反對使用暴力，主張實行漸進改良，經由涓滴的改良來實現社會公義。他們提出與福利國家密切相關的改良主義思想，主要有以下幾個方面：

1. 特別強調地方政府自治，主張經由地方政府社會主義擴大政府權力來改善社會福利。他們認為只是擴大政府對煤氣工業、電力工業、自來水工業和其他公用事業，加強政府對私人企業的管理，就是實行社會主義。社會主義主要表現在三個方面：(1)政府對私人企業的管理不斷加強；(2)社會福利服務行政的發展；(3)租稅擴充以利提供執行社會保障的資源。他們把社會福利視為是集體主義的象徵。英國議會通過的關於縮短工作時間、限制僱用童工女工、改善工廠工作條件的法案，都是藉由集體意識對個人欲求的限制，是犧牲個人活動和擴大集體活動，以有利於增進社會福利。

2. 國家對私人企業實行國有化，實現租金（包括利潤和地租）和利息的社會化。因為，把私有財產從私人手裡轉移到整個國家手中，把租金和利息從私人轉移到整個社會，是朝向福利國家的方向。當然，把所有工業都實行國有化，達到徹底的社會主義是不可能的。

3. 對非勞動所得的收入及遺產徵收累進所得稅，以實現租金和利息從私人朝向國家的方向轉移。

4. 訂定「最低生活標準」，政府採取措施保證居民的生活不致降低到

最低生活標準以下。政府採取的措施主要有：(1)實行最低工資制和八小時工作制；(2)擴大對工人損失的補償；(3)支持老年人年金制度；(4)改善住宅條件；(5)增加教育設施……等等。

費邊社會主義對英國工黨的建立，發揮了很大的作用，英國工黨建立以後，把實現社會福利作為政黨的奮鬥目標。是以，費邊社會主義促進了福利國家的思維及保障措施的建立。

二、第二階段：兩次世界大戰之間

這一時期已經發展到國家壟斷資本主義，國家干預更為綿密的實況。這一階段經濟學家開始專門研究福利問題，形成了福利國家的理論基礎即福利經濟學。與此同時，政府也開始把增進社會福利作為自己的責任。庇古在其所創立的福利經濟學中，有關於福利標準和福利政策的論述，為福利國家提供了論據。海耶克就曾指出：「在英國，庇古和他的學派所提供的福利經濟理論，對於福利國家這個概念的採用產生了促進作用。」

與此同時，對福利國家的形成和發展發揮重要作用的另一位經濟學家，是英國經濟學家凱恩斯。凱恩斯本人並不屬於社會改良派，但他主張實行國家干預以達到充分就業目的的理論和政策，不僅成為福利國家的主要內容，而且也為福利國家提供了新的論據和目標。凱恩斯為了解決失業問題，實現充分就業（full employment），他認為，失業的根源在於有效需求不足，即消費需求不足和投資需求不足，而有效需求不足又是由於邊際消費傾向遞減規律、資本邊際效率遞減規律、流動偏好規律等三大基本心理規律作用的結果。因此，要解決失業、增加就業機會，就需要有政府的宏觀干預：

1.國家應指導、鼓勵和支持社會成員多消費，以擴大有效消費需求，促進經濟繁榮。國家必須用改變租稅體系、限定利率以及其他方

法，引導消費傾向。

2. 實行投資社會化，以刺激有效投資需求，降低銀行利率，增加私人投資，是彌補消費需求不足和私人投資需求不足的關鍵性措施。應拋棄傳統的單一的私人投資方式，把投資這件事情，由社會來綜攬。

3. 政府應採取赤字財政政策，透過舉債的辦法來籌集資金。由於傳統的收支平衡的財政政策不能達到創造就業機會和增加國民收入的作用，因此，個人應拋棄傳統的健全財政政策，實行擴張性的財政政策。

4. 政府應積極實行社會福利政策，國家可以向遠處看，從社會福利著眼，以擴大社會福利。政府用於社會福利保障方面的財政支出是擴大消費需求的有效途徑，增加社會成員尤其是失業者在福利保障方面的消費，則可以刺激經濟發展。

總之，為了增加有效需求，實現充分就業，國家必須積極干預經濟生活，經由財政支出，進行大規模的基礎設施建設及各種有關福利設施的建設。也就是說，國家可以借助發展社會福利事業的途徑來提高居民的有效需求，可以採取充分就業、消除貧困、實行累進稅、實施最低工資法、改革教育等辦法來提高社會福利水準。由此可見，凱恩斯提出的有關政府對經濟的調節以擺脫經濟危機的措施，與福利國家追求的目標不謀而合。他不是從社會改良主義的角度來宣傳福利國家，而是把福利國家發展作為促進經濟增長和經濟發展的重要途徑。他的理論和政策主張成為第二次世界大戰後，實施福利國家的理論依據。

三、第三階段：二次大戰以後

這一階段，福利國家得以最終形成，並在各國廣泛流行。而且，各國政府也開始了大規模的福利國家實踐，普遍建立了福利國家。在這

一過程中，以「貝佛里奇報告書」為依據，提出了「民主社會主義」的理論和綱領，而福利國家則是其中一個重要的組成部分。把福利國家與歐文主義（Owenism）、約翰·穆勒的折衷主義經濟學說、費邊社會主義等，都看作是福利國家的理論基礎和來源。在英國工黨所提出的「民主社會主義」傳統中，有五個具有重要影響的主題，即徵用財產收入、合作、工人參加管理、社會福利和充分就業。為了實現社會主義目標，必須促進社會福利、公平分配財產和收入、改革教育，以便給青少年提供受教育的平等機會。它們所描述的「民主社會主義」就是「凱恩斯＋經過修改的資本主義＋福利國家」。為了建成福利國家，英國先後施行了社會保險、工業傷亡、家庭補助、社會保健等四種社會福利法案。1948年，英國工黨正式提出「福利國家」的口號，其領袖艾德禮（C. R. Attlee, 1945至1951年任首相）宣布英國已建制了「福利國家」。由於英國工黨是當時最大的社會民主黨，所以他們所提出的公平分配收入、混合經濟、政治自由、福利國家、凱恩斯主義及平等信念等，「民主社會主義」原則，為大多數西歐社會民主黨人所接受。1960年代，英國學者馬歇爾在討論英國公民權發展史的時候曾指出，英國的公民權利至少包含三類權利：

1. 公民權：即我們通常意義上講的civil rights——包括與個人自由相關的一些基本權利，如人身自由、言論自由、信仰自由、擁有財產的自由、簽約自由以及要求（司法程序）公正的自由等。
2. 政治權：即公民參與國家和社會政治權力的運作的權利，具體說，也就是選舉權。
3. 社會權：即公民享有國家提供的經濟保障、教育、基本的生活和文明條件等的權利。

馬歇爾說，這三種權利在英國近代歷史上的發展秩序和速度並不同步，先後經歷了三個世紀，十八世紀英國公民權利的主要內容是爭取和普及民權，十九世紀是擴展政治權利，到了二十世紀，社會權利成為公

民權利的重要內容。

　　自從英國大主教威廉‧鄧普（W. Temple）於1941年首先提出福利國家這個概念後，福利國家論大致在第二次世界大戰以後最終形成。1955年，英國《牛津辭典》（*Oxford English Dictionary*）中首次採用「福利國家」一詞，並將福利國家定義為「一個組織得很好的政體，社會中的每一個成員都能得到他應得的生活費，它儘可能使所有人都得到最有利的條件」，從此，福利國家就在世界廣為傳播。另外，在福利國家的政策實踐方面，瑞典等北歐斯堪地亞納維半島國家的社會福利制度，則為福利服務產生了獨特的示範作用。瑞典在社會民主黨的領導下，將經濟上的福利設施與政治上經由工人參加企業管理的勞資合作結合起來，把瑞典建成了福利國家的典範。

　　福利國家政策受到非常多的關注，主要是因為這是一個很容易取得民眾支持的政策，北歐國家施行之後，各國政府也紛紛起而效尤。然而世界銀行「2004年的發展報告」（Development Report, 2004）對福利國家做了深入的調查，其中有兩大重要發現：第一，福利國家政策中最大的獲益者，不是窮人，而是非窮人（non-poor）；第二，以前經濟學家總是引述「市場失靈」來作為福利國家政策的理由，但這份報告指出，並沒有市場失靈的問題存在。既然福利國家並非原先想的，可以救平社會的不均，那麼到底有哪些理由使得各國紛紛想推行福利國家政策呢？

1.政黨間的競爭，為了討好民眾，爭取選票。

2.1950至1975年之間是福利國家政策的黃金時期，這時候剛好全球經濟狀況非常樂觀。

3.地緣政治情勢也相對和平，人口結構處於有利狀態。

4.受到利益團體以及相關的意識型態團體所施加的強大意識型態政治壓力。

5.政治壓力的不平衡，政府增加社會支出比減少來得容易。

並不是所有經濟成長強勁的國家都採取福利國家制度，最明顯的

例子是亞洲四小龍：新加坡、南韓、香港和台灣，它們社會支出較低，國民也相對的有較高的儲蓄率，但在這些國家當中，因為沒有失業救濟或福利金等作為後盾，一旦經濟有較大的下滑，個人所承受震盪的能力也較大；如果經濟走下坡，福利國家則是經歷一種隱性長期的衰退（creeping decline）。

 ## 參、福利國家的主要型態

對影響當今西方福利國家的社會思潮，學者們從意識型態的特徵方面進行了不同的歸納和區分，但總體來看仍然不出左中右三種。在這些對不同工業化社會裡福利領域（welfare regime）的比較分析中，以阿斯平・安德森（Esping-Andersen）的「福利國家三類類型」和巴爾（N. Barr）的「社會理論三分法」最具代表性，前者根據不同西方工業國家的社會政策特徵，將福利國家劃分成：自由的（如美國）、保守主義的（如德國）和社會民主的（如瑞典）三種類型，而後者則將影響福利國家社會政策的意識型態區分成傳統自由主義的、新自由主義的和集體主義的三種（Esping-Andersen, 1990; Barr, 1993）。每一個國家基於不同的政治、經濟和社會發展，有它獨特的社會福利制度。

一、福利國家的類別

安德森（Esping-Andersen, 1990）所強調的福利國家類別：

(一)自由主義

自由主義強調市場導向的社會保障制度，它以所得標準來審查福利的分配。社會福利的對象是社會的弱勢族群，社會福利被儘量壓縮和帶有標籤，認為福利的給與會造成工人無意於工作，對於希望獲得進一

步福利保障的民眾，國家鼓勵他們向私營機構購買服務，一些私營的福利服務從而獲得國家大量補助。這種制度固化階級二分法，社會的最低層大致地平分社會福利，較為富裕的大多數則從市場上購買不同程度的福利，而美國、加拿大和澳洲就是自由主義的例子。在西方傳統上，透過資源再分配形式的社會福利，已開始走向一個更加積極的、強調個人自立自助和多元發展的層面，這也是近年社會工作領域大力倡導「增權實踐」（empowerment practice）和「公民參與」的主要方針。然而，有關國家與公民權利之間關係的學說，長期以來仍在影響著西方社會福利的發展，對於平等和公民的權利關係，以羅爾斯為代表的自由派（liberal）堅持將維護正義放在首位，在他看來，對弱勢群體採取差別對待的原則，雖然有悖於平等的要求，但從道義上看，國家則有義務使公民基本權益得到保護（Rawls, 1971）；諾齊克（R. Nozick）等自然權利派（natural rights）則主張建立「最弱意義的國家」，在現實中即主張建立管理事務最少的小政府，以確保個人的自由不受侵犯。諾齊克認為，強調平等的原則會損害個人的自由、妨礙市場秩序並導致國家強制（Nozick, 1974）。

(二)保守主義

保守主義強調維持現有階級和階層的社會地位，它追求社會的穩定和對國家的臣服，在保守主義裡，國家而非市場是分配福利的主導者，但它的背後理念不是財富的再分配和追求平等社會。在一些教會力量強大，左翼薄弱和有專制和強權主義背景的國家裡，保守主義較為盛行。由於它較受教會力量的影響，福利被看作為傳統家庭的輔助，它鼓勵婦女留在家庭進行家庭勞動，在這些國家裡托兒服務不受鼓勵。安德森列舉了法國、德國和義大利作為例子。

(三)社會民主主義

社會民主主義以普及和平等作為它的最高原則，它以高生活標準來

追求各階級的平等，不同於其他模式，所追求的不是最低標準。為了達致它的理想，必須提供高質素社會福利來吸引中產階級，讓勞工階級享有同等福利。社民主義離開市場規律，它的終極是建設一個普及的福利國家。在這個國家裡，所有人都享有福利，都依賴於福利和負擔責任，它的家庭觀念與自由和保守主義不同，因為國家照顧了傳統的家庭責任，它提供優良的托兒服務，支持勞動婦女，全民就業是社會民主主義的支柱，因為只有全民就業才能支撐龐大的福利開支。瑞典是這類福利國家的典範。

二、福利國家的前進

隨著福利服務對現代社會的影響，西方學者關於「福利國家」的前途的描述，主要有以下幾種理論：

(一)「後福利國家論」

「後福利國家論」出現於1970年代，1980年代得到迅速傳播。該理論以「後工業社會論」作為其經濟理論基礎。西方社會政策從社會行政的起源階段發展到後工業化時代的福利國家階段，其關懷的重點從受害者或弱勢群體的需要和道德判斷，轉移至對福利國家本身的合法性及合理性，從社會工作專業近百年來的價值觀演變可以清晰地得到此種印象（Reamer, 1993）。圍繞這一關懷重點，目前西方福利國家面臨的難題是，在政府部門逐漸從「父愛主義」（paternalism）傳統角色的退卻過程中，市場經濟的功能如何能確保個人自由與社會公正所需的物質基礎，在不損害公民基本權益的前提下，如何使「最弱意義的國家」（minimal state）成為經濟發展的推動器而非絆腳石，使各主要社會利益群體最大可能地達成對福利的共識，這顯然已成為福利國家危機中有關「自由與平等」，這項焦點問題爭議的福利經濟哲學的關鍵說詞（Nozick, 1974; Mishra, 1984）。

福利國家是一個過渡階段，這一過渡階段還處在後工業社會以前的時代。在後工業社會以前的時代，物質產品不夠豐富，國民經濟的重點在於發展商品生產，促進經濟增長。此時，商品生產主要靠擴大生產規模、實行批量生產。因此，福利國家對於社會問題的解決就必然帶有工業社會時代的特徵。而在後工業社會，由於科技的進步，尤其是人工智能的使用，少數人就可以生產出大多數人所需要的物質商品，這樣，國民經濟的重點不再是物質商品的生產，而主要是勞務生產。勞務生產可以分散進行，要求產品豐富多樣，因此，隨著工業社會向後工業社會的過渡，福利國家也將逐漸過渡到後福利國家。後福利國家對於社會問題的解決將具有後工業社會時代的特徵，主要表現在以下幾個方面：

1. 後福利國家所關心的主要不是經濟問題，不是滿足公民的物質生活需要，而主要考慮發展文化、教育，對公民實行「致力開導」和「文化充實」，以改善公民的生活環境，提高公民的生活素質，它所體現的是「後物質主義」的價值觀。

2. 在後福利國家，社會福利作為再分配的工具，不一定必須遵循福利國家論者所主張的統一與平等的原則，它要求社會福利的多樣性。正是由於社會福利項目繁多，各個項目的原則可能不同，有的可能按價值分配，有的則可能按勞動貢獻分配。後福利國家強調生活享受的自我實現和文化教育的個人修養，這樣，它提供的優質服務很可能就只能滿足少數人的需要。

3. 後福利國家主張對社會福利實行分散管理，恢復社會福利管理的「地方主義」和「教區主義」，加強發展各社會福利管理部門的橫向聯繫，使社會福利管理的組織系統像「一張蜘蛛網」，而不是像「一棵倒立的樹」。在後福利時代，不僅福利國家在工業時代遇到的普遍性問題得不到解決，物質和經濟保障將依然存在；而且，改善公民生活環境、提高公民生活素質等新問題，又會成為政府社會政策的重心，由於這些問題不是國家所能控制的，需要其他機構予

以解決，因而國家所面臨的問題更多、更複雜。後福利國家論反映了中間階級和比較富裕的中產階級的要求，對西方國家的社會福利觀的發展產生了重要影響。

(二)「福利國家多元論」

「福利國家多元論」在1980年代初提出，其核心在於福利設施的「私人化」以及權力下放或「市場化」。美國未來學家約翰‧奈斯比特（J. Naisbitt）認為福利國家的「私有化」，就是要經由對國家結構進行根本性的改革來重新構建社會福利制度：(1)從公有制到私有制；(2)從國家保健服務到個人選擇服務；(3)從國家法令到市場機制；(4)從社會福利到職業福利；(5)從集中到分散；(6)從政府壟斷到企業競爭；(7)從企業國家所有到企業雇員所有；(8)從政府的社會保險計畫到私人的保險和投資；(9)從稅收負擔到稅收削減。同時，他分析了美國福利制度的衰弱，認為美國全國上下都要求人們放棄福利並加入到私營企業工作的運轉，是美國擴大福利私有化最好的例證。美國應建立一個依靠勞動而不依靠公共救濟的制度，提供真正的就業機會，是使貧窮家庭和兒童擺脫貧困的最有效道路。政府的福利政策目標是使人們相信勞動比依靠政府救濟更能使人們富裕；鼓勵中產階級和富裕家庭母親外出工作；享受福利的人必須儘快找到工作以減輕政府的財政壓力。因此，政府的福利政策既要對人們給予經濟資助，同時又要使享受福利的人盡自己的努力找到工作，使其對個人、家庭和國家都有積極的影響。

總之，福利的「私人化」實際意味著福利「市場化」，包括：(1)福利計畫應建立在個人自由、自主和自助原則的基礎上，每個人都應該首先儘可能依靠自己的力量來解決生活保障問題，只有當個人的收入和財富不足時，國家、社會機構才進行干預；(2)在國家負責的社會福利費用中，應增加雇主和雇傭人員分擔的社會保障角色，減少稅收的金額；(3)在福利計畫管理上，應減少國家干預，加強私人機構的作用。福利社會多元論者認為，社會福利計畫的「私人化」和「市場化」用以克服社會

福利制度的弊端，刺激工人的生產積極性，有利於經濟發展。

　　社會福利計畫的「私人化」和「市場化」，個人所得福利的多少由其實際支付能力的大小來決定。這必然會導致不同社會階層之間社會福利收入差距的擴大，保持和加深社會的不平等。該理論反映了要求實行自由市場經濟的新保守主義學派的經濟思想，代表了中產階級和保守主義的政策觀點。但是，他們並不是主張社會福利完全「私人化」，而是主張對國家管理社會福利的方式應當進行改革，國家管理社會福利的程度應當降低。也就是說，在提供社會福利方面，國家將繼續發揮作用，只是應當改變方式和作用的範圍。

(三)「福利國家改革論」

　　西歐社會民主黨人在肯定福利國家將繼續存在的前提下，提出應對福利國家進行改革，其主要觀點在費邊社的《福利國家的未來》（*Fabian Essays in Socialism: The Future of Social Welfare*, 1983）一書中，得到了較全面的反映。他們認為，第二次世界大戰以後，福利國家的建立擴大了公民權概念的範圍。公民權不僅包括人身自由、言論自由、信仰自由、在法律面前人人平等、一人一票等，而且應該包括經濟福利、經濟保障、享受文明人應有的生活標準等，享受一定的社會福利是公民應有的權利。國家應繼續保持對社會福利的管制，因為這種管制可以防治私人壟斷組織的剝削，允許和促進社會和經濟的計畫化，經由減少以營利為目的的領域來減輕貪婪和自私的影響。但是，由於第二次大戰以後福利國家透過增加政府開支、進行收入再分配來解決社會不平等問題時，並未達到預期目標，其原因主要是由於第一次分配不平等，並且社會保障制度也忽視了在職但工資很低的工人。因此，他們主張在保持國家管制的同時，應該改革現存的社會福利制度，減少可以普遍享受的優惠服務，改善低工資工人的處境，增加只給予窮人的補助，讓窮人取得國民收入和財富中更大的資源。為此，他們提出了一項稅收改革的建議，包括：(1)在確定稅收時提高社會目標在其中的作用；(2)提高個人所

得稅的起徵點，建立更加累進的高稅率結構；(3)實行有利於所有低收入者的稅收補貼等等。

自第二次世界大戰以來，個人所達到的保障是具有歷史意義的社會成就，也就是說，政府不能因為存在著較嚴重的福利保障問題以及財政赤字甚至財政危機，而放棄自己在社會福利保障方面的責任，應該繼續維持和發展福利國家，認為維持福利國家的最佳方式是嚴格規定福利國家的主要目標與界限。其基本原則包括：(1)一定要繼續堅持足夠的工作收入是福利的根本基礎原則；(2)國家有責任遵照民主社會的公共願望，經由財政系統爭取提供比市場系統更公平的收入分配；(3)國家一定要繼續實行社會安全，對失業、殘疾和老年等社會風險進行主要擔保；(4)可採取各種方式救濟社會上的貧窮群體，如可以實行國家的直接救濟，給低消費者價格補貼，利用各種形式的私人團體救濟。然而，以上方針必須以有效的方式來進行，並且要迎合現今主要經濟潮流。因此，需要透過福利國家的調整與改革來維持和發展社會福利服務，在兼顧社會公平的同時提高其經濟效率。

從以上對於福利國家未來設想的三種理論可以看出，這三種理論有其相同之處，而且都對福利國家的改革與發展產生了一定的影響。

 ## 肆、福利國家論的主要內容

福利國家最主要的特色就是：第一，政府對人民從搖籃到墳墓都妥善照顧，保障每位國民的基本需求與滿足；第二，國家／政府介入市場經濟；第三，將福利視為一種公民與生俱來的權利（公民權），並非是慈善；第四，福利的提供是強制／集體／非差別性的，而其最典型的代表就是北歐國家。

按照福利國家論者的觀點，福利國家的基本內容是在混合的經濟制度下，由政府實行充分就業、公平分配、社會福利等政策，以消除資本

主義的失業、貧困、不平等等弊端。其主要特徵和實質是：(1)政府對國民收入做有利於勞動者的再分配；(2)經由賦稅制度徵收富人的部分收入轉交給窮人，實現各階層居民收入的均等化；(3)消除經濟上和社會上的不平等，消除物質方面匱乏、貧窮等現象，實現充分就業；(4)推行國有化、計畫化及公共工程政策等等。

　　具體來說，福利國家的主要內容包括以下幾個方面：

一、收入均等化

　　福利國家把「收入均等化」看作是福利國家的重要指標。他們認為，公平分配是每個人應當享有的與生俱來的權利，而現代社會的一個嚴重弊病是財富和收入分配不平等，因此國家應該採取措施如實行一些社會改革，使財富和收入實行累進所得稅，同時舉辦各種社會福利事業。政府透過這兩個方面的改革，就可以把一部分財產和收入從富人手中移轉到窮人手中，實行有利於窮人的再分配，使富人不那麼富、窮人不那麼窮，從而促進平等。柯爾（D. H. Cole）認為：「個人所得稅是累進的，具有把收入從富人那裡再分配給窮人的傾向。由於實行收入再分配，英國在第二次世界大戰以後，貧富極端懸殊的現象已經消失。美國的個人收入分配正趨向於更加平等，高收入階層，出現這種趨勢的部分原因，是由於實行了累進稅和福利政策的發展。」

二、福利社會化

　　「福利社會化」是福利國家的另一個重要指標。福利國家論者認為，為了消除資本主義社會中存在的貧窮現象，國家應該舉辦一些社會福利事業，建立社會福利制度，以便當居民因失業、疾病、傷殘、年老等原因失去工作，喪失或部分喪失勞動能力而無法維持生活時，政府給予適當救濟，使其生活得到一定的保障。社會福利包括社會保險、失業

救濟、衛生保健、家庭補助、養老金以及提供平價住宅、教育文化活動等社會服務設施。經由建立這些社會福利設施，就可以保障人民的最低生活水平，並使大多數人享受到較好的物質生活。社會福利制度在相當大的程度上是一種收入保障制度，它之所以由政府來承辦，主要是由於這種保險事業包含有濟貧的性質，無利可圖或獲利太少，私人資本家不願意承擔；同時，由於政府可以將這種保障工作從商業形式改變為社會福利形式，因而可以作為緩和勞資矛盾的一種手段來使用；而且，社會福利除了具有收入保障性質以外，還有一部分社會福利事業如各種補助、公益設施等，是政府利用賦稅收入舉辦的，不具有保險的性質。

三、充分就業化

「充分就業化」是福利國家關心全民福利的一項重要經濟政策和措施。它是凱恩斯針對資本主義大規模的經濟危機而提出的政策。他認為，充分就業並不意味著完全沒有失業，而是指除了摩擦性失業和自願性失業以外，消除了非自願失業時的一種就業狀態。非自願失業是指願意接受現行貨幣工資和工作條件，但仍然找不到工作的失業。只要政府採取必要的政策措施，非自願失業是可以消除的，從而可以達到充分就業。政府實現充分就業的政策措施主要是，在失業增加時，實行膨脹性的財政政策和貨幣政策，即擴大政府開支、降低稅收，同時降低利率、增加貨幣供應量以刺激私人投資和消費；在失業減少、出現通貨膨脹時，則實行緊縮性的財政政策和貨幣政策，即減少政府開支、增加稅收，同時提高利率、減少供應量以壓縮投資和消費需求。經由採取這些反危機的措施，就可以有效地避免經濟危機，實現經濟持續榮景和充分就業。1960年代中期以前，許多先進國家基本上都按照凱恩斯的這一主張來制定政府的政策。但是，1960年代中期以後，在經濟發展中，由於出現了一種大規模失業和通貨膨脹的現象，即所謂的經濟停滯。面對這一形勢，凱恩斯主義者又提出採取收入政策，即由政府限制或凍結工

資和物價上漲的政策，來實現充分就業。從1960年代中期起，英國、德國、法國等主要國家都曾先後推行過這種收入政策。

四、經濟混合化

　　某些福利國家論者曾把「國有化」、「計畫化」和公共工程等，也作為福利國家的一項重要內容，但由於保守黨人和相當多一部分民主黨人都不贊成過多地實行私人經濟的國有化，取而代之的是提出「混合經濟」（mixed economy），並將其視為福利國家的一項重要內容。混合經濟運用「雙重經濟」或「公私合夥」經濟。混合經濟既包含有以利潤為動機的私人企業因素，又包含有集體主義因素；是一種雙重社會──私人企業和政府的合夥。在這一合夥中，私人企業實際上生產所有物質產品，政府的任務是提供愈來愈多足以提高文明和文化水準所不可或缺的社會服務和設施，這就是福利國家的意涵。而且，混合經濟既包含有私人資本主義，同時又包含有「公共化」的經濟。「公共化」的經濟包括生產上的公共化和收入與消費上的公共化。生產上的公共化是指國家對私人企業的國有化或其他形式的參與；收入與消費上的公共化則是指國家對私人收入和消費的干預。生產上的公共化和收入與消費上的公共化共同構成的混合經濟，實際上就是國家對生產、收入和消費的干預與私人生產、收入和消費的結合。在混合經濟制度下，政府和私人兩方面的主動性和控制權都可以同時保存；私人經濟關心利潤，國營經濟關心社會福利。因此，這種制度可以兼顧效率和社會需要，福利國家論者把國家政府開支不斷增加、國家對收入進行重新分配、政府對經濟活動進行干預和控制等現象，看成是「現代福利國家」的具體體現。而且，要增加政府開支，就必須擴大國民生產總值，而要擴大國民生產總值，私人經濟就必須獲得發展，政府就必須為私人經濟的發展創造各種條件。

結　語

　　1941年英國大主教威廉・鄧普率先提出「福利國家」的主張，並以此概念取代先前的「權力國家」的政府型態；易言之，其強調今日政府角色將著重於「為民服務的行政團隊」。第二次世界大戰期間，美國總統羅斯福提倡，人人應享有「言論自由」、「信仰自由」、「免於恐懼的自由」、「不虞匱乏的自由」等主張；其中人們應有免於匱乏的觀點，成為政府實施福利制度的重要依據，並用以謀求全民互賴共享的社會福利體制，政府有責任為民眾消弭貧窮、愚昧、懶惰、骯髒、疾病等五害，建構一個符合人道、講求公允的社會。這些主張使英、美成為先進的福利國家，並為許多國家追求的目標。

　　社會福利思想的建構認為：「個人應依其基本需求獲取社會提供的資源，個人亦應竭盡所能貢獻一己的能力造福他人。」這種互賴互助不僅是一種美德，也是一種社會責任。當社會互動愈為頻繁，互賴關係愈為綿密時，基於「危險共擔」、「福利互助」所主張的生活安全保障，將裨益於社會的永續發展，此種保障是每個國民的基本權利而不是慈悲的施捨。特別是在工業化的國家，受到社會意識的變遷，人口快速的流動，醫療科技的進步，使得「小家庭」及「高齡化」成為社會的主要特徵，原本依賴大家庭所提供的保護網絡，勢必仰賴政府的福利機制加以協助。因此，新近的福利思潮強調：經由政府結合民間、職場共同參與的妥慎規劃，以滿足民眾如健康、教育、醫療、住宅、營養等基本需求，並藉以達成和諧社會的目標。

　　從西方福利國家的發展趨勢來看，以經濟增長和社會穩定為主導的方針，考慮福利國家的可支付能力（affordability），福利國家走向一個更具選擇性的模式，將是在經濟不景氣長期不能緩解情況下的必然步驟。與1980年代前不同的是，當今西方的社會政策在強調福利保障的落實前提下，主要考慮的是，以經濟發展來使社會福利服務在公共和私人

部門之間取得一種適當的平衡。在民主社會的機制裡，雖然可以透過公民表決的方式來完成社會福利服務方案，但關鍵仍然是國家是否有這種經濟承受能力（George & Miller, 1994）。無可諱言的是，揆諸西方福利國家係建立在經濟穩定成長與勞動市場妥善規範的環境中；而晚近，由於經濟的全球化、工作型態的轉變、人口的老化與家庭的變遷等，諸多因素，促使著各個福利國家都面臨了改革的壓力。

問題與討論

一、請簡述福利國家的歷史脈絡的主要內容。

二、請說明十九世紀中期到第一次世界大戰以前福利國家思維的主要內容。

三、請說明兩次世界大戰之間福利國家思維的主要內容。

四、請說明在第二次世界大戰以後福利國家思維的主要內容。

五、請以阿斯平‧安德森觀點說明福利國家類別的內容。

六、請說明後福利國家論的主要主張。

七、請說明福利國家多元論的主要主張。

八、請說明福利國家改革論的主要主張。

九、請說明福利國家論的主要內容。

十、請說明英國大主教威廉‧鄧普提出「福利國家」主張的主要內容。

Chapter **4**

社會福利的實施現況

前　言

壹、社會福利政策檢視

貳、社會福利政策理念

參、社會福利實施現況

肆、社會福利努力方向

結　語

 前　言

　　社會福利的發展係為解決社會環境變遷所引發之問題，而社會環境
變遷又包括人口、家庭、勞動市場、家庭功能及價值觀念等轉變，在人
口方面，明顯的現象是老年人口增加，幼年人口減少；家庭方面，核心
家庭增加，離婚率上升，相對的單親家庭增加；勞動市場方面，因婦女
就業，雙薪家庭增加，老幼照顧需求增加；家庭功能方面，對應核心家
庭增加，老人與子女同住比率下降，老幼照顧責任分散；價值觀方面，
社會福利意識高漲，要求政府多分擔個人責任問題，給予協助。

　　社會福利政策是我國的基本國策之一，由於當代社會、政治、經
濟變化迅速，各工業先進國家均面對二十一世紀新的挑戰，我國亦不例
外。政府於2004年2月頒布「社會福利政策綱領」，以期能為社會福利發
展方向揭示新的作為，達到安和樂利社會的目標。

 壹、社會福利政策檢視

　　社會安全政策是為解決社會問題之集體策略，亦是滿足社會需求
的集體設計。二十一世紀現代化國家的福利政策必須以實踐社會正義，
提供人民基本的生活安全保障，藉以提升生活品質，創造一個祥和、互
助、公平多元化社會為目標。因此社會福利政策應以民眾需求為導向，
並定位為全民性、積極性和前瞻性。在妥善的整體規劃下，社會福利不
應是經濟發展的絆腳石，更應充分發揮社會福利可預防、消除、減緩社
會問題的積極角色，成為社會團結的媒介，進而發揮其助人自立的功
能，期能與經濟發展相輔相成。

　　我國社會福利政策的歷史回顧，可依據社會發展區分為下列各階
段：

第一階段：從1945至1964年，主要的社會立法與措施以職業別的軍、公教、勞工保險，以及傳統的社會救助為主。

第二階段：從1965至1978年，此時期以加強社會福利措施，增進人民生活為重心。

第三階段：從1979至1989年，在立法上，1980年公布「老人福利法」、「殘障福利法」、「社會救助法」、「私立學校教職員保險條例」，1982年公布「公務人員眷屬疾病保險條例」、1983年「職業訓練法」、1984年「勞動基準法」、1989年「農民健康保險條例」、「少年福利法」等；行政院開始規劃「全民健康保險」。

第四階段：從1990年以來至本世紀初，強調自助、以家庭為中心、專業化、社會保險取向，以及公私夥伴關係的社會福利。主要的目標是「穩健中尋求創新，變革中謀求公平」，使人民有尊嚴的生活；期盼在合理分配社會福利資源，建構溫馨與安全的福利網絡，加強婦幼保護，提升老人居家服務品質，強化家庭支持體系，並積極維護老人、身心障礙者、兒童、婦女及低收入者等弱勢族群的基本安全與權益。當前民眾對政府推動社會福利的需求日益殷切，顯示社會安全保障更須積極主動，以謀求民眾之福祉。因此須根據社會之人口結構，社會需求與經濟發展等因素，研擬具體可行之社會安全政策與制度。

第五階段：近年來，隨著包括經濟全球化（globalization）、生產少子化、人口高齡化、社會多元化、所得不均化、財政困窘化、移動國際化等社會經濟政治的快速變遷，民眾一直陷於就業不易與薪資水準低迷的窘境，弱勢數量不斷增加，樣態也更形複雜，遑論自殺率的攀升與社會的M型化。我們除秉持公義與永續的精神，也充分瞭解台灣地區家庭與人口結構的快速變遷（如新型態家庭的增加、生育率下降與高齡化的趨勢），以及弱勢人口具有地區與時代的特殊性（如貧富差距、新貧階級、近貧人口、新移民與新台灣之子等現象），政府從2004年起因應政治經濟社會變遷的挑戰，吸納工業先進國家的經驗，回應民間社會完善我國社會福利體系的呼聲，積極朝向國民年金建制、勞工保險年金、引

進民間參與、落實在地服務等方向努力。將採較積極的社福政策，儘速挽救惡化中的環境，減少貧富差距與社會排除現象，建構性別主流化社福政策，讓我們的子孫不分族群與性別都能夠和諧地在這塊土地上安心的生活。

隨著全球進入新世紀，影響當前社會福利政策最關鍵的課題如下：

一、少子化

台灣第2300萬人口於2008年出生，距離第2200萬人口出生是九年前的事情，也就是說，九年來台灣人口才增加100萬人。社會因不婚或不生的想法普遍，造成出生率超低，平均婦女生育率僅1.1人，少子化速度驚人，勢將形成社會發展的問題。

二、全球化

台灣在未進入世界貿易組織（WTO）之前，就已受到全球政治經濟的影響，國家對通貨管制能力下降，去管制化（deregulation）的要求聲浪高漲，企業要求自由化的呼聲更高，重資本輕勞工的走向愈來愈明顯，降低勞動條件、彈性化勞動市場，甚至降低福利給付，以防止資本外移，或提高全球競爭力，在進入世貿組織之後，態勢更明顯。

三、高齡化

台灣老人人口（65歲以上人口）在2011年接近10%，2023年超過15%，2031年將超過20%。也就是說不到二十年後，台灣人口老化的程度將與當前歐洲工業民主國家的情況相近。由於我國人口快速老化，2008年15至64歲工作年齡人口，每7人養一個65歲以上的老人；到了2026年暴增為每4人養一個65歲以上的老人；到了2056年則是每1.4人養一個老人，

台灣人口老化的速度驚人，可謂「生之者寡，老之者眾」。社會充斥老年人口，將會嚴重影響資源分配，以後「誰來繳稅？誰來養誰？」社會沒有足夠的青壯年人口來支撐經濟發展，是一件令人憂心的事情，不但影響產業創新發展，找不到足夠勞動力，也可能加速企業外移他國速度。人口老化帶來的醫療照顧、年金給付、住宅以及社會服務等支出的成長，也造成工作人口的扶養負擔加重。任何國家的政府都不能忽視人口趨勢對政治、經濟、社會的影響。

四、多元化

傳統家庭型態萎縮，單親、單身、不育、同性、同居、再婚，及跨國形式的家庭增加，不但預告了照顧老人、兒童、身心障礙者的能力下降，家庭作為自我依賴的經濟與社會單位的可能性也趨弱，而且新的家庭問題也將滋生或已造成，如家庭暴力、代溝、文化衝突等。

五、不均化

「台灣經濟奇蹟」言猶在耳，然而無可諱言今日卻正朝向「M型化的社會」，因關廠歇業導致非自願的大量失業人口、低收入戶數節節上升，甚至因而陷入經濟困境。台灣似乎已經出現兩極化發展的隱憂。觀察過去二十五年來的改變，中產階級的數量有減少趨勢。中產階級占全體總戶數的比率，從1980年的41.6%，2006年減少到30.4%。在減少的近82萬戶中產階級中，淪入下層階級的戶數多達540,792戶，遠高於進入上層階級的277,704戶。以家庭所得五分位差來算，我國的貧富差距愈來愈大，1981年是最低的4.2倍，1991年升高到5.2倍，1996年再提高到5.4倍，2001年已升高到5.8倍，2007年再升高到6.0倍。依主計處的統計，如果未以社會福利政策進行所得重分配，我國的家庭所得差距將高達6.56倍。進入知識經濟時代，所得差距將愈大，贏者全拿是主因，少數贏家將占有

大多數財富，多數人將落入新貧階級。社會與政治的不穩定，以及經濟成長的遲緩將逐漸顯現。

六、困窘化

社會安全網不但未能建立，財政缺口反而不斷擴大，弱勢生活不僅未見改善，還帶來更多的新弱勢，讓我們的子孫背負龐大的債務，嚴重扭曲社福的精神。政府面臨龐大財政赤字，截至2005年，政府累積債務未償餘額高達三兆四千餘億元。根據洛桑管理學院調查全球49個國家競爭力的資料顯示，台灣在公共債務方面的表現排名第48，也就是政府債務成長是這49個國家中第二高的（薛琦，2005）。本來就已存在區域資源分配不均的現象，再加上負債，必然直接影響到地方的弱勢者的生存。而國內經濟成長遲滯，沒有穩定的經濟成長率，很難支撐社會福利支出，但是，隨著失業率升高、所得分配不均，更需要社會福利。所以，當前政府面對社會需求升高，但資源不足的困境，一方面期待健全社會福利體制，另方面卻無財源可支應。

貳、社會福利政策理念

社福政策建立在「公義」與「永續」的基礎上。公義是指「瞭解各類型弱勢及其需求，有效使用與分配有限的福利資源」；永續則在於「著重制度面，兼顧族群間與世代間的公平性，建立一個可長、可久的社會安全制度」。簡言之，基於公義產生財富重分配效果，為弱勢創造生活與工作機會；建立制度以避免資源濫用，債留子孫，並去除貧困與依賴的結構因素。因此，「公義社會、永續福利」的原則，是讓社福不僅具有照顧弱勢的公義精神，並以開發優質人力作為積極性的功能，目標就是要打造一個讓大家都安心的環境，並且成為經濟發展的助力，甚

至是動力。為回應政府政策與民間社會完善我國社會福利體系的呼聲，遂依以下原則訂定社會福利實施的綱領：

一、人民福祉優先

以人民的需求為導向，針對政治、經濟、社會快速變遷下的人民需求，主動提出因應對策，尤其首要保障弱勢國民的生存權利。

二、包容弱勢國民

國家應積極介入預防與消除國民因年齡、性別、種族、宗教、性別傾向、身心狀況、婚姻有無、社經地位、地理環境等差異而可能遭遇的歧視、剝削、遺棄、虐待、傷害及不正義，以避免社會排除；並尊重多元文化差異，營造友善包容的社會環境。

三、支持多元家庭

各項公共政策之推動，應尊重因不同性別傾向、種族、婚姻關係、家庭規模、家庭結構所構成的家庭型態及價值觀念差異，政府除應支持家庭發揮生教養衛功能外，並應積極協助弱勢家庭，維護其家庭生活品質。

四、建構健全制度

以社會保險維持人民基本經濟安全，以社會救助維護國民生活尊嚴，以福利服務提升家庭生活品質，以就業穩定國民之所得安全與社會參與，以社會住宅免除國民無處棲身之苦，以健康照護維持國民健康與人力品質，再以社區營造聚合眾人之力，建設美好新故鄉。

五、投資積極福利

以積極的福利替代消極的救濟，以社會投資累積人力資本，以社會公平與團結促進經濟穩定成長，以經濟成長回饋人民生活品質普遍之提升。

六、中央地方分工

中央與地方應本於夥伴關係推動社會福利，全國一致的方案應由中央規劃推動；因地制宜之方案由地方政府負責規劃執行。然而，中央政府應積極介入縮小因城鄉差距所造成的區域不正義。

七、公私夥伴關係

公部門應保障人民基本生存、健康、尊嚴之各項福利；民間能夠提供之服務，政府應鼓勵民間協力合作，以公私夥伴關係提供完善的服務。

八、落實在地服務

兒童、少年、身心障礙者、老人均以在家庭中受到照顧與保護為優先原則，機構式的照顧乃是在考量上述人口群的最佳利益之下的補救措施；各項服務之提供應以在地化、社區化、人性化、切合被服務者之個別需求為原則。

九、整合服務資源

提升社會福利行政組織位階，合併衛生與社會福利主管部門，並結

合勞動、教育、農業、司法、營建、原住民等部門，加強跨部會整合與
績效管理，俾利提供全人、全程、全方位的服務，以及增進資源使用的
效率。

 ## 參、社會福利實施現況

　　由於社會福利所涉及領域廣泛，參酌國際慣例大抵以社會保險與津
貼、社會救助、福利服務、就業安全、社會住宅與社區營造、健康與醫
療照護為社會福利之主要內容，依序羅列如次：

一、社會保險與津貼

1. 國家應建構以社會保險為主，社會津貼為輔，社會救助為最後一道
   防線的社會安全體系。社會保險應兼顧個人與家庭的所得安全，以
   及社會中各人口群、職業別和家戶所得組間的所得重新分配的效
   果，以減緩所得分配不均的現象。考量社會保險之目的在於保障全
   體國民免於因年老、疾病、死亡、身心障礙、生育，以及保障受僱
   者免於因職業災害、失業、退休，而陷入個人及家庭的經濟危機，
   據此，其體系應涵蓋職業災害保險、健康保險、年金保險、就業保
   險等。

2. 社會保險之保險費除職業災害保險應由雇主全額負擔外，其餘各種
   保險之保險費應由被保險人與其雇主依比例分攤，其中被保險人之
   保險費分攤比例不得高於雇主之分攤比例；若無雇主者，其保費應
   由本人自行負擔；政府再依公平正義原則對無所得者與低所得者提
   供保險費之補助。

3. 為健全社會保險體系之財務，保險費率、給付水準、支付制度、行
   政費用等均應詳實評估，並避免浪費。社會保險的給付應考量適足

性，不宜偏低，以免無法維持被保險人及其家庭的經濟安全；給付亦不宜過高，以免保險費負擔過重。全民普及之社會保險給付水準，不宜因職業、性別、所得因素而有所差異；與所得相關之保險給付，倘若因不同職業別、所得等級間所造成的給付水準、所得替代率、給付條件之差距，政府應積極介入使其差距儘可能縮小。

4.國民年金制度之設計應足以保障國民因老年、身心障礙及死亡等事故發生後之基本經濟安全，以及達到國民互助、社會連帶、世代間公平合理的所得重分配為原則。參與勞動市場就業之國民的退休給付，應以年金化、年資可隨當事人移轉的社會保險原則為優先來設計。社會津貼應針對社會保險未涵蓋之給付項目，因國民特殊的需求而設計，非以所得高低作為發放與否的根據。

二、社會救助

政府應明定社會保險、社會津貼、社會救助三者之功能區分，避免發生保障重複、過當、片斷、不公等情事。社會救助之設計應以能維持人民在居住所在地區可接受的生計水準為目的。

(一)辦理社會救助各項照顧工作

社會救助的目的是希望促進低收入戶自立，藉由救助資源與機會的提供，助其脫離對救助措施的依賴，除提供生活扶助、醫療補助、確保食衣住行等基本需求外，並鼓勵低收入戶就業與就學，協助其習得一技之長，早日脫離貧窮。

(二)規劃低收入戶資訊教育訓練措施

為配合政府推展之「知識經濟發展方案」，針對「規劃預防措施，避免經濟轉型產生之社會問題」部分，對於所規劃提供低收入戶優惠資訊教育訓練及使用資訊設備之計畫。

(三)強化災害預防工作

有關天然災害救助措施，本諸救急原則及因應災害防救法公布，建立重大天然災害物流機制，請各直轄市、縣（市）政府及鄉（鎮、市、區）公所訂定重大災害應變計畫。

三、福利服務

國民因年齡、身心狀況、種族、宗教、婚姻、性別傾向等社會人口特質而有之健康、照顧、保護、教育、就業、社會參與、發展等需求，乃至針對經濟弱勢之兒童、少年、身心障礙者、老人、婦女、原住民、外籍或大陸配偶等民眾的社會服務應有專案協助，以提升生活品質。福利服務是政府結合家庭與民間力量，提供適當的服務，以促進其身心健全發展。

(一)兒童福利

1.重視兒童托育服務。

2.辦理兒童福利法及少年福利法合併修法。

3.積極推動兒童人權。

4.兒童保護服務。

5.早期療育服務。

6.一般兒童福利服務。

7.推動親職教育。

(二)少年福利

1.輔導興設及改善少年福利機構。

2.辦理兒童及少年性交易防制工作。

3.配合司法體系辦理少年轉向安置輔導工作。

(三)婦女福利

1.促進婦女權益發展。

2.落實婦女人身安全保障。

3.建立我國性別統計指標。

4.提供特殊境遇婦女各項生活扶助。

5.強化女性單親家庭扶助。

6.推動一般婦女福利措施。

(四)老人福利

1.健康維護措施。

2.提供經濟安全補助。

3.教育及休閒育樂活動。

4.提供居家、社區、機構照護服務。

5.加強辦理老人安養服務方案。

(五)身心障礙者福利

1.提供經濟保障服務。

2.辦理托育養護及社區照顧服務。

3.規劃財產信託制度。

4.運用資訊科技建立網路系統。

5.委託辦理「多功能身心障礙者復健研究發展中心」。

(六)性侵害及家庭暴力防治工作

1.法規研擬（修）及研究發展。

2.強化防治網絡功能。

3.落實被害人保護扶助工作。

4.辦理教育輔導業務。

5.加強暴力防治功能。

四、就業安全

1.政府應加強社政、勞政、教育、原住民行政部門的協調與合作,建立在地化的就業服務體系,強化教育與職業訓練的連結,提升人力資本投資的效益。

2.政府應整合失業給付、職業訓練與就業服務體系,健全就業與轉業輔導,流通就業資訊管道,促進就業媒合,以利人民參與勞動市場。

3.因應勞動市場彈性化的趨勢,政府應保障各類勞工之勞動基準。

4.政府應保障勞工不因種族、語言、思想、宗教、黨派、籍貫、性別、婚姻、容貌、性傾向、身心狀況、以往工會會員身分而有就業歧視。

5.政府應結合雇主與勞工積極投入職業災害之預防,並提供職業災害勞工復健與職業重建的協助。

6.政府應保障就業弱勢者如中高齡者、原住民、身心障礙者、低收入者、負擔家計婦女及更生保護人等之就業機會與工作穩定。

7.針對原住民族各族群之文化特色,政府應推動符合族群特性之職業訓練、就業服務、就業與創業機會的開發。

8.為促進國民就業,政府積極鼓勵雇主僱用本國勞工,除非為補充本國勞動力之不足,不得引進外籍勞工。

五、社會住宅與社區營造

社區營造的目的是凝聚社區力量以推展社區發展工作,其具體作為:

1. 為保障國民人人有適居之住宅，政府對於低所得家庭、身心障礙者、獨居或與配偶同住之老人、受家庭暴力侵害之婦女及其子女、原住民、災民、遊民等家庭或個人，應提供適合居住之社會住宅，其方式包括以長期低利貸款協助購置自用住宅或自建住宅，或提供房屋津貼補助其向私人承租住宅，或以低於市價提供公共住宅租予居住，以滿足其居住需求。

2. 政府應結合民間力量，以各種優惠方式，鼓勵民間參與興建各類型之社會住宅，作為非營利用途。

3. 政府應於都市計畫中配合劃設社會福利設施用地；政府提供之社會住宅應保留一定坪數作為社會福利或社區活動之用。

4. 政府應補助低所得家庭維修住宅，以維持其所居住社區可接受之居住品質。

5. 政府應保證社會住宅所在之社區有便利之交通、資訊、社會服務等支持系統，以利居民滿足生活各面向之需求。

6. 政府對於因重大災難造成之房屋損害，應有妥善之社區與住宅重建計畫。

7. 各級政府應鼓勵社區居民參與社區發展，活化社區組織，利用在地資源，營造活力自主的公民社會。

8. 政府應整合觀光旅遊、工商業、農漁業、文化產業、環境保護、城鄉發展、古蹟維護、教育、衛生、社會福利等資源推動社區家園永續發展。

9. 政府應結合原住民部落文化與生態特色，推動新部落總體營造工程。

六、健康與醫療照護

1. 政府應以建設健康城鄉為己任，營造有利國民身心健康之生活環境。

2.政府應積極推動國民保健工作，落實民眾健康行為與健康生活型態
管理，預防疾病，促進國民健康。

3.政府應依據社區之醫療保健需求，整合社區醫療保健資源，全面提
升醫療品質，發展優質、安全、可近性之全人的醫療照護體系。

4.政府應建置以社區防疫為基礎之傳染病防治體系，強化疫病通報與
防治工作，並嚴密篩選疫病境外之傳入，以防範傳染疾病之擴散。

5.政府應建構以社區為基礎的心理衛生服務系統，推動分級預防工
作。

6.政府應增進藥事服務資源的利用，建構一元化之藥物食品管理體
系，保障民眾飲食衛生與用藥安全。

7.政府應建置完善之管制藥品管理，並防治物質濫用，以維護國民健
康。

8.政府應鼓勵醫療產業參與生物科技產業之研發，建立生物醫療科技
品質標準，並改善臨床試驗環境，以提升國民健康水準。

9.政府應結合民間共同促進國際醫療科技交流與合作，以提升本國醫
療保健之水準。

 肆、社會福利努力方向

　　社會福利政策是我國的基本國策之一，早在1965年政府即通過「民
生主義現階段社會政策」，作為我國因應工業化起步下的經濟與社會均
衡發展的指針。此後，隨著政治經濟與社會的變遷，迭有修正，如1969
年的「現階段社會建設綱領」、1979年的「復興基地重要建設方案」、
1981年的「貫徹復興基地民生主義社會經濟建設方案」，而最近一次的
通盤檢討則屬2004年的「社會福利政策綱領」。我國的社會福利發展在
政治民主化、民間社會的倡導、新知識的引進，以及國民社會權利意識
覺醒等因素的影響下，迎頭趕上，包括新的社會立法的修正與通過，社

會福利預算的成長，以及社會福利方案的推陳出新。然而當代社會、政治、經濟變化迅速，各工業先進國家均面對二十一世紀新的挑戰，我國亦不例外。面對來自人口老化、家庭功能萎縮、政府財政困難，以及社會價值變遷的挑戰；復加上全球化、後工業化帶來之生產結構丕變、勞動彈性化、經濟低度成長、貧富差距擴大、跨國人口流動，以及失業率攀高等全球風險暴露的升高，調整國家社會政策圖求因應，實已不得不然。但是，因應之道，絕非唯有緊縮社會福利一途，整合資源、調節供需、提升效率、積極回應等都是良方。

「社會福利在預防、發展及支援社會導進，扮演了一個重要的角色」，在社會福利服務的推行上，係著眼於：

一、社會福利發展的策略

有鑑於此，政府在社會福利政策上，應重新確立社會福利的基本使命及社會功能，因此包括：

1.社會福利界應訂立具體策略及工作，改善公民對社會福利服務的觀感，加強他們對社會福利服務的支持、參與及捐助。在未來的社會福利制度的改革中，應強化非政府機構功能，特別是能滿足服務需求的能力、提供先導的服務、扮演倡導的角色、動員社區人士的參與、及籌募服務經費的能力，以擴大整體社會的參與及整體社會福利的人力物力資源。由於政府決策乃調整資源分配的優先次序，需要透過一個政治的討論及一定的時間，政府應提供穩定的資助，以確保非政府機構有足夠資源提供現有服務，騰出來自非政府的資源發展新服務，以面對新的服務需要。強化非政府機構與工商業機構的夥伴關係，一方面協助工商業機構為其員工提供人力資源發展及福利服務，另一方面推動他們資助福利服務，及發起員工參與義務工作。

2.重新制訂社會福利政策及規劃的制度及過程：在政策層面，檢視整
體社會、經濟、政治及文化的轉變，透過社會福利服務發展綠皮書
及白皮書，廣泛諮詢社會各界及制訂未來社會福利發展的方向、策
略與藍圖。為每個福利政策範圍，制訂未來服務發展的目標、重點
和計畫，以助於訂立資源分配的優先次序，及為有需要建構相應硬
件配合的服務，及早做出規劃。

3.訂立地區的服務提供及發展的諮詢機制和標準，以推動地區人士的
參與、合作及促使服務更能配合不同地區的需要：在資助及服務協
議中，加入彈性，以讓個別服務單位靈活地運用服務組合的變化，
以滿足在不同地區的不同需要。

4.量力推動社福措施：西方國家社會福利的困境，主因是過於強調政
府的責任，以擴大政府支出及增加企業負擔，來挹注不斷膨脹的社
會福利經費，終致傷害經濟的長期發展；惟晚近各國皆已調整政府
萬能的觀念，轉而強調個人的責任與風險的分擔。例如，在老人年
金的設計上，即採取保險或公積金制，達到「強迫儲蓄」的目的，
政府及企業的責任則相對減少。近年來我國隨政治民主化的加速推
行，各部門競用資源的現象更為普遍，但又不斷要求降低賦稅負
擔，導致政府預算籌編愈感困難，因此宜在兼顧社會公平正義與政
府財政穩健的原則下，量力來推動社會福利措施，避免政府負擔過
重影響正常的施政。

5.健全社會保險財務：社會保險係屬風險分攤事業，費用應由受益者
及使用者負擔，財務力求自給自足，透過權利與義務對等關係，達
到公平與效率的要求。就各國保險財源觀之，多以勞資雙方共同負
擔方式最為普遍，由政府與勞資三方負擔者次之，保險費率的訂
定，雖因保險制度的類型、適用範圍、給付項目的不同，而相當分
歧，惟與各國一般費率相較，我國勞、公保及健保費率均屬偏低。
如果國人繼續以低費率享受服務，容易造成過度使用資源，加重政
府財政負擔，因此有必要審慎規劃及執行，使社會保險制度可長可

久。

6.適度擴增福利規模，惟須避免過度之給付：我國人口結構已邁向高齡化，適度增長福利確有必要，惟目前社會救助與福利服務措施多採取現金補助方式，現金補助一旦發放後，給付水準易升難降，給付條件易放難收，不但未能有效解決弱勢人口的真正需求，並會影響就業意願；因此福利規模之擴大，必須避免過度之給付，且應由過去濃厚之濟助色彩，逐漸轉以健全社會保險制度、提升謀生技能及以激勵工作代替依賴救助等積極措施，亦即社會福利應有幫助弱勢人口「由底層爬升」的機制，俾營造穩固的社福環境。

7.以激勵工作代替依賴救助：健全的社會福利制度除消極性的解決弱勢人口目前的困境外，更應積極的提升弱勢人口的謀生技能，使能自力更生、脫離貧困；以激發自助意識及加強職業訓練，來提升弱勢者自力謀生的能力與意願。近年來政府在輔導殘障者就業方面，除辦理職業訓練外，更全面實施定額進用殘障者措施，為協助殘障者提升生活水準的積極措施，因此對於老、貧等弱勢人口，亦應由過去濃厚之濟助色彩，逐漸轉變為維護其自尊與自助、互助的綜合福利制度，倘能由政府、民間機構與家庭共同建立好的扶助環境，助其自立發展空間、貢獻社會，將更符合社會福利之更高意境。

二、參與機制

政府於研訂政策目標和未來發展方向時，一個長遠的策劃機制是必須的，因為它可以為策劃、發展及協調社會福利服務提供方向及諮詢機會，可就資源分配的優先次序做出建議，同時可訂出策略以補服務間之缺口，並邀請有關之非政府部門和透過邀請志願機構，做出最合宜之決定。不過，這個機制應該同時照顧到中央和地區策劃的需要，務求各項福利服務能解決個人及地區的需求和問題。

(一)政府角色

近年政府對於社會福利發展,漸漸取代了非政府機構一直以來所扮演的主導角色。從資源的多寡或是整體社會的發展協調,政府採取領導的角色,實在有其必要性。但現實缺乏一個完善的制度,以確保在整個社會福利發展的過程中,非政府機構、服務使用者及民眾的參與;政府主導便容易使得政府官員的個人取向影響了服務發展方向,而政府決策官員在職位調動安排上,便無助於社會福利措施的延續。針對這個情況,我們必須檢視現況及重新制訂社會福利政策及規劃的內涵及過程,以因應未來社會變化所帶來的種種挑戰和服務需求。

(二)非政府機構在社會福利服務發展的角色

社會福利發展的歷史上,非政府機構一直扮演著先導的角色。非政府機構的長處,在於面對新的服務需要時,可以靈活地籌募資源,為有需要人士提供服務。當這些服務需要逐漸穩定增長,非政府機構便會扮起倡導的角色,呼籲政府提供較穩定的資源,資助服務的發展。非政府機構的另一長處,便是有其社會的網絡與資源,及能動員一群義務工作者,參與服務的發展和推行。由於不少服務的需要都是在日常人與人的接觸中察覺到,所以不少地區的組織和宗教組織都會成為這些服務的提供者。在非營利組織有不少這類機構,它們的特色是規模比較小。雖然從資源運用的角度來看,這些機構缺乏規模經濟效益,但其社會的資源(social capital),不但可以令社會福利增加生氣,多元化發展,更可以增加整體社會上提供社會福利服務的資源和人力。如何既保存這些優點,又可增加這些機構運作的實質效益,便是值得我們再深入探討。

(三)政府與非政府機構的夥伴關係

為社會福利服務提供資源,是政府的基本責任。但政府是資助非政府機構以協助其提供服務,還是非政府機構只是「受委託的承辦者」,

代政府提供服務，在概念上與精神上都有著原則的分別。正如上述討論非政府機構的角色時，指出非政府機構在覺識服務需求，從而提供先導服務；及透過倡導的工作，提升福利服務在社會及政治層面的關注，以達至政府政策的調整；最後由政府提供資助，讓非政府機構可以繼續提供服務。這是一個可以促使社會福利服務不斷更新，以因應社會不斷轉變所帶來服務需求的變化。若非政府機構只淪為政府服務的「承辦者」，社會福利服務的動力便會消減，不能滿足社會的需求。所以，政府不應只視非政府機構為服務提供者，而非政府機構亦不應自抑功能，滿足於作為政府代辦的角色。

三、經費部分

《紐約時報》（*The New York Times*）於2008年8月11日的報導，義大利逐步將法定退休年齡延至59歲；法國規定，公務員與公營事業員工必須服務滿四十年才能享有全額的退休福利；德國削減官方編列的年金利息，並將退休年齡延到67歲。不過，這些改革已因近來通膨壓力和生活日見緊縮的問題，造成中高齡人口群起反彈，迫使部分國家重新斟酌甚至擱置已經立案的改革措施。歐洲勞工的疑慮其來有自。至2016年為止，年逾75歲的比利時人，其中四成將淪為貧戶，退休金遞減是主因之一。這種統計數字使部分歐洲國家難以推動既定的改革方案（如與美國比較，歐洲的改革更迫切），國家承擔的退休金開支占國民總生產毛額的比率不斷提高。估計至2050年為止，法國的比率將達到14.8%，目前是13.3%，平均值在歐盟屬於較佳國度。法國政府五年前推出公營事業員工退休的新規定，卻又將鐵路、電力、天然氣及部分事業的員工排除在外。在法國政府2007年秋天承諾提高給付後，受到影響的法國勞工才結束為期九天的大罷工。儘管未能滿足資方所提將勞工法定退休年齡提高到60歲的要求，法國總統沙克吉（N. Sarkozy）仍希望於2012年之前，將全體法國勞工的必要工作年資延長為四十一年。民調顯示，多數的法國

人支持沙克吉的構想，卻反對延長退休年齡。德國的處置更甚於法國，可能因為它承受更沉重的人口壓力所致。至少15%的德國人已經年逾65歲，比率已高於法國。在全國失業率長期居高不下的期間，德國的政治人物承受調降雇主退休金提撥的壓力，否則難以降低創造就業機會的成本。

經費的榮枯扮演著重要的角色，社會福利經費的作為宜朝向：

(一)強化政府的責任

面對所有公民，不論財富多寡，提供基本社會服務是政府的當然責任，它更應落實執行在社會福利發展計畫中所承諾的服務。而社會福利經費的增長率，最低限度也應該與經濟增長率看齊。在經濟不景氣時，政府更應該將福利服務放在優先位置，以示它對維持公民生活質素的承擔。我們強調無論在任何情況下，政府都不能讓民眾處在生活困頓的情況。

(二)多元參與提供福利

因應社會變動除了由政府提供基本福利服務外，福利經費應多元化發展，引入私人及商界的參與。雇主可透過向員工提供福利、服務設施，令雇員受惠。這將能夠開拓新資源，以推廣發展性的服務。

(三)受惠者付費原則

「服務收費」是指服務對象須繳付費用，以支持部分活動經費。將來，這個概念也許能夠更廣泛地進行，以減低福利服務的行政費用；但卻不應草率行事。首先，政府應向民眾說明收取費用並不等於政府有意推卸提供福利服務的責任。其次，應訂出一套可為民眾接受的準則，界定須繳付服務費用之人士、需要收費之服務類別以及收費程度等。此外，須保持服務素質；同時政府在構思收費政策時，應成立一個監察系統以訂定服務水準，保證服務品質。再者，服務提供者應保證所有需要

者的人士都可享用服務；沒有人會因為無能力支付費用而得不到應有的服務。最後要留意的是有些服務是不能收費的，包括那些為非自願接受服務的對象所提供的服務，或一些服務對象本身並不感到需要的個人或社會性發展服務等。

(四)自費性服務方案

鼓勵志願機構自費推行某些服務，包括以住戶租金出租場所予志願機構於公共設施提供服務；向志願機構提供資助，以租用或委辦民營方式提供服務。

(五)合約方式提供服務

在將來的服務中，政府得運用這個概念，說明推行這概念的目標，以合約方式提供服務的內涵。這種形式可以形成另一種資助方法。

(六)公益彩券基金撥款

若公益彩券基金或其他基金能給予志願機構更多支持，將可以鼓勵他們構思和推行創新的服務模式，使服務更臻完善。

四、社會福利發展的作為

面對今日社會的急遽變遷，政府提出的社會福利方案宜為：

(一)優質的生育及養育環境，使兒童快樂平安

1. 新婚首次購屋、生育子女換屋，享有低利率房貸；子女2歲前，父母育嬰假期間能夠維持六成的薪資替代水準；若父母未就業則可領取育兒津貼。
2. 現行托育機構良莠不齊，收費價差大，導致幼兒受托品質不一，影響兒童照顧權益。因此，提升托育品質，落實保母證照制度，孩子

安全快樂，家長安心放心。2至4歲兒童幼托基本費用可列為所得稅列舉扣除額，以減輕家長負擔。

3.提供5歲兒童免費學前教育，由於現代社會幼兒養育、教育費用昂貴，而年輕父母正值創業階段，經濟負擔相形沉重，亟待政府提供完善之學前教育，因此宜由政府提供5歲兒童義務的學前教育；並將實質補助私立幼教機構，讓就讀私立幼教機構的5歲學童也可享受免費教育。

4.建立高風險家庭資料庫，主動追蹤掌握高危機家庭，落實預防工作，全面防止兒少受虐，讓孩子免於暴力威脅。

(二)落實年金及長照制度，使長者健康有尊嚴

1.對於65歲以上的高齡人口（原住民55歲以上），發展適合之健康檢查，每年一次不須付費，並優先對全國中低收入戶老人提供醫療照護，並視政府財政狀況，逐年擴大補助範圍。

2.國民年金於2008年10月1日上路，為維持國人老年之基本經濟生活，政府應籌措充分財源，妥善運用保費創造利多，以免費率上漲對民眾造成壓力。此外，通貨膨脹是國民年老時所領取的年金能否維持基本生活之主要因素，政府應重視經濟的均衡發展，以減少通貨膨脹衝擊。

3.落實長期照顧制度，開辦照顧者津貼。培訓居家服務員，實施證照制度；以「在地老化」與「社區化」作為主要的照護方式，並結合社區中的長期照護服務與醫療服務資源，提供有需要的老人及其家庭整合性與持續性的照護服務。

4.推動長期照護保險與立法，以配合未來快速成長的長期照護需求，減少民眾負擔，讓高齡長者能享有健康與快樂的環境，同時活得有尊嚴。

5.落實國民年金保險，加強健康檢查與維護，推動長期照顧制度與社區養老，鼓勵社會參與志工服務，發揮銀髮魅力。

(三)提升身心障礙者權益，使社會有愛無礙

1. 截至2007年底，領有身心障礙手冊的人數達1,000,729人，占總人口4.4%。因此，應「建立一個無歧視與無障礙的社會，讓身心障礙者可以在人性化與有尊嚴的環境中發展，有充分的社會參與與發揮其潛能的機會」。在醫療服務、生活照護、就學、就業與無障礙環境等五大面向，提供全方位、前瞻性的支持與服務措施。

2. 推動「家庭化」與「社區化」作為主要的生活照護方式，同時提供各項支持性居家服務，並視家庭經濟狀況給予各種補貼。

3. 提供弱勢家庭「發展遲緩兒童早期療育補助」，不僅可減少家庭負擔，也讓其子女有機會和其他兒童一樣發展。

4. 普設庇護商店與育成中心，讓身心障礙朋友有復健機會，並培養興趣與專長，發展適合身障朋友健康檢查套裝。

5. 因應身心障礙者高齡化以及獨居長者的增加趨勢，成立信託基金，協助老人以及身心障礙者（特別是心智障礙者），提供另一個穩定的經濟支柱。

(四)扶窮濟急，降低貧困及減少家庭不幸

1. 啟動積極性脫貧方案，除加強對低收入戶家庭成員提供就業扶助、就業諮商、教育訓練、以工代賑、創業貸款等服務，協助其脫離貧窮，政府並應研擬方案繼續支持甫脫貧家庭，增強其就業能力，以維持其基本生活，使其穩定脫貧為目標。此外，提供低收入戶子女就學補助、寒暑假打工機會、鼓勵儲蓄、輔導生涯規劃，使其成長後成為家庭支柱，不再貧窮。

2. 設置「急難救助基金」，為協助家庭主要工作者因失業、疾病導致家庭陷入困境，中央應授權地方提撥公益彩券盈餘一定比例，設置「急難救助基金」，提供短期經濟紓困，以避免家庭崩解或發生不幸。

3.建立緊急處遇機制，並強化通報轉介系統，透過村里長、警察、衛政與社工人員等，按地方特性，建立「高風險家庭預警系統」；平時作為守望相助機制，以綿密的通報體系，配合有效率的轉介系統，發揮社區緊急處遇功能，減少不幸事件的發生。

4.修訂「社會救助法」，讓真正需要者獲得適當協助。現行「社會救助法」無法反映地方差異，同時家庭人口列計範圍缺少彈性，導致許多急需救助者，因不符規定而無法得到補助。政府應立即修訂合理之貧窮線計算方式與家庭列計人口範圍，也應尊重社會福利乃為地方自治事項，授權地方政府因地制宜之行政權，以發揮社會救助的效果。

(五)強化家庭服務體系，尊重多元價值

1.建立以「家庭」為中心，具「性別主流化」思維的社福體系，強調家庭價值與親職的重要性；在尊重多元家庭價值下，評估各種家庭類型的處境（如單親家庭、外籍配偶家庭、身心障礙者家庭、原住民家庭、低收入戶家庭、受刑人家庭、雙薪家庭與隔代家庭等），針對其特性，發展支持性與學習性的方案。

2.對於新移民子女的學習與發展，學前階段的輔導與協助尤為重要，政府宜提供完整方案，強化學習，以助於融入社會。

3.透過提供適度的福利服務，營造良好的生育環境，讓年輕夫婦願意生、養得起，安心培養下一代，以免生育率持續下降。

4.落實照顧者喘息服務，隨著人口高齡化與少子化，家庭規模變小，照顧人力也較不足，但需要照顧的老人卻增加。政府宜結合民間組織，提供經常性的照顧者喘息服務，也應針對中低收入家庭，因照顧老人或身心障礙家人而犧牲就業，提供照顧者津貼。

(六)重視心理，發揚善性，建構祥和社會

1.積極推動心理健康政策與家庭愛的教育，婚前正確認識性別與家

庭，結婚後即應學習做父母的準備，成為父母則重視孩子成長期的養育，培養成自尊尊人、自愛愛人、自立立人的優質國民。

2.積極推動社區守門人行動，落實「高風險家庭預警系統」，在社區中推廣，從瞭解自我開始，進一步自助助人，協助早期發現憂鬱、自殺企圖、精神疾病、經濟困窘者等，協助其找尋適當資源，並成為緊急求援的窗口。

3.舉凡職場、社區、家庭、學校、軍隊、監獄、醫院等各種生活場域，都應該重視心理健康；全民共同參與發展各種協助、支持、互助方案，建構多元心理保健資源網。

4.消除各類刻板印象，學習欣賞族群差異，尊重多元歷史記憶，培養健康心理，打造零歧視社會。

(七)統籌社福提升位階，發揮民間力量

1.現行社福機關分屬不同部會，為解決多頭馬車的亂象，減少福利資源的浪費，應將中央社會福利主管機關提升至部級單位。建構從中央至縣（市）政府、鄉（鎮、市、區）公所，以社會工作專業為主軸的服務體系。

2.民間非營利組織與志願服務，具有服務熱情與專業能力，政府應加強其夥伴合作關係，才能有效輸送服務、立即反應需求、提升服務品質。

3.檢討政府業務委託制度，提供合理的委託費用，並減少科層體制的干擾，讓其充分發揮專業服務社會。

(八)運用「就業保險基金」，推動勞動保護措施

運用就業保險基金來獎助大專院校與企業、職訓機構合作，增加學生實習經驗，提高社會新鮮人就業技能，以強化青年與就業市場接軌；推動部分時間勞動保護法，維護部分時間工作者的權益；針對失業青年提供職業訓練，以利發揮所長。

結　語

　　由各先進國家近年推動社會福利政策改革可以窺知，唯有經濟持續成長及政府財政健全，才能維繫社會福利制度永續發展，有效保障國民生活福祉。鑒於各國社會福利制度多已面臨嚴苛挑戰，過度的社會福利支出，不僅造成政府財政預算赤字的快速累積，亦會經由資源錯置對當代及跨代經濟產生負面影響；衡諸未來，我國社會福利需求仍將持續擴增，惟在政府財政困窘之際，更應持審慎態度，通盤規劃各項社會福利政策，俾使有限社福資源更有效的應用。

　　新世紀的開始，社會福利除立基於既有基礎上，更須有新展望，以因應社會經濟結構轉型之各項挑戰。政府的整體社會福利措施，將視政府財源情況，排定實施的優先次序，逐步推動；著重結合民間與社區力量，建構更具可近性的福利服務輸送網絡；加強托老、托幼的社區照顧，減輕婦女家庭照顧負擔；配合知識經濟發展方案，協助身心障礙者及低收入者加強資訊教育訓練，縮短知識落差；積極研修社會福利法規，以符民眾需求。宜結合政府與民間力量，打造更具關懷、更易受惠的福利服務輸送體系。

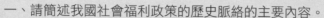

問題與討論

一、請簡述我國社會福利政策的歷史脈絡的主要內容。

二、請說明隨著全球進入新世紀，影響當前社會福利政策最關鍵課題的主要內容。

三、請說明我國現階段社會福利政策理念的主要內容。

四、請說明我國現階段社會保險與津貼的主要內容。

五、請說明我國現階段社會救助的主要內容。

六、請說明我國現階段就業安全的主要內容。

七、請說明我國現階段社會住宅與社區營造的主要內容。

八、請說明我國現階段健康與醫療照護的主要內容。

九、請說明我國現階段社會福利發展的策略的主要內容。

十、請說明我國現階段社會福利發展的努力方向。

Chapter 5

兒童及少年福利服務

前　言

壹、兒童少年福利的政策

貳、兒童少年福利的實施

參、兒童少年福利的現況

肆、兒童少年福利的發展

結　語

 前　言

　　對於進入高齡化與知識經濟時代的國家社會，人力必須普遍具備高生產力，才能支撐國家全面性的持續發展，所以兒童與少年不僅是國家未來的主人翁，社會榮枯也與他們擁有之才能息息相關，尤其在高度競爭的國際社會裡，已經將青少年人力資源之規劃與培育列入國家核心競爭力的優先考量。除此之外，「聯合國憲章」的宗旨和原則，也開宗明義要世界各國人民有義務採取行動，促進和保護每個兒童（每個18歲以下的人，包括青少年）的權利，並尊重所有兒童的尊嚴及保障他們的福利。1989年「聯合國兒童權利公約」公布，強調要世界各國致力於創造一個適合兒童及青少年生長的世界，考量他們的最高利益，在民主、平等、不歧視、和平與社會正義等原則，以及包括發展權在內的所有人權的普遍性、不可分割性、相互依存性和相互關聯性的基礎上，實現人類的持續發展。許多心理學家認為少年兒童仍在成長階段，成長環境對兒童少年的學習和社會適應有密切關係。因此，國家社會對於他們的照顧和養育所投下的心力和重點放在哪裡，與他們日後所具備之能力息息相關。

　　當前少年兒童成長環境比成人過去成長環境優渥，但是，近年來台灣政治社會的快速變遷，對社會經濟的發展衝擊不少，傳統的社會規範和價值體系受到很大的衝擊，家庭組織結構也趨向多樣化，並且也有很大的轉變，加以這些年來教育改革各種措施不斷提出，需要家庭協助子女適應。在此情況下，許多家庭養育子女的負擔增加；其中單親職業婦女或父親人數增加，並且結構性失業率增加，對中低收入的家庭壓力不小。許多家庭無力承擔子女保護與教養職責，例如兒童身心狀況調查報告（2000）提到，兒童家長認為政府應加強的一般性兒童福利措施，若以優先順序的重要程度衡量，以增設公立托嬰所、托兒所、課後托育中心（重要度26.9）居首，推廣親職教育（24.3）次之，兒童課後輔導

（24.2）再次之。此外，單親家庭則期待加強兒童課後輔導為主，重要度33.0；而祖孫二代之家庭以期待兒童醫療補助為主，重要度29.3。此外，兒童少年受到虐待、性侵害與引誘從事不良事件也層出不窮，家庭甚至成為侵害子女的溫床。加之，大眾媒體與網路興起，不僅提供更多元價值且快速流通之資訊，而且光怪陸離的詐騙與有害兒童少年身心發展的色情資訊，全面性進入家庭與學校系統，加上網路網站和聊天室的資訊，使家庭與學校系統對兒童少年的教養無法掌控，更揭示兒童及少年福利工作的重要性。

 ## 壹、兒童少年福利的政策

　　截至2007年底，我國0至未滿12歲兒童人口數為3,058,066人，占全國總人口數13.32%；12至未滿18歲少年人口數為1,944,065人，占全國總人口數8.47%；兩者合計5,002,131人，共占21.79%。茲因生育率下降在過去一、二十年間是一個全球性的趨勢，現代化國家有愈來愈多必須面臨少子化現象的重大難題。從2003年兒少人口占總人口比例的24.02%縮減至2007年的21.79%，特別是0至11歲的兒童人口相較於12至17歲的少年人口所占比重的大幅下降，更顯現出嚴肅看待未來人口素質的迫切性；近年來台灣生育率屢創新低，甚至低於某些已開發國家，人口結構問題值得正視並予以及早因應。彰顯出來相對穩定且偏低的出生率，所衍生出來的是諸如人口轉型、家庭型態以及社會結構等等，多層次的衝擊影響。連帶地產生，兒童與少年各自人口規模及其所對應合理資源配置的比例原則，另在外籍配偶增加情形下，所生育子女勢必面臨的各種生活適應及學習問題。此外，經濟不景氣、離婚率升高及婦女就業率提升，對於成長於家庭內之兒童少年造成很大的教養及照顧問題。這也是一項值得深究的福利課題。

　　為能因應社會發展，以培育出健康的下一代，新修正的「兒童及少

年福利法」共計7章75條，於2003年由總統公布施行，明確訂出政府及公私立機構、團體應協助兒童及少年之父母或監護人，維護兒童及少年健康，促進其身心健全發展，對於需要保護、救助、輔導、治療、早期療育、身心障礙重建及其他特殊協助之兒童及少年，應提供所需服務及措施。

一、兒童福利政策

(一)重視兒童托育服務

為建構社區化、普及化托育環境、積極鼓勵民間興辦托兒所。並依據兒童福利專業人員資格要點及訓練實施方案，委託大專院校積極辦理教保人員專業訓練，以提升托兒之專業素質；另為強化保母人員專業養成制度，除輔導各地方政府辦理家庭保母培訓工作外，並自1998年3月正式實施保母人員技術士技能檢定，以推動建立保母證照制度，增進保母服務品質。家庭式的嬰兒托育服務已經成為一項重要的社會事實，這也使得包括區位落差、價格收費、專業資格、管理機制、服務品質以及補貼措施，在在有它結構性探究的必要；相應於近70萬名之0歲至未滿3歲的嬰幼兒人口數，以及現有4萬多名取得技術士證照的合格保母，顯然，還是存在托嬰、育兒照顧的供需落差問題，而這也會是一項值得留意的關注課題。另自2000年9月起發放托兒所幼教券措施。回應少子女化的生育模式，使得包括公立托兒所、私立托兒所、社區托兒所以及課後托育中心在內的各種托育服務，在所數與收托人數方面的供需情形，均呈現漸次萎縮的發展趨勢，但是，現行側重在商品市場化的托育服務和課後安親服務，點明出來幼兒基本的人身安全與保育照顧及其相關聯的津貼扶助，自當是有它擴及到所有家庭的通盤性檢討。

(二)積極推動兒童人權

落實「聯合國兒童權利公約」，加強人權保障方案策劃，推動兒童人權措施，結合政府及民間力量提升兒童權益。

(三)兒童保護服務

為處理兒童保護案件，設置24小時「113」保護專線及兒童保護網站，提供受理兒童保護諮詢、舉報、家庭寄養、親子關係、失蹤兒童協尋、收出養、家庭夫妻關係及親職教育等網路服務，同時輔導地方政府辦理諮詢、通報、緊急安置、輔導、轉介及實施強制性親職教育業務。

(四)早期療育服務

發展遲緩兒的照顧管理，從通報鑑定、早期療育、社工轉介、個案管理、臨短托服務以及融合教育等等的處遇計畫服務，對於學齡前遲緩幼兒的人身照顧，朝著建制化的目標前進，訂頒「發展遲緩兒童早期療育服務計畫」，編製「發展遲緩兒童通報轉介中心工作手冊」，提供實務工作者參考，並積極規劃發展遲緩兒童資料之建檔，以建立標準化個案管理。

(五)一般兒童福利服務

輔導地方政府興設兒童福利服務中心，建立區域性兒童福利網絡，推動各項諮詢、諮商服務，處理緊急安置，提供親職教育、寄養、收養轉介、兒童休閒娛樂、課後托育等服務。

(六)提升兒童照顧服務

為提升兒童照顧服務，定期舉辦育幼機構聯繫會報，配合「少年事件處理法」之公布實施，輔導育幼機構轉型以安置輔導轉介個案。

(七)積極推動親職教育

隨著社會變遷快速,雙薪家庭普遍及夫妻各處於競爭激烈、人際疏離的工作壓力中,致使子女與家人間的互動減少、衝突增加,家庭和社會問題層出不窮,突顯出現代父母對親職教育的需求日益殷切及親職教育生活化的重要性。

(八)新台灣之子的福利服務

回應於跨國婚姻的社會事實,這使得關於外籍配偶家庭第二代的子女議題,理當是要扣緊新生嬰幼兒、小學生、國高中生乃至於後來的大專或是長大成年之不同的生命周期(life cycle),以深究諸如自我概念、母職扮演、親子互動、人際關係、課業成就與角色認同等等的適應問題,就此而言,關於父母效能、課輔安親、補救教學、親師溝通、升學輔導、多元文化課程以及生涯規劃等等的福利服務需求,就有它具體落實在生命歷程(life course)之持續、延續與賡續的配套設計思考。

二、少年福利政策

青少年面對多元化的價值,常被標籤為「新新人類」、「狂飆少年期」,或批評「怕苦、怕累,卻不怕死」的「草莓族」。相較於過去,家庭功能已減弱,而社會文化環境比過去複雜,潛在不良的危險因素更多,面對青少年犯罪、暴力虐待、網路援交、學習中輟等問題,是不能單純的視之為偶發社會事件。為於短期內達到立竿見影的效果,成立「行政院青少年事務促進委員會」,研商青少年事務政策及重大措施之規劃諮詢事項,以發揮政策之整體性及有效性功能。

(一)輔導興設及改善少年福利機構

為增進少年福利,健全少年身心發展,提供適當的休閒與安置場

所，籌設少年福利機構，提供教養、輔導、育樂、服務等項福利服務。設置少年輔導、教養機構、青少年福利服務中心、關懷中心、緊急及短期收容中心、中途學校。

(二)辦理兒童及少年性交易防制工作

依據「兒童及少年性交易防制條例」規定，防範少年遭受色情侵害，努力消除社會中侵害少年的犯罪者。並協助獲救之少年能得到良好的教化，並持續給予後續追蹤，避免再度受害。

(三)配合司法體系辦理少年轉介安置輔導工作

少年事件處理法基於保護少年人權，配合司法體系之「以教養代替處罰，以保護代替管訓」的精神，對非行少年以教育、保護為優先，採多元化之處遇，辦理個案之轉介及安置輔導工作。

貳、兒童少年福利的實施

一、「兒童及少年福利法」

隨時代變遷，兒童及少年不斷出現新的福利議題，考量兒童及少年資源體系多有重疊及行政體系之整合，亦順應國際趨勢及「聯合國兒童權利公約」所規範兒童係指18歲以下之人等因素下，促成兒童及少年整併之修法方向。2003年新修訂公布之「兒童及少年福利法」重點分述如下：

1. 規範兒童及少年身分權益之維護，其內容包含出生通報及收出養制度之運作，並明文規範中央應設立收出養資訊中心，俾妥善保存、管理出養人、收養人及被收養之兒童少年相關身分資料。

2.基於保障兒童及少年權利及促進其福利之必要，明文規範地方政府
應自行或委託民間辦理各項福利服務措施，內容包含早期療育、諮
詢輔導、親職教育、托育服務、課後照顧、休閒育樂、婦嬰安置照
顧措施、弱勢兒童少年之經濟扶助及安置照顧等。

3.政府應規劃實施3歲以下兒童醫療照顧措施，必要時並得補助其費
用。費用之補助對象、項目、金額及其程序等之辦法，由中央主管
機關定之。

4.明訂媒體不得違反媒體分級辦法，播放或提供兒童及少年有害身心
之出版品、圖畫、錄影帶、影片、光碟、電子訊號、網際網路等。

5.衡酌社工員執行兒童及少年保護工作之實務運作所需及父母親權之
維護，擴大保護安置期限，緊急安置期限為72小時，繼續安置3個
月為限，必要時得申請延長，次數不限，監護人抗告提起期限則延
長為10天。

6.嚴格規定出生通報責任，妥善解決棄嬰、非婚生子女無戶口或其他
因素而造成戶口問題，以及收養和出養過程中的必要行為，以便兒
童少年成長過程中，就醫、就學和就養權益得以維護。

7.為保障兒童及少年之財產權益，增列規範有事實足以認定兒童及少
年財產權益有遭侵害之虞者，得聲請法院指定或改定兒童及少年財
產之監護人及監護方法。

8.明訂兒童及少年福利機構類別（包含托育機構、早期療育機構、安
置及教養機構、心理輔導及家庭諮詢機構、其他兒童及少年福利機
構）及相關立案許可及對外勸募行為之規範等。

9.少年年滿15歲有進修或就業意願者，教育、勞工主管機關應視其性
向及志願，輔導其進修、接受職業訓練或就業。雇主對年滿15歲之
少年員工應提供教育進修機會，其辦理績效良好者，勞工主管機關
應予獎勵。

10.規定政府及公私立機構、團體處理兒童及少年相關事務時，應以
兒童及少年之最佳利益為優先考量；有關其保護及救助，並應優

先處理。

基本上，「兒童少年福利法」包括總則、身分權益、福利措施、保護措施、福利機構、罰則和附則等共有7章，整體內容與規定來看，除了詳細列舉各目的事業主管機關之權責和罰責外，亦對執行工作之細節做較為完備之規定，以更有效的保護和處理兒童少年被侵害的權益，確實落實對兒童與少年的保護與福利工作，以增進兒童少年的成長。

二、「兒童及少年性交易防制條例」

近來台灣社會變遷快速，社會風氣趨向功利化、家庭功能減弱、學校教育功能偏頗等，使得許多社會問題叢生，而兒少從事性交易即是此社會狀況下的產物。經政府及民間機構共同努力，於1995年8月11日制定「兒童及少年性交易防制條例」，歷經1999年、2000年、2005年及2006年的修正，該法計5章39條，公權力遂正式介入救援及保護未成年人被迫或被誘從事性交易，並陸續訂頒各相關法令，並就預防、救援、保護輔導及後續服務等方面持續推動各項業務，其重點分述如下：

(一)總則

1.為防制消弭以兒童少年為性交易對象事件。

2.性交易，指有對價之性交或猥褻行為。

(二)宣導

兒童及少年性交易防制之課程或教育宣導內容如下：

1.正確性心理之建立。

2.對他人性自由之尊重。

3.錯誤性觀念之矯正。

4.性不得作為交易對象之宣導。

5.兒童或少年從事性交易之遭遇。

6.其他有關兒童或少年性交易防制事項。

(三)救援

1.成立檢警之專責任務編組，成立後應委由民間機構設立全國性救援專線。

2.明定各相關專業人員，若知悉有未滿18歲從事性交易之虞或犯罪嫌疑者，有向主管機關報告之義務。

3.案件偵查或審判中訊問兒童及少年時，應有社工人員陪同在場。

(四)安置保護

1.直轄市、縣（市）主管機關所設之緊急收容中心應於安置起72小時內，提出報告，聲請法院裁定。

2.直轄市、縣（市）主管機關應設置專門安置從事性交易或有從事之虞之兒童或少年之緊急收容中心及短期收容中心，應聘請專業人員辦理觀察、輔導及醫療等事項，提供兒童及少年必要之保護安置的協助。

3.在兒童及少年保護安置期間，主管機關及教育部代行原親權或監護權。兒童及少年之父母、養父母或監護人，違反「兒童及少年性交易防制條例」第23條至第28條之罪者，得向法院聲請宣告停止其親權或監護權；對於養父母，得聲請法院宣告中止其收養關係。

4.以廣告物、出版品、廣播、電視、電子訊號、電腦網路或其他媒體，散布、播送或刊登足以引誘、媒介、暗示或其他促使人為「性交易」的訊息者，處五年以下有期徒刑，得併科新台幣一百萬元以下罰金。

參、兒童少年福利的現況

　　我國目前兒童及少年福利服務相關業務由兒童局主掌。綜觀我國兒童及少年福利的發展，已由早期針對有特殊需求服務者的「問題取向」，逐漸發展至今日以健全一般兒少生活所需服務的「發展取向」。茲將服務現況說明如下：

一、經濟扶助服務

　　經濟為民生的基礎，兒童及少年乃國家之棟樑，為維護其基本生存權益以及避免兒童及少年陷入貧窮循環以及受到不利生活環境的影響，首要協助兒童及少年家庭改善經濟環境。

(一)生活補（扶）助

　　政府對於家庭總收入平均分配全家人口，每人每月未超過當年度最低生活費1.5倍者，且父母雙亡、一方死亡、重病、失蹤、服刑無力扶養之兒童及少年，發給中低收入戶兒童及少年生活扶助費，其內容分為：

1. 低收入戶生活補助：台灣省各縣市列冊一款兒童每人每月7,100元，列冊二款、三款15歲以下兒童每人每月1,800元，高中職以上少年每人每月4,000元。

2. 中低收入戶兒童及少年生活扶助：台灣省各縣市政府於家庭總收入平均分配全家人口，每人每月未超過內政部規定當年度最低生活費1.5倍，發給中低收入戶兒童少年生活扶助費，每名兒童每月補助約1,400元生活扶助費。

3. 辦理「弱勢家庭兒童及少年緊急生活扶助計畫」：為協助遭變故或功能不全之弱勢家庭舒緩經濟壓力，維持子女生活安定，提升家庭照顧兒童及少年之能力，避免兒童及少年受虐情事發生，促進家庭

恢復正常運作，扶助對象為未滿18歲之兒童及少年，且未接受公費收容安置，其家庭有遭遇不幸、高風險、經濟急困且有子女需要照顧，依其兒童及少年人口數，每人每月給予3,000元的緊急生活扶助，以補助6個月為原則，最高補助12個月。

(二)托育補助

凡政府列冊有案之低收入戶或寄養家庭之兒童，並就托於各級政府所辦理之公立托兒所或幼稚園、經立案許可之私立托兒所或幼稚園及經政府核准之社區村里托兒所者，皆屬發放對象。其內容包括：

1. 低收入戶兒童托育補助：對就托於已立案托兒所之低收入戶或家庭寄養之兒童，每位兒童每月分別補助6,000元（台北市）、3,000元（高雄市）、1,500元（台灣省）。

2. 發放幼兒教育券：辦理幼兒教育券，補助全國年滿5足歲實際就讀（托）於已立案私立托兒所、幼稚園之幼兒，每人每學期補助5,000元。

3. 中低收入家庭幼童托教補助：針對中低收入家庭年滿5足歲實際就讀（托）於已立案公、私立幼稚園、托兒所（含村里托兒所）之幼童托教費用補助，每人每學期最高補助6,000元。並自2005年9月1日起，向下延伸擴展補助至3足歲以上中低收入家庭兒童。

4. 辦理原住民幼兒托教補助，依據原住民族教育法之規定，補助全國年滿5足歲實際就讀（托）於已立案托兒所、幼稚園之幼兒，公立者每人每學期2,500元，私立者每人每學期10,000元。

(三)醫療補助

1. 低收入戶暨弱勢兒童及少年醫療補助：協助低收入戶暨弱勢兒童繳納健保欠費、水痘疫苗注射、發展遲緩兒療育、訓練及評估費、住院期間看護、膳食費及住院部分負擔費等。

2.3歲以下兒童醫療補助：補助出生日起至3歲以下參加全民健康保險
之兒童門診及住院部分負擔費用。

3.中低收入家庭3歲以下兒童健保費補助。

(四)早期療育補助

依「發展遲緩兒童早期療育費用補助實施計畫」，辦理發展遲緩兒
童療育費及交通費補助，低收入戶每人每月5,000元，非低收入戶者每人
每月3,000元。

二、托育服務

隨著家庭結構轉型及價值觀念變遷，親職功能日漸式微，故協助轉
型中的家庭及婦女的多元角色擴展，使其在家庭與職務間能取得平衡，
以補充家庭照顧之不足。「托育資源與轉介」（Child Care Resource &
Referral, CCR&R）是一種以兒童托育需求為導向的資訊提供與資源轉介
服務，主要藉由建立托育資源資料庫的方式，針對兒童的托育需求，提
供立案托育機構、合格保母名單等資源，及送托準備、托育契約、托育
補助……等資訊；此外亦針對托育服務提供者，提供專業諮詢及專業訓
練，以提升托育服務品質，同時也藉由對供需雙方的瞭解，蒐集托育相
關資料，進行托育議題倡導，提供托育政策修正意見。

三、早期療育服務

早期療育的概念為，推動早療服務、降低身障人口、重視兒童權
益、落實早療精神，希望透過結合社會福利、衛生、教育等專業人員，
以團隊合作方式，提供發展遲緩兒童早期療育服務。透過跨專業合作模
式，協助家長與專業人員互動溝通，共同訂定適合兒童家庭需求之服務
計畫，並協助家長有效運用各類療育資源，習得親職知能，以達最佳療

育效果，規劃推動早期療育工作。以進行發現與篩檢、通報與轉介、聯合評估、療育與服務、宣導與訓練之權責分工。

四、保護受虐兒童少年服務

依內政部統計資料顯示，截至2006年底，各地方政府受理之受虐兒童少年共計10,094人（兒童6,990人，少年3,104人），兒少保護服務已是刻不容緩之事。在保護服務上，除了事後的消極性的通報、救援、安置、輔導等保護服務外，更須致力於事先的積極預防工作。兒童保護工作防治暴力部分，不只在家庭內才會發生，在校園內外都有可能，為有效推動相關業務，包括少年幫派防止及毒品濫用等，應整體考量。

五、弱勢兒童及少年福利服務

為建構「以兒童少年為中心」之整合性照顧服務，輔以支持性、補充性、替代性等方案維護家庭功能，我國政府除辦理經濟扶助外，亦辦理寄養及收、出養服務、輔導設置兒童少年安置教養機構、兒童少年轉介服務，以及協助隔代、單親、原住民、失業、外籍配偶等危機家庭之兒童及少年相關服務。

六、兒童少年性交易防制工作

從事性交易工作對兒童少年之影響甚深，由於兒童少年尚未發育成熟，過於頻繁的性行為易使其身心發展受到扭曲，同時心理上容易產生自我價值與價值觀混亂和低落。目前政府在預防、救援、保護等各方面皆有提供相關服務，其包括緊急救援工作、陪同應訊、設置關懷中心、緊急及短期收容中心、積極配合辦理中途學校、個案安置輔導、後續追蹤服務等。

肆、兒童少年福利的發展

現代的社會追求創新，追求公平，更追求永續發展。盼望服務的品質透過行政的效率化、服務的人性化，使服務的供給能持續擴展，除拉近與民眾需求的差距，更希望能與民眾建立良好的互動，共同為建構穩定安全的生活福祉攜手努力。守護我們的孩子，是我們責無旁貸的責任，為兒少打造優質成長環境，是我們首要的任務！

一、建立以家庭為中心的理念

「家庭照顧」依舊是主要的運作原則（family-care principle），這也使得對照出國家公權力的法定福利（statutory welfare）、市場營利的消費服務（commercial service）以及非營利組織的志願服務（voluntary service），建基在親緣關係的家戶福利（domestic welfare），還是有其重要比例的角色負荷。冀此，如何正視「家庭」本身的羸弱性（vulnerability），藉此思索以家庭為本、為重與為先的守護家庭政策（pro-family policy），當成為兒童、少年福利政策所要標舉的基本精神。

二、突顯青少年特殊需求

在新訂定之兒少福利法中，將青少年與兒童視為同一群體，認為兒童以及青少年皆是需要被保護的對象，而忽視了青少年發展時期獨特的需求，未突顯出青少年主體性以及給予青少年獨立發展機會。故宜再重新省思青少年特殊之需求以及發展階段之需求，並且加以納入法規或措施。

三、融合多元化思維

目前我國外籍配偶人數日趨增加，其第二代在兒童及少年人口中亦日趨增多，故在規劃相關福利服務時，應加入多元化之思維，將其特殊需求納入服務考量。

四、加強媒體分級制管理

有關媒體之管理雖於「兒童及少年福利法」中有明訂，任何人對於兒童及少年不得「違反媒體分級辦法，對兒童及少年提供或播送有害其身心發展之出版品、圖畫、錄影帶、影片、光碟、電子訊號、網際網路或其他物品」，但有權責單位對於本項之管理輔導工作尚待落實，應積極協調相關單位辦理。

五、增列「積極性」之兒少福利服務

基於從微視、中介到巨視層面的生態系統，點明出來兒童、少年福利政策的涵蓋範疇，理當緊扣著投資兒少（investing children）、充權家庭（empowering family）以及社會照顧（social caring）之整全多層的鑲嵌整合，就此而言，兒童與少年作為國家未來到位或馬上接棒的主人翁，就不僅僅止於濃厚的道德性論述，而是有它進一步落實在立法、行政以及福利服務等等層次上的具體作為；連帶地，投資兒少、充權家庭與社會照顧，亦彰顯了國家之主動地位和積極作為的角色扮演。現行的兒少相關法規大都還是消極性的殘補服務，鮮有針對兒童及少年身心發展需求的積極性福利服務，如提供兒童及少年休閒娛樂空間、強化社區居民意識等，故隨著時代變遷，應儘速增列「積極性」之兒少福利服務，以滿足一般兒童青少年之需求。

六、建立公私部門合作模式

新訂定之兒少福利規定，兒童及少年經安置返家後皆須持續追蹤一年，此法立意雖然良好，但因公部門人力問題難以確實執行，故應採以建立公私部門合作模式，讓立意良好之法令得以確實執行。

七、推動隔代、單親、外籍配偶家庭之福利服務

隔代及單親教養家庭中的兒童少年成長過程中，比一般的孩子要負擔較多的成長及教育風險；外籍配偶子女則欠缺語文及學習之有利環境。為解決隔代、單親、外籍配偶家庭育兒負擔沉重及教養困難等問題，應推動辦理「隔代及單親家庭子女教養及輔導」與「外籍配偶及弱勢兒童少年家庭外展服務」等措施。

八、落實兒童少年保護工作

兒童被虐待情形在台灣地區有逐漸增加的趨勢，很值得社會大眾及父母注意及改進。兒童被虐類型中，以監督疏忽、生理虐待、精神虐待及醫藥疏忽四種情形最為普遍。為落實兒童少年保護，政府應結合民間團體辦理通報、緊急救援、安置輔導、強制性親職教育及家庭處遇服務外，並加強兒童少年保護教育宣導，落實責任通報制度，以強化兒童少年保護網絡。

九、建構完整發展遲緩兒童早期療育體系

建置個案管理資訊系統及積極辦理托育機構兼收發展遲緩兒童、托育機構巡迴輔導、發展遲緩兒童到宅服務、發展遲緩兒童早期療育費用補助等措施，以建立完整早療服務體系。

十、建構區域性家庭福利服務中心

　　家庭是兒童最重要的生長環境，也是最主要的社會化單位，不僅提供兒童最基本滿足，對其人格塑造與發展深具影響力。因此，積極落實兒童利益與家庭利益兼顧的保護工作以維兒童權益，擬規劃設置「區域性家庭福利服務中心」，自2007年度起協助地方政府就所轄進行需求評估、資源盤點，期建構近便的家庭福利服務系統，對處在弱勢的兒童、少年、婦女、老人、身心障礙者等，提供單一窗口的支持與協助資源網絡，以強化家庭功能，並藉此將一級預防與二級預防工作做好，更可連結三級預防資源與服務，減少家庭暴力與不幸事件發生。

結　語

　　在1989年聯合國採用了「聯合國兒童權利公約」，詳加說明在世界的兒童們都有權利享有基本人權，就是有生存權，身心發展權，有權保護兒童們的發展能不受到影響，有權參與家庭、文化和社會生活。公約同時也規定締約政府應達到的所定最低標準，以保障這些權利，如應提供兒童在健保、教育、法律上以及社會性的服務的落實。任何一個兒童少年都有快樂而安全成長的權利，我們應努力建構一個祥和適當的環境，提供兒童少年的成長及需要。政府和社會應擴大現有家庭支持體系和強化學校教育體制功能，以提供兒童與少年成長上需求的滿足。因為，唯有健康的兒童少年，才有健康的社會及未來。

問題與討論

一、請簡述聯合國兒童權利公約的主要內容。

二、請說明我國兒童福利政策的主要內容。

三、請說明我國少年福利政策的主要內容。

四、請說明「兒童及少年福利法」的主要內容。

五、請說明「兒童及少年性交易防制條例」的主要內容。

六、請說明我國兒童及少年福利現況的主要內容。

七、請說明我國兒童少年福利發展的主要內容。

Chapter 6

婦女福利服務

前　言

壹、婦女福利政策思維

貳、婦女福利服務現況

參、婦女福利立法重點

肆、婦女福利服務發展

結　語

 前 言

根據內政部統計資料顯示，截至2007年底，我國總人口數為22,958,360人，其中女性人數為11,349,593人，約占總人口數的49.43%。根據社會學家的研究，社會經濟結構的型態，影響男女社會地位及角色分化程度。在社會發展的過程中，社會不平等最初緣起於生物上的不平等；同一個社會的人可能因為性別、年齡或種族等生物上的差異，而獲得不同的社會待遇，也決定了不同的人生命運。一個人出生之後，便由其生物上的性徵（sex）貼以「男性」、「女性」的標籤，此為生物上的性別；但是也由於此生物上之區分，在其社會化的過程中，建構了社會性的性別（gender）。而當生物性別和社會性別劃上等號時，便是性別不平等之開始。「男女有別」——生物結構上確實如此，兩性生理結構之不同，除了表現在體型、骨骼、重量、肌肉等差異，也同時反映在生理功能、感官、認知能力上。在許多社會發展的初期，一旦男尊女卑的階層模式形成之後，便影響到後來社會角色的界定（例如職業區隔）、職場與家務工作的分配（男主外、女主內）、社會資源的分配（財產的分配與繼承）等。重視婦女的權益、提升婦女地位、落實兩性平等等工作，是近幾年來婦女相關政策的方向與目標。隨著社會結構的變遷，婦女在社會中的角色與過去已有很大的差距，婦女相關的問題及需求，呈現更加多元化的現象，因此在相關的婦女福利服務方面，亦有多元化的發展。

 壹、婦女福利政策思維

在世界性民權運動展開兩個多世紀以來，我國也已遵行民權法則制定憲法，締造現代民主國家。在過去六十年間，女性權益的保障和女性

地位的顯著提升，是我國值得驕傲的成就之一。雖然我國憲法對於女性權益的保障已具體明定於相關條文中，但長期以來，多數男性掌握資本和生產的優勢，而女性卻必須承擔人口孕育和家庭照顧的責任。這些不平等的現象，在婦權團體和學者專家的倡議下，已逐步將女性的議題帶入公領域，並影響國家政策的制定。

　　過去政府有關婦女福利的各種項目，分散在各種不同法規、辦法及行政措施中，隨著近年來教育程度的提高、就業機會的增加、自我意識的覺醒，以及民主發展的趨勢，女性的角色與對各項服務需求亦日趨多元化，為求更周延滿足婦女需求，我國社會福利經費從1991年度起即單獨編列婦女福利專款預算；1997年5月行政院成立任務編組的「行政院婦女權益促進委員會」，同年6月成立「內政部性侵害防治委員會」；1999年3月編列預算捐資成立「財團法人婦女權益促進發展基金會」，同年4月成立「內政部家庭暴力防治委員會」；復於2000年8月在內政部社會司的組織架構中，正式設立「婦女福利科」等專責單位；這些努力均明確顯示政府加強推動婦女福利及保障婦女權益的決心。

　　為提升婦女各項權益，達成憲法增修條文第10條第6項「國家應維護婦女之人格尊嚴，保障婦女之人身安全，消除性別歧視，促進兩性地位之實質平等」之憲政精神，政府於2000年通過「跨世紀婦女政策藍圖」，2004年通過具前瞻性之「婦女政策綱領」、「婦女政策白皮書」，期望透過政府單位推動並落實於婦女相關政策及措施中，以達成「兩性平等參與及共治共決」的基本理念。

　　由於現階段女性在政治參與、勞動、經濟、福利、教育、健康與人身安全等層面，仍處於相對不平等的情況，基於「萬物平等共生的整體性」之精神，回應民間保障族群、階級、性別等弱勢婦女的權益，積極促進「兩性平等參與及共治共決」基本理念的實踐，建立性別平等的家庭、工作及生活環境，提供女性安全健康的成長、生活及工作機會。「婦女政策綱領」之基本原則如下：

一、兩性共治共決的政策參與

　　凡是牽涉國家、社會事務任何面向的決策，都應由兩性共同參與，惟屬於女性面向的事務應由女性主導，這樣不僅能夠避免導致國家、社會發展偏頗，更能積極為既有制度、習俗、觀念注入來自不同性別的新鮮靈感，持續發揮制衡與創新的效果。

二、提升婦女勞動參與率、建立女性經濟自主的勞動政策

　　各項政策之設計，應以增進女性就業、經濟安全及社會參與為優先考量，並強化家庭支持體系，積極協助女性排除照顧與就業難以兼顧的障礙，促進婦女充分就業。

三、降低婦女照顧負擔、協助婦女自立的福利政策

　　從「福利」和「脫貧」等同併置的觀點，規劃婦女福利政策，正視女性需求，建立普及照顧福利服務制度，並將女性照顧長才轉化為協助女性經濟自立的有利條件，成為女性擺脫貧窮、獲得薪資、打破社會孤立之依據，協助婦女自立。年金制度之設計應考量女性工作型態，充分計算每份工作的勞動貢獻，達到婦女老年經濟安全的最高保障。

四、落實具性別平等意識、尊重多元文化之教育政策

　　應重視女性的階級、族群、城鄉、天分潛能及性傾向等方面的差異。在教育過程中，針對特殊需求給予積極差別待遇，俾使每位學生的潛能得以充分發展。同時，教育內容亦應避免以單一標準評量學生，應呈現多元的文化與價值，使學生能認識、尊重及平等對待不同的社會群體。

五、建構健康優先、具性別意識醫學倫理的健康政策

充分回應女性的健康處境與需求，加強預防保健、生活和諧的健康概念，打破以防制疾病為主的醫療觀點；加強醫事人員的性別意識，在醫學研究中加入性別觀點及關懷女性健康的議題。

六、創造一個尊重及保障的婦女人身安全環境

國家應透過政策創造一個婦女得以發展自主人格的安全、平等的環境，使婦女免於恐懼，避免遭受性侵害、性騷擾、家庭暴力及其他的社會暴力，以保障婦女人身安全。

七、所有政策均應納入不同族群女性及弱勢婦女的需求

國家對於不同族群女性及弱勢婦女的個別需求，以及所面對的具體困境均應予以重視，並依弱勢優先之原則納入政策。而不同族群的兩性經驗、女性觀點，以及各族群原有的平權共治模式，應加以尊重和學習。

 ## 貳、婦女福利服務現況

隨著時代不斷地在向前推進，工業社會的崛起，不僅影響到產業結構的改變，更進一步在政治、文化、社會各方面產生了影響，其中又以女性角色的改變最為引人注目，由於女性的學歷較過去大為提高、參與社會工作的機會增加、家庭組織趨向小型化、子女人數減少等等，都使得女性的地位有了顯著的變化，加上女性一旦具有經濟能力，其自主權也就相對地得到了發展，於是男女的互動關係及家庭組織都產生急驟的

轉變，至於女性的職業參與也有別於往昔，成為追求男女平等的一項基本權利。

一、維護婦女權益並提升其地位

維護婦女權益並提升其地位，是政府實現公平正義社會的過程中，最基本而重要的工作；隨著婦女相關政策及福利措施的逐步落實，以及國內外普遍對「性別主流化」的認同，婦女地位已逐步提升，根據行政院主計處參照聯合國最新發布之性別權力測度（GEM）指數計算，顯示台灣女性地位高居亞洲第二，領先日本及南韓，僅次於新加坡。

二、落實性別主流化理念

1995年9月，聯合國第四屆世界婦女會議之與會國家共同制訂簽署「北京宣言及行動綱領」，作為國際社會實現性別平等、婦女發展以及和平的共同承諾，並正式提出「性別主流化」（gender mainstreaming），成為國際推動性別平等實現的主要策略。「性別主流化」強調對結構層次的關注，將女性在生涯發展中面臨到的不平等、不利處境，放到一個更寬廣的「性別關係」的議題架構中審視與評估，最終目標乃在於實現性別平等。

為配合社會的脈動、對婦女議題的掌握，以及使性別主流化之概念於基層民間團體生根萌芽，政府將推展社會福利補助作業要點中婦女福利補助項目及基準加以修正，積極引導民間團體落實推動上述理念，明定各團體辦理婦女活動、婦女學苑或講座課程須具有主題性，包括婦女福利、婦女權益、性別主流化、性別平等促進、婦女社區參與（營造）、婦女團體領導人培訓、婦女照顧者經驗分享、婦女社團組織能力培訓等，以加強推展性別平等觀念，輔導民間團體以「性別主流化」來從事各項婦女權益及福利之倡議與推動。

三、加強弱勢婦女扶助與照顧

針對遭遇變故之不幸婦女,如未婚媽媽、離婚、喪偶、被遺棄、被強暴及婚姻暴力受害者等提供適切之服務,政府採取下列措施加強扶助與照顧:

(一)提供單親家庭服務措施

為因應單親家庭逐年增加之社會現象,政府除結合民間團體繼續提供單親家庭之心理諮商、輔導及法律諮詢服務,協助其習得一技之長與輔導就業外,同時加強實施單親家庭之各項服務措施,例如補助民間團體辦理「單親家庭子女課業輔導」及「單親家庭福利服務活動」等,2005年起新增補助民間團體辦理「單親培力計畫」及「單親家庭個案管理」,積極支持單親婦女成長、協助單親家庭增進親子關係,並減輕單親家長照顧負擔。

(二)特殊境遇婦女扶助

為協助特殊境遇婦女解決生活困難,擴大照顧遭逢變故的不幸婦女,2000年5月24日公布施行「特殊境遇婦女家庭扶助條例」,特將女性單親家庭所需的經濟扶助措施納入法律的保障中。依據該條例規定,貫徹執行對特殊境遇婦女所提供之緊急生活扶助、子女生活津貼、子女教育補助、傷病醫療補助、兒童托育津貼、法律訴訟補助及創業貸款補助等服務,以落實政策上保障弱勢婦女之基本權益意旨。為擴大照顧特殊境遇婦女,該條例於2006年4月25日經立法院三讀通過修正,放寬特殊境遇婦女資格,於2007年1月1日起實施,迄9月底共計補助73,160人次,金額20218萬餘元。

(三)外籍配偶支持與照顧

隨著國際化、全球化的腳步加速,以及兩岸之探親、文教、體育

交流頻繁，我國國民與外籍及大陸人士通婚之情形日漸增加，迄2007年度，在我國的外籍及大陸配偶人數已達398,720人，其中女性配偶人數約372,471人。針對外籍及大陸配偶個人及家庭的權益及需求，政府於2003年訂定「外籍與大陸配偶照顧輔導措施」，擬定八大工作重點，內容包括生活輔導適應、醫療優生保健、保障就業權益、提升教育文化、協助子女教育、人身安全保護、健全法令制度及落實觀念宣導等，共計56項具體措施。目前上述各項措施係分由內政部、衛生署、勞委會、教育部、法務部及相關部門主責規劃辦理。參酌內政部1999年訂頒之「外籍配偶生活適應輔導實施計畫」，以經費補助方式結合民間團體辦理外籍配偶生活適應輔導進階班、促進多元文化融合服務、支持性服務活動、社區服務據點等，期擴充服務觸角，並加強社區對外籍配偶及其家庭之服務能力，以提升外籍配偶相關服務與協助。另於2005年籌措成立外籍配偶照顧輔導基金，政府規劃設置外籍家庭服務中心、訂定外籍配偶遭逢特殊境遇相關福利與扶助、輔導外籍配偶籌設社團組織等列入基金用途事項；以外籍配偶家庭服務中心為基礎，連結建置各項社會福利資源網絡，提供整合性服務，以滿足外籍配偶在個人、家庭、社會、經濟等各方面之需求。另亦補助各地方政府辦理提供遭逢離婚、喪偶、家暴等特殊境遇之外籍配偶緊急生活扶助、子女生活津貼、托育津貼、傷病醫療、法律訴訟等費用的協助，以減少外籍配偶取得社會福利資源之障礙。

(四)前台籍慰安婦之照顧輔導

　　政府自1995年起即陸續針對前台籍慰安婦提供生活扶助津貼（每人每月15,000元）、醫療補助、重大傷病醫療看護補助、心理輔導、關懷訪視與各項諮詢服務，給予受害當事人醫療及生活照顧，並積極協助其心理重建。自台灣省政府組織精簡後，為繼續照顧前台籍慰安婦之生活，維護其隱私權，並避免造成二次傷害，依據「台灣省關懷日據時期慰安婦生活扶助實施計畫」，辦理前台籍慰安婦個案訪視，協助確有需要照

護者，申請政府生活扶助、醫療費、重病住院看護費及喪葬費等補助，期使前台籍慰安婦能得到政府之妥適照顧。

四、辦理一般婦女福利服務

基於性別平等的理念，政府為確實開發婦女潛在人力資源，提供婦女公平參與社會的機會，採取下列措施以提升婦女成長潛能：

(一)強化婦女福利服務中心之功能

藉由各地方政府所設婦女福利服務中心，連結政府與民間資源提供一般婦女有關親職教育、諮詢輔導、法律服務及學習成長等活動，以提供多元化及社區化的綜合性服務。

(二)辦理知性成長課程

鼓勵各地方政府積極辦理各項婦女知性活動、婦女學苑、成立婦女志願服務團隊，並透過各媒體管道，宣導性別平等觀念。

(三)減輕婦女照顧負擔

為平衡職業婦女工作與家庭之雙重負擔，加強辦理老人居家服務、利用老人文康活動中心辦理日間照顧服務、設置各項托嬰托兒福利設施、加強保母專業人員訓練等，期能減輕婦女家庭照顧壓力，進而支持婦女安心就業。

(四)提供社區化之婦女社會參與機會

鼓勵各社區發展協會及婦女團體，積極開辦婦女知性成長講座、生活資訊教育訓練或參與志願服務團隊等活動，以彙集社區婦女人力資源，並提升婦女生活知能、拓展生活領域。

參、婦女福利立法重點

　　自1990年代中期開始，與婦女福利相關的社會福利法規相繼出現，包括了1995年「兒童及少年性交易防制條例」、1996年「性侵害犯罪防治法」、1999年「家庭暴力防治法」、2000年的「特殊境遇婦女家庭扶助條例」、2001年的「兩性工作平等法」，以及2004年的「性別平等教育法」。從法規的內容來觀察，可看出過去婦女福利議題是與兒童少年的人口群，或是性交易、性侵害、家庭暴力等議題有關；近幾年所制訂的「特殊境遇婦女家庭扶助條例」、「兩性工作平等法」已開始直接關注婦女的經濟安全與就業議題。然而進入快速變遷的二十一世紀，台灣婦女福利的內涵也需要有新的定義與調整。

　　現階段台灣女性面臨了來自國內與國際全球化的衝擊，包括：

1. 經濟層面：經濟成長減緩、失業問題、勞動市場彈性化等對於婦女參與勞動市場以及家庭經濟安全的影響。

2. 政治層面：政府財政問題與政黨競爭影響到社會福利政策的制定與推動。

3. 文化層面：由於兩性平權觀念的推廣，社會開始重視女性在私領域的生活，如家庭暴力、家庭照顧工作等議題；再者，對族群多元文化的關注、原住民婦女議題、外籍／大陸配偶議題也漸漸受到討論。

4. 社會層面：婚姻與家庭結構的變遷，例如離婚率升高、單親家庭增多等，都顯示出女性福利的新需求。

5. 人口層面：人口老化帶來的照顧需求；從東南亞與中國大陸移入的外籍／大陸配偶、外籍幫傭，都對台灣女性、移民女性的個人生活與家庭生活產生了新的適應議題。

　　對於這些變遷，相關需要關注的婦女福利議題，則包括了保障婦女

就業的機會，以及減少進入勞動市場後的職業區隔、薪資不平等的不利狀況並對於彈性勞動條件的保障等。關注婦女照顧家中兒童、老人、身心障礙者的各項心理的、經濟的、勞務的與就業的相關議題。關心婦女健康與人身安全的議題，包括了家庭暴力與性侵害的保護服務、跨國性旅遊業（sex tourism）所擴及的婦女健康議題等。健全經濟安全制度，尤其對於單親婦女、老年婦女的經濟安全應予關注。再者，婦女失業問題對於女性的經濟安全也需要考量，由於失業給付的領取仍需要於非自願離職辦理退保當日前3年內，保險年資合計滿1年以上；而婦女較可能因為家庭原因退出勞動市場，或是從事低薪資兼差工作；因此，以正式勞動市場貢獻多寡為設計的失業給付制度對婦女的保障相對影響較小。重視婦女人口需求的多元性，不同年齡、種族、婚姻、社會階層的婦女有不同的福利需求，因此，在政策制定、執行與服務輸送時，需要尊重其差異性。是以針對婦女問題的多元變化，在議訂婦女福利時宜從年齡階段、不同族群等觀點，來探討經濟安全、家庭照顧、保護服務等議題。

　　展望未來對於婦女福利的發展，以下將以性別主流化（gender mainstreaming）的觀點來論述。性別主流化的概念最早是在1985年「聯合國第三屆世界婦女大會」中提出，而目前歐洲聯盟（European Union, EU）也採用此概念，以促進男性與女性在生活各層面及各類政策上的平等關係。性別回歸主流的內涵有許多不同的層面，英國研究者Booth與Bennett（2002）整理出三種互補的觀點：平等觀點（equal treatment perspective）、女性觀點（women's perspective）以及性別觀點（gender perspective），十分值得參考。

　　「平等觀點」講求在公領域中男女權利的平等與機會的平等，重視立法上的改革。「女性觀點」認為女性在社會中處於弱勢，因此需要為女性提供特殊的社會制度，以改變制度性歧視的現象，換句話說，其重視結果的平等。「性別觀點」則主張男性與女性有多元不同的需求，再者，不同階級、族群、國籍、宗教、年齡、生命周期、身心障礙狀況的女性，也有多元不同的需求（同樣也可應用於男性）。因此主張發展

出一種具有性別敏感度的政策制訂方式；同時其也強調男性與女性在公領域及私領域所負擔責任能有更公平的分工，是故不只是女性，男性也需要共同參與這樣社會制度的改變。此種觀點一方面重視多元性與異質性，另一方面也以性別（gender）取代女性（women），將男性的生活也納入討論。

這些觀點有助於思考台灣未來婦女工作的推動，首先，我們需要思考如何讓男性與女性都能參與各層次的政策決策過程，瞭解其實際生活狀況與提供其表達意見的機會；從政策制定的角度而言，這是一種以「由下而上」（bottom-up）取代「由上而下」（top-down）的作法，例如在服務過程中的參與決定、組織內的決策、福利法案的制訂，都能聽到男性與女性的聲音，瞭解不同性別的需求。其次，我們對於女性的劣勢地位也要在制度面提供特別的保障，包括了在就業、教育、就醫、社會參與等權益的保障，對於家庭照顧及勞動參與角色的平衡，保障婦女人身安全，免於暴力與性侵害；以減少既存的性別歧視，保障弱勢婦女的權益。最後，我們需要關注不同婦女的福利需求（例如單親、原住民、外籍／大陸配偶、外籍女性幫傭），同時也需要關心現有制度下不同男性的福利需求（例如失業男性、單親父親等）。再者，我們也需要思考如何同時將男性與女性議題一同納入政策考量，重新調整男性與女性在家庭、勞動市場、國家中的角色定位，讓男性與女性共同對身為照顧者與就業者角色都有所貢獻，促使政府政策更具有性別敏感度，如此追求所謂的兩性平等的社會福利政策才能逐步實踐。

「特殊境遇婦女家庭扶助條例」於2000年5月24日公布實施，直至2006年5月17日第一次修正，共16條，並於2007年1月1日正式實施。該法重點分述如下：

一、扶助項目

為加強照顧婦女福利，扶助特殊境遇婦女解決生活困難，給予緊急

照顧，協助其自立自強及改善生活環境。所定特殊境遇婦女家庭扶助，包括緊急生活扶助、子女生活津貼、子女教育補助、傷病醫療補助、兒童托育津貼、法律訴訟補助及創業貸款補助。

二、扶助對象

特殊境遇婦女，指65歲以下之婦女，其家庭總收入按全家人口平均分配，每人每月未超過政府當年公布最低生活費2.5倍及台灣地區平均每人每月消費支出1.5倍，且家庭財產未超過中央主管機關公告之一定金額，並具有下列情形之一者：

1. 夫死亡，或失蹤經向警察機關報案協尋未獲達6個月以上。
2. 因夫惡意遺棄或受夫不堪同居之虐待，經判決離婚確定或已完成協議離婚登記。
3. 家庭暴力受害。
4. 未婚懷孕婦女，懷胎3個月以上至分娩2個月內。
5. 獨自扶養18歲以下非婚生子女或因離婚、喪偶獨自扶養18歲以下子女，其無工作能力，或雖有工作能力，因遭遇重大傷病或照顧6歲以下子女致不能工作。
6. 夫處1年以上之徒刑或受拘束人身自由之保安處分1年以上，且在執行中。
7. 其他經直轄市、縣（市）政府評估，因3個月內生活發生重大變故導致生活、經濟困難者，且其重大變故非因個人責任、債務、非因自願性失業等事由。

三、申請期限

部分婦女未能於事實發生後3個月內提出申請，故將申請期限放寬至事實發生後6個月內，保障特殊境遇婦女之權益。考量維護特殊境遇婦女

權益及地方政府實務上運作，於不重複補助之下，增列依其他法令規定取得生活扶助、給付低於本條例補助者，得補助其差額規定。

四、子女教育補助延伸至就讀大專子女

修法前針對就讀於公私立高中職之子女之學雜費補助60％，修正後增加補助就讀於公私立大專之25歲以下子女之學雜費30％。

五、家庭暴力受害婦女增加子女生活津貼及兒童托育津貼

家庭暴力受害婦女依民事保護令取得子女暫時監護權，或有具體事實證明獨自扶養子女者，得申請子女生活津貼及兒童托育津貼。

六、協助訴訟

無力負擔訴訟費用者，得申請法律訴訟補助。其標準最高金額以新台幣五萬元為限。

七、傷病醫療補助

傷病醫療補助的條件為：

1. 本人及6歲以上未滿18歲之子女參加全民健保，最近3個月內自行負擔醫療費用超過新台幣五萬元，無力負擔且未獲其他補助或保險給付者。
2. 未滿6歲之子女，參加全民健保，無力負擔自行負擔之費用者。

肆、婦女福利服務發展

在周全考量我國婦女特性及社會發展之現況與潛能，並進行廣泛的國際比較之後，以「萬物平等共生的整體性」的哲學精神，建構婦女政策綱領之基本理念為「兩性平等參與及共治共決」。關於「萬物平等共生的整體性」的哲學精神意涵：

1.打造「互相尊重、互為主客」的倫理架構：在父權文化及歧視弱勢族群的社會中，女性被視為性愛客體、延續人類生命的生育者、家務、照顧的從事者，性、生育及照顧，將女性歸類為人類所任意取用之大自然的一部分，此多重客體的架構，便是使女性被物化，成為附屬者、性與生育之工具、第二性、二等公民的決定性因素。所以，建立「萬物平等共生的整體性」，打造「互相尊重、互為主客」的倫理架構，並尊重多元文化價值，才能從根本上改造社會，使之成為真正友善女人以及大自然的社會。

2.建構珍惜資源、共決互利、民主參與的政治實踐機制：「萬物平等共生的整體性」的另一個面向意義，是對於整體資源之有限性的體認。由於所有各方都必須互相尊重、互為主客，國家及人民對於各方需求必將具有高度的敏感，並對有限的資源產生「珍惜資源」的意識，經由「共決互利」及「民主參與」的政治實踐機制，達到資源最有效的運用。

3.實施二元分立、相輔相成之混合經濟體制：從女性觀點與女性需求觀之，「平等共生的整體性」是預設一種混合經濟體，對於托育、照顧等再生產面向實施福利化、公共化、非營利之社會經濟機能，與生產面向之自由化、市場化的經濟形成相輔相成之關係。

增進婦女權益保障與福祉向為婦女福利的重要工作，除努力統籌資源，結合人力、物力與財力以加強推展各相關業務，期能提供更完善的

福利服務與權益措施，以建立兩性平權與和諧的溫馨社會。

一、促進婦女平等權益

落實婦女政策綱領各項內涵，推動各相關保障婦女權益、性別主流化實施計畫、推廣性別平等意識、增進各項婦女福利。

二、減輕婦女家庭壓力

應由社會、企業等社會主體協助家庭共同照顧，同時政府應更積極擴大宣導兩性平權理念，讓更多婦女得以對自己的生涯或生活方式有更寬廣的選擇空間，減輕婦女為家庭照顧角色的壓力。

三、扶助弱勢單親婦女

為提升弱勢單親之社會經濟地位，提供均等的社會參與機會。希望透過包括補助學雜費的方式，以協助單親弱勢家庭繼續就學，進而能自立，避免落入貧窮，以提升其社會競爭力。

四、結合政府民間資源

婦女福利政策的推動須建構在政府與民間資源彼此配合的基礎上，運用民間團體資源，推動各項社區活動與志願服務工作，促進女性參與多元化、地方化與社區化的服務，加強婦女生涯規劃與發展概念。

五、擴大照顧外籍配偶

成立外籍配偶照顧輔導基金，提供遭逢離婚、喪偶、家暴等特殊境遇的外籍配偶，相關社會救助福利納入基金用途事項，以協助解決其因

戶籍問題所造成福利資源取得之障礙，成立外籍配偶家庭服務中心，結合資源以提供外籍配偶周延的服務。

雖然我國婦女處境近年來已有改善，但與「兩性牽手共治」的理想境界仍有距離，因此，除經由頒訂「婦女政策綱領」，以「兩性平等參與及共治共決」為基本理念，規劃七大基本原則：「兩性共治共決的政策參與」、「提升婦女勞動參與率、建立婦女經濟自主的勞動政策」、「降低婦女照顧負擔、協助婦女自立的福利政策」、「落實具性別平等意識、尊重多元文化之教育政策」、「建構健康優先、具性別意識醫學倫理的健康政策」、「創造一個無所顧慮的婦女人身安全環境」及「所有政策均應納入不同族群及弱勢婦女的需求」，以作為各機關未來擬訂及檢討年度措施計畫之參據，以為未來推動婦女權益工作之綱領，提升婦女權益工作之執行績效，擘劃國內婦女權益重要藍圖與方向。

結　語

我國憲法增修條文第9條第5項規定：「國家應維護婦女之人格尊嚴，保障婦女之人身安全，消除性別歧視，促進兩性地位之實質平等」，相關法規亦應配合憲法規定不得牴觸，使男女平等更為落實。近年來，在許多關心婦女權益團體的運作下，修訂了許多保障婦女應有權益的法令；1996年通過的「性侵害犯罪防治法」、1998年「家庭暴力防治法」、2002年「兩性工作平等法」、2004年「性別平等教育法」，以及至今仍一再修訂的「民法親屬編」，對婦女基本的人身安全及婚姻保障，有了一定的基礎，並維護婦女工作權。然而，在既有的成果下，我們應該聚集對婦女安全及權益應予重視的共識，讓婦女不只是在人身、婚姻、工作上獲得應有的保障，而是從最基本法律上權益的維護到觀念上對女性的真正尊重；如此一來，才能彰顯兩性的平等、平權的實質意義，而兩性共治的文明社會才能到來。因此，在完成各項兩性平等立法

後，並希冀政府能積極落實，以為對當前婦女安全、婦女權益等相關政策；當然，法律的保障是在法律落實的基礎上，兩性平等平權教育的再推廣及法令的加強宣導、相關法律執行層面上的再檢視，都是現行政府單位不應輕忽的環節，而這也是兩性平等法政策所應堅持的原則及揭櫫的理念。

隨著兩性平權的社會建立，亦將有助於我們對於弱勢者的關懷，對社會的重視，對環境品質的堅持，對社區民主的要求等，這些新興的領域，將會使整體社會改造運動添加更豐富而踏實的內容。兩性平等平權的概念，除了法律的保障，在更高的人性價值上，在基於對「人」的絕對尊重上，我們該讓所有社會成員生活在周延的作為和保障下；我們期許一個公允正義、兩性共治、平等平權社會的到來。

問題與討論

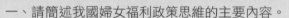

一、請簡述我國婦女福利政策思維的主要內容。

二、請說明我國婦女福利服務現況。

三、請說明「特殊境遇婦女家庭扶助條例」的主要內容。

四、請說明我國婦女福利服務發展的主要內容。

五、請說明我國於落實兩性平等平權的主要作為。

六、請說明我國現階段兩性平權面臨的挑戰為何。

七、請說明「性別平等教育法」的主要內容。

八、請說明我國憲法增修條文對婦權保障的主要內容。

Chapter 7

弱勢族群福利服務

前　言

壹、身心障礙福利政策與立法

貳、外籍配偶政策與相關作為

參、原住民福利的政策與立法

結　語

 前　言

　　生存權（living right）的「權利」（right）在西方政治哲學中，一般涉及三種不同的意義：第一，法律明文的保障；第二，合乎社會正義的需求；第三，評析社會正義的標準。而權利的本質也從過去的「道德權利」（normal right）發展成現在的「合法權利」（legal right），顯示社會對人性尊嚴的保障已愈加重視。而人權的內涵則以「生存權」為第一優先，意指個人的生命不容任何一個人（包括自己）予以剝奪，雖然人們對生存權的範圍仍有所爭議，例如自己剝奪自己的生命（自殺）是否侵害到生存權？但對人類生命尊重的認知，則已逐漸趨於一致，並且透過各種方法與社會制度來維繫人們的生存權。最明顯的例子，即是司法制度與社會福利制度，前者防止個人的生存權受到他人侵害；後者則是預防社會不義（injustice）或社會結構的缺陷，而致使人們喪失其所賴以為生的必要資源，因此，西方福利國家的道德基礎，乃至「福利權」（welfare right）的產生，都與生存權密切相關，同時也是缺一不可的。

　　近年來，伴隨全球化趨勢，對人類社會的生活方式和人際關係產生巨大影響，社會福利服務企圖緩衝因此而造成的負面效應，不但保障全民權益，更要捍衛弱勢族群的基本生存尊嚴。社會問題在長期以經濟發展為主軸的前提下，社會的發展受到衝擊。都市化所產生的社會疏離、文化規範薄弱、工業化及因移植外國文化篩選過程的大而不當，乃至於產生文化依賴而帶來認同矛盾，文化失調下的家庭失功能（dysfunction）或解組（disorganization）所衍生的問題等，都有待助人專業的社會工作者運用社會工作理論及策略，以從直接服務——與案主面對面共同解決其問題，至間接服務的層面——以相關社會福利政策輸送服務於相關案主群，重新形塑一個優質社會。

 壹、身心障礙福利政策與立法

　　為維護身心障礙者之合法權益及生活，保障公平參與社會之機會，因應身心障礙人數增長、個別性需求多元及國際潮流趨勢，1997年4月23日將「殘障福利法」修正為「身心障礙者保護法」，又於2007年7月11日將「身心障礙者保護法」修正為「身心障礙者權益保障法」（以下簡稱本法）。本次修正名稱係視身心障礙者為獨立自主的個體，參採「聯合國世界衛生組織」（WHO）頒布的國際健康功能與身心障礙分類系統，定義身心障礙者，俾因應身心障礙者確切之需求。強調以就業、教育機會的提升，增進身心障礙者的生活品質，不再偏重金錢補助，以積極的福利取代消極的救濟。

　　截至2007年底止，經鑑定依法領有身心障礙手冊人口數，已達1,020,760人，障礙類別計有16類，占總人口4.45%，其中肢體障礙者約占39.47%，聽障者約占10.66%，重要器官失去功能約占10.22%，慢性精神障礙者約占9.52%，智能障礙者約占9%，視障者約占5.32%，較2006年底成長39,745人。又由近年統計分析，每年均呈現成長趨勢，因而有愈來愈多的身心障礙者亟待扶助，協同跨越障礙，保障權益福祉，朝向保障經濟安全、托育養護服務、提供無障礙生活環境及促進社會參與等方向規劃。

一、經濟安全

(一)身心障礙者生活補助

　　政府為維護身心障礙者權益及保障其經濟生活，訂定「身心障礙者生活托育養護費用補助辦法」，對符合下列各款規定之身心障礙者，每月核發生活補助費3,000元至7,000元。家庭總收入平均未達當年度每人每月最低生活費用2.5倍，且未超過台灣地區平均每人每月消費支出1.5倍。

(二)社會保險保險費補助

對身心障礙者參加各項保險方案,如同:「全民健康保險」、「公教人員保險」、「勞工保險」、「農民健康保險」、「軍人保險及退休人員保險」等社會保險所須自行負擔的保險費,按照其障礙等級予以補助。

(三)財產信託制度

為使身心障礙者於其直系親屬或扶養者老邁時,仍受到應有照顧及保障,和增進身心障礙者、家長瞭解財產信託之意涵及可行方式,促進身心障礙者財產有效管理及保障生活權益,有關身心障礙者財產信託之規劃,是以政策誘因吸引民間金融業者規劃多樣理財方案,以利身心障礙者及其家屬選擇,保障身心障礙者得以於判斷力或理財能力不足時,有值得信賴之金融機構協助其理財,以有穩定的經濟來源。

(四)身心障礙者居家服務

居家服務各法定項目為:居家照顧、家務助理、友善訪視、電話問安、送餐到家、居家環境改善、其他相關之居家服務。

(五)身心障礙者社區照顧

社區照顧服務各法定項目為:復健服務、心理諮詢、日間照顧、臨時及短期照顧、餐飲服務、交通服務、休閒服務、親職教育、資訊提供、轉介服務、其他相關之社區服務。

(六)協助就業能力薄弱者

就業能力薄弱者(disadvantaged group)係指如殘障者因先天或後天身體障礙或智能不足,或中高齡者因技術脫節、年邁而就業條件、生理健康狀況不如一般勞動者,致常受歧視或處弱勢,不易經由一般就業

市場機能獲致工作，必須透過政府給予特別扶助，始能免於失業及經濟匱乏，協助其解決就業問題。對於具有工作能力的輕度先天殘障者，除輔導其接受正規教育外，宜輔導其就業或參加職業訓練；對因工作或其他事故而致殘障者，在協助其醫療復健後，宜給予職能評量（vocational evaluation）及職業重建（vocational rehabilitation）服務，使其仍具有一技之長，達成自立自主。此外，一定比例強制僱用措施，應有效推動，以促進殘障人力的運用。

二、機構式照顧

賡續補助身心障礙福利機構，截至2007年底止，台閩地區身心障礙福利機構已達254所，可收容數為20,593床，以發揮對身心障礙者的機構式照顧功能，其主要服務項目有：早期療育、日間托育、技藝陶冶、住宿養護及福利服務等。為因應機構提升服務之需要，每年亦編列經費，依據「內政部推展社會福利補助作業要點及其補助經費申請補助項目及基準」，補助機構採小型化、社區化興建（購置、修繕）建築物、充實設施設備、教養服務費、教養交通費補助等相關服務經費，促進身心障礙者利用之可近性與便利性。

三、慢性精神病患養護照顧

截至2007年底，台閩地區領有「慢性精神病患者身心障礙手冊」者計有97,127人，依據內政部2006年「身心障礙者生活及福利需求調查」報告資料顯示，須由機構收容安置之身心障礙者6.56%就養需求推估，約須有6,279個收容養護床位，目前國內除醫療機構提供慢性精神病患者醫療及復健服務外，社政單位部分計有台南縣私立康寧殘障教養院等10所身心障礙福利機構，提供第五類、第六類慢性精神病患者長期養護照顧安置，養護床位計有1,656床，可供安置照顧，以符合對慢性精神病患養

護。為滿足慢性精神病患者在地養護需求，推展社會福利補助項目及基準，持續針對興建慢性精神障礙者之身心障礙福利機構，提高補助標準至80%，並鼓勵民間單位規劃辦理。

四、輔具補助及資源服務整合

為促進身心障礙者輔具資源與服務整合，於2002年訂頒「身心障礙者輔具資源服務整合方案」。該方案以服務窗口、資源配置、資訊整合、技術開發、廠商輔導、產品驗證、人才培育等七項措施為要領，建構以失能者為核心之輔具服務體系、服務傳遞模式，便利失能者有效運用輔具之無障礙環境，促進研發資源與成果運用共享，達成身心障礙者輔具資源與服務整合目標。

五、推展個案管理服務

為使身心障礙者獲得最適當之輔導及安置，各縣（市）政府經由專業人員之評估，依身心障礙者實際需要，提供身心障礙者諮詢、社會支持、輔導、安置及轉介等服務。運用社會工作方法，並結合醫療、教育、職訓、福利等相關服務資源，協助面臨多重問題與需求之身心障礙者解決問題並滿足需求。

六、前瞻與展望

身心障礙福利政策之推展，亟需各級政府秉持公平、正義原則，顧及國家社會、經濟整體均衡發展，並依各類弱勢族群之真正需要，結合民間各界資源，提供最適當的服務。政府的施政作為，亦應能掌握社會脈動，因應民眾需求，因此身心障礙福利服務的推動，更應前瞻性、計畫性、步驟性的規劃建構完整的福利制度，提供完善的福利服務，讓民

眾福祉獲得照顧。今後當以不斷地專業提升促進福祉，朝向下列主要方向來努力：

(一)強化經濟安全制度

辦理生活、托育、養護及參加社會保險保費補助、重病醫療補助等經濟支持外，將因應身心障礙者權益保障法修正公布，持續檢討相關福利服務補助經費之規定；另再加強身心障礙者安養監護、推展財產信託制度及配合國民年金制度之規劃、實施，以保障障礙者經濟安全，改善生活品質。

(二)加強居家及社區照顧服務

1. 推展居家服務、日間照顧、臨時及短期照顧、輔具服務外，亦將對於各地方政府設置輔具資源中心規劃辦理訪視督導作業，以加強瞭解其運作情形，協助提升各縣市輔具資源中心服務品質。
2. 推展「身心障礙者社區日間照顧服務試辦計畫」，強化建構身心障礙者之社區日間照顧支持服務網絡，紓解其家庭照顧者壓力。
3. 推展「成年心智障礙者居住服務實驗計畫」，提供心智障礙者在尚有獨立居住能力及意願時，除接受安置教養機構照顧訓練外，能有獨立生活於社區之多元選擇。

(三)提升機構照護品質

因應身心障礙福利機構設施及人員配置標準修正，持續督促各地方政府加強機構輔導查核，並定期辦理機構評鑑，協助機構改善，提升照顧服務品質。另對有意願參與障礙者養護服務之財團法人，輔導朝向小型化、社區化設置發展，以確保服務品質，保障障礙者權益。

(四)加強培訓身心障礙者福利服務專業人員

賡續補助辦理各類身心障礙福利專業人員訓練、居家照顧、日間照

顧等支持服務相關教育訓練計畫,協助宣導推廣有關業務及提升照顧者知能外,並將推動身心障礙福利社會工作人員分科分級訓練計畫,以落實培養不同階段身心障礙社會工作人員專業能力。

(五)促進福利資源整合

規劃整體性的身心障礙福利資訊系統,推展身心障礙者彙報及通報系統,俾及時提供療育與服務,經由專業人員之評估,依身心障礙者實際需要提供服務,並建立個案資料庫及落實個案管理制度,以提供整體而持續之個別化專業服務;並持續促進各部會(衛政、教育、勞政等)政策整合機制,以加強身心障礙福利相關政策評估、方案規劃、協調聯繫等任務之落實執行。

(六)增進社會參與機會

為提升障礙者全面參與社會活動,除賡續補助民間團體積極規劃辦理各項休閒、育樂活動外,未來將依身心障礙者權益保障法第52條規定,督促各直轄市、縣(市)主管機關積極辦理身心障礙者休閒及文化活動,讓有才藝之障礙者得以充分展現,對相關文化活動也應予以公平參與之機會。

身障者是絕對的弱勢,在相關法律中,有「就業服務法」、「身心障礙者權益保障法」、「公務人員考試法」等等,都有促進身心障礙者的就業服務措施。社會價值的變遷,隨著社會對身障者的包容性已愈來愈高,也願意協助身障朋友,協助不是憐憫,而是給一個機會。讓社會大眾感受永續照顧弱勢、落實公平正義與維持社會安定之決心,期能達到「保障弱勢者生存、就業、健康、教育等基本權益,並提升其社會地位」之總目標。

貳、外籍配偶政策與相關作為

　　近十餘年來，台灣廣泛接納東南亞外籍配偶、大陸配偶、外籍勞工的結果，開始呈現出「新移民社會」的面貌，由此衍生的社會議題日益增多。台灣的外籍配偶和大陸配偶已有39萬人之多，新生兒當中每7個就有1個為外籍配偶所生。這些「新台灣之子」占台灣人口結構的比率只會日漸加重，他們的母親更是台灣家庭照護和勞動市場中的重要貢獻者。但是，台灣作為「婚姻輸入國」，很多民眾儼然仍抱有優勢姿態，甚或因過去新舊移民互動的不良經驗而產生歧視心理，外籍配偶在台灣成為弱勢族群，乃無可否認的事實。而大陸配偶受到兩岸人民關係條例的約束，待遇比外國人還不如甚多，既非外國配偶也非本國配偶；從結婚面談到身分取得，都備受差別待遇。這樣不友善的環境中，發生大陸配偶「離婚率偏高」和「對台灣認同度不高」的現象，寧非事出有因？這些都是在族群議題上需要認真看待的。當前台灣的社會現象，也與這些面向息息相關，政府的職責就是必須針對當前的社會問題，研擬具體的社會福利政策加以解決。

一、外籍配偶的現況

　　所謂的新移民主要係指來自大陸、港澳地區及東南亞國家的「外籍配偶」，截至2007年12月止，我國總計移入外籍配偶39萬6,000人，其中東南亞籍配偶約12萬1,000人（占32.3%）、大陸及港澳地區配偶約26萬3,000人（占65.5%）、其他國籍約1萬2,000人（占3.1%），從1998年到2007年12月止，已生育222,340個跨國婚姻子女。而與東南亞婦女通婚的男性教育程度多集中在國、高中，大都屬農工階層，這些外籍配偶所產生的問題，可以歸納如下（賴兩陽，2004）：

　　1.語言表達不佳，造成溝通障礙。

2.國籍歧視嚴重，形成衝突來源。

3.生活適應不良，婚姻穩定不夠。

4.人際關係欠佳，社會支持薄弱。

5.家庭暴力問題，隱忍離去兩難。

6.子女教養不易，影響未來發展。

　　為促使外籍配偶能融入社會，必須以「社會融合」（social inclusion）的觀點，以相應的福利措施加以因應，方能建構一個平等、多元、沒有歧視的社會。

二、積極落實新移民照顧輔導措施

　　為因應新移民配偶福利需求，政府已訂定「外籍與大陸配偶照顧輔導措施」，計有八大重點工作，包括生活適應輔導、醫療優生保健、保障就業權益、提升教育文化、協助子女教養、人身安全保護、健全法令制度、加強宣導族群平等與相互尊重觀念等。然而教育是轉變外籍配偶處境的最佳手段，對於外籍配偶所需要的教育，必須先行建構一個有利於學習的社會環境，也就是先行掃除參與學習的障礙，才能營造一個多元民主的台灣社會。眾多的實證研究，針對成人為何不能參與教育活動的原因做統整，得到三大因素，這些障礙對外籍配偶來說仍然相當明確：

(一)情境障礙

　　情境障礙（situational barriers）指的是在某一時間生活中所面臨的限制，如生活忙碌沒有時間。外籍配偶要照顧小孩，而小孩卻沒有地方安置。對貧窮人來說，交通不方便無法到達。費用超出家人所能或所願支出的範圍。家人限制外出，無法參與學習。

(二)制度障礙

制度障礙（institutional barriers）指的是政策上執行的限制，使得想參與活動的外籍配偶無法參加，如時間安排不當，像是安排在白天或集中排課，導致有工作者無法參加；課程缺乏實用性和趣味性，無法滿足外籍配偶的需求。活動未有足夠的宣傳，使得想參加的外籍配偶根本不知道有此種學習機會。

(三)心理障礙

心理障礙（dispositional barriers）指的是外籍配偶的態度和自我概念限制其參與，認為自己缺乏學習能力，對於學習不感興趣，以前有不愉快的學習經驗，深怕學習失敗會損及自己的形象，或在家人面前丟臉。

三、以多元文化教育觀點面對外籍配偶

落實使新移民能迅速融入我國社會，加強辦理職業訓練與輔導，保障新移民就業權益，協調相關社政機構，提供適時社會扶助措施，保障人身安全，強化新移民之自主性，以確實保障新移民之人權；另外，積極加強宣導社會抱持「和諧共存、文化學習」態度，以及「尊重包容」的胸襟，幫助新移民們順利在台灣落腳生根，讓新移民為台灣社會注入多元新文化。提德特等人（Tiedt & Tiedt, 1990）認為，多元文化教育的整體目的是世界和諧，使我們能夠和不同文化的人民共存於世界中。因此，教育必須補充民眾的文化經驗，提高民眾的文化素養，由認識自己的文化開始，激發強烈的價值感和自尊心，進而理解和尊重其他文化，並將其同情的理解延伸至其他國家。因為如果缺乏這樣的理解和移情，語言和價值觀不同的人，對我們將成為一種威脅。邊尼特（Bennett, 1990）也認為多元文化教育是基於民主價值和平等信念上的教學途徑，期望在文化多元的社會和相互依賴的世界中，促進文化多元觀的體現，

而非文化同化或文化融合。文化多元觀則容許弱勢族群保存自己的文化傳統，針對社會和諧，培育民眾學會相互尊重，落實「四海之內皆兄弟」的理念。在引導外籍配偶的教育，必須以多元文化教育的觀點，尊重各族群外籍配偶的文化傳統價值，求取社會和諧共存的目標。採取「文化相對論取向」，提供給外籍配偶更多的教育機會，讓他們能夠比較順暢地融入社會生活當中，避免成為社會的邊緣人。為推動外籍配偶的教育，可參考下列較為積極性的作法：

(一)以獎勵性的措施吸引

應建立外籍配偶的學習體系，讓外籍配偶能在最短的時間內適應文化及環境，而後，藉由教育學習體系之輔導及協助，培養對文化的認同，如此才能形成「日久他鄉是故鄉」的願景，尤為甚者，應是藉由教育體系的訓練能獲得作為母親的基本知能，讓未來的「台灣之子」有更好的成長環境。對參與教育活動的外籍配偶提供金錢與物質上的獎勵，是吸引外籍配偶參與教育活動的有效策略。

(二)以強制性的命令要求

新移民猶如一面鏡子，反映很多問題，而我們面對這些文化衝擊的問題，就要平等且慎重看待這些新移民。對於大陸移民和外籍勞工，也可以採強制性學習，以換取居留證的核准。如同強制新婚夫妻接受親職教育才准其辦理結婚登記一般，才能有效迫使這些外籍配偶的家人，協助外籍配偶接受教育。

(三)以輔助性的福利解難

外籍配偶的家庭多屬貧困家庭，需要外籍配偶勞動來賺取生活所需。如果能夠發給外籍配偶學習期間的生活費、提供學習期間的育兒補助和托兒服務、提供學習期間的交通服務或住宿安排等，都是讓外籍配偶得以免除生活顧慮，安心參與教育的重要輔助性措施，也是誘導外籍

配偶的家人，願意讓成員參與教育活動的重要吸引力。

(四)指定專人專責機構負責

要協助這群新移民能適應於社會當中，並且具備跨文化的能力，跨國婚姻移民教育的目標應著重在教育學習體系的完整與豐富。外籍配偶的教育一定要以福利服務的精神來辦，直接到外籍配偶的社區內辦理，以教育送上門、福利送到家的原則，才能真正落實外籍配偶的教育權利。

四、促進社會包容

對於外籍與大陸配偶衍生之各種家庭與社會問題，政府宜予重視並謀求因應對策，透過政府及民間資源的整合，提供生活適應、醫療、就業、教育、子女教養、保護照顧等多元照顧輔導措施，並以尊重多元文化社會價值為精神，提供必要協助，使外籍與大陸配偶與國人共創美滿婚姻生活，締結和諧社會。內政部自2004年起，成立外籍與大陸配偶照顧輔導基金，每年籌措3億元，十年籌措30億元，專門補助各級機關及民間團體辦理外籍配偶照顧輔導工作，以協助外籍配偶及其家庭早日適應融入台灣社會。政府自2003年即頒布實施推動外籍與大陸配偶照顧輔導措施，包括生活適應輔導、醫療優生保健、保障就業權益、提升教育文化、協助子女教養、人身安全保護、健全法令制度及落實觀念宣導等八大重點，56項具體措施，由中央12個部會及地方政府等相關機關積極推動辦理，並補助地方政府設置外籍配偶家庭服務中心及社區服務據點來推動。

在全球化及國際化衝擊下，跨國之人口遷移已成為普遍現象。近年來，我國隨著政治民主化、經濟自由化、社會多元化的持續改革，外籍與大陸配偶人數逐年遞增，雖然移民對我國的經濟發展、社會變遷、多元文化的促進多有貢獻，但也衍生違法停居留、假結婚來台、生活適

應及人口素質之疑慮，影響人口結構、社會秩序及國家競爭力，驅使社會必須正視移民政策的重要性，將移民輔導管理納入移民政策之一環。韓愈在〈原人〉一文中，明白寫道：「天者，日月星辰之主也；地者，草木山川之主也；人者，夷狄禽獸之主也。主而暴之，不得其為主之道矣。是故聖人一視而同仁，篤近而舉遠。」台灣作為大陸與外籍配偶的主人國家，是否具備韓愈所標榜的作為主人之道，正考驗著這一代台灣人的智慧，歷史將會為我們今天的一言一行留下定論。

 ## 參、原住民福利的政策與立法

所謂「族群」（ethnic group），根據學者王志弘的說法為：「最早是指共同祖先或血緣，在共同組成一個大社會裡的群體，主張或相信自己有某種血緣、體質、文化、意識、宗教、語言、風俗等共同特性，足以和其他人群之間建構有意義的區分。晚近和多元文化主義有關的族群分類方式，藉此進行我群和他人差異的識別，以便對社會資源與權力，進行有代表性的分配。」族群關係是一個複雜的議題，對事實真相的認知與相互尊重，是解決族群問題最重要的步驟。不同的社會如何面對族群的差異與維繫，以及共同生存在一個社會中，並以此背景為基礎，對族群關係的發展做一客觀的分析，進一步從多元文化的觀點，思考族群關係發展的願景。

目前我國官方所認定的原住民族，共計有：阿美族、泰雅族、排灣族、布農族、魯凱族、卑南族、鄒族、賽夏族、達悟族、邵族、噶瑪蘭族、太魯閣族、撒奇拉雅族等。依內政部統計處資料顯示，截至2006年底，我國原住民人口數約有47萬5,000人，占總人口之2.08%，其中平地原住民計有223,612人占47.08%，山地原住民有251,307人占52.92%，屬於台灣的少數民族。雖然原住民族為我國少數民族，但因其所居住的地理空間較為獨特，且具有特殊的社會文化，故當政府在加強制定社會福利

相關政策時，更應該將原住民族納入政策考量，為原住民族制定符合其需求的相關社會福利政策。族群認同涉及種族的概念，所謂的種族團體（racial group），依據社會達爾文主義的意涵：將人類當一種物種，而不同的種族群體（譬如以膚色分黑白黃褐等）就是此一物種的分支，並認為這是種族適應環境。種族（race）是一種將人分類的模式，以生理特徵（例如膚色、面貌特徵）為基礎來區分人類，而這些生理特徵被假定是來自基因遺傳。種族主義（racism）在意識型態與制度下的意涵是指實施種族主義（種族隔離或差別待遇）的國家內，主流支配下形成的人群分類等級。根據調查，有半數（49.4%）原住民家庭每人每月最低生活費低於貧窮線以下，也就是有將近8萬4,000戶的原住民家庭，可能是政府需要給予低收入補助的對象。

與原住民族社會福利相關法令為「原住民族基本法」與「原住民族工作權保障法」，茲將二法之相關重點分述如下：

一、原住民族基本法

該法於2005年2月5日公布施行，計35條，為保障原住民族基本權利，促進原住民族生存發展，建立共存共榮之族群關係特制定之。與社會福利相關重點整理如下：

1. 政府應寬列預算並督促公用事業機構，積極改善原住民族地區之交通運輸、郵政、電信、水利、觀光及其他公共工程。政府應策訂原住民族住宅政策，輔導原住民族建購或租用住宅，並積極推動部落更新計畫。

2. 政府應保障原住民族工作權，並針對原住民社會狀況及特性，提供職業訓練，輔導原住民取得專門職業資格及技術士證照，健全原住民就業服務網絡，保障其就業機會及工作權益，並獲公平之報酬與升遷。

3. 公共衛生及醫療政策。政府依原住民族特性，策訂原住民族公共衛

生及醫療政策，將原住民族地區納入全國醫療網，辦理原住民族健康照顧，建立完善之長期照護、緊急救護及後送體系，保障原住民健康及生命安全。

4.社會福利政策。政府應積極辦理原住民族社會福利事項，規劃建立原住民族社會安全體系，並特別保障原住民兒童、老人、婦女及身心障礙者之相關權益。原住民參加社會保險或使用醫療及福利資源無力負擔者，政府得予補助。

5.儲蓄互助及合作事業。政府應積極推行原住民族儲蓄互助及其他合作事業，輔導其經營管理，並得予以賦稅之優惠措施。

6.對於居住於原住民族地區外之原住民提供保障與協助。政府對於居住於原住民族地區外之原住民，應對其健康、安居、融資、就學、就養、就業、就醫及社會適應等事項給予保障與協助。

7.政府應依原住民族意願，本多元、平等、尊重之精神，保障原住民族教育之權利。

8.政府應保存與維護原住民族文化，並輔導文化產業及培育專業人才。政府對原住民族傳統之生物多樣性知識及智慧創作，應予保護，並促進其發展。

二、原住民族工作權保障法

該法於2001年10月31日公布施行，計7章26條，為促進原住民就業，保障其工作權及經濟生活，特制定之。其重點分述如下：

(一)比例進用原則

各級政府機關、公立學校及公營事業機構，除位於澎湖、金門、連江縣外，其僱用下列人員之總額，每滿一百人應有原住民一人。原住民地區之各級政府機關、公立學校及公營事業機構，其僱用下列人員之總額，應有三分之一以上為原住民。未達比例者應每月繳納代金，依差額

人數乘以每月基金工資計算。

(二)原住民合作社

　　政府應依原住民群體工作習性，輔導原住民設立各種性質之原住民合作社，以開發各項工作機會。政府對於原住民合作社，提供六年免繳所得稅及營業稅，各級政府應設置輔導小組並酌予補助其營運發展經費，同時定期辦理考核。

(三)公共工程及政府採購之保障

　　各級政府機關、公立學校及公營事業機構，辦理位於原住民地區未達政府採購法公告金額之採購，應由原住民個人、機構、法人或團體承包，但其無法承包者不在此限。依政府採購法得標之廠商，於國內員工總人數逾一百人者，應於履約期間僱用原住民，其人數不得低於總人數1%，未達比例者，應繳納代金。

(四)促進就業

　　中央主管機關應設置原住民就業促進委員會，規劃、研究、諮詢、協調、推動、促進原住民就業相關事宜，並定期辦理原住民就業狀況調查，依原住民各族群文化特色辦理技藝訓練，發展文化產業，開拓就業機會。各級主管機關應建立原住民人力資料庫及失業通報系統，以利推介原住民就業或參加職業訓練。同時，中央主管機關應於原住民族綜合發展基金項下設置就業基金，作為辦理促進原住民就業權益相關事項。

(五)職業訓練

　　中央勞工主管機關應依原住民就業需要，提供其參加各種職業訓練機會，訓練期間提供生活津貼之補助，對於原住民取得技術士證照者應予獎勵；其因非自願性失業致生活陷入困境者得申請臨時工作。

(六)勞資爭議

勞資權利事項與調整事項之爭議,勞方當事人有三分之一以上為原住民時,勞工主管機關及各級主管機關指派之調解委員3人應至少1人具有原住民身分者,仲裁委員3至5人,應至少1至2人具有原住民身分者。而各級主管機關對於原住民在工作職場發生就業歧視或勞資糾紛,應提供法律諮詢與律師及必要訴訟費。

針對族群議題,德國社會學家阿多諾(Theodor Wiesengrund Adorno, 1903-1969)出版了《權威人格》(*The Authoritarian Personality, 1950*),其中包括對種族偏見、民族主義和權威主義的研究。阿多諾認為,族群有人為建構性,是社會分類的一種,但並不代表可以任由個人意志操弄,族群建構必是個社會集體行動、集體意識逐漸建構、複製的過程。族群的知識架構一旦開始支配社會組織運作,族群身分經常對於個人形成如同與生俱來不可改變的意義(強調連續性和自然形成),個人也被社會的族群分類所歸類定位,形成強大的約束力。但是當歷史發生巨變,族群認同也會隨之發生危機和轉變,族群認同危機特別容易發生於受支配的少數族群身上,因其面對優勢文化的壓抑,被迫服從和遺忘自己的文化和過去。

 ## 結　語

在全球化的氛圍下,各種社會問題日益複雜,而對弱勢者的關懷與照顧,一直是政府施政的重要議題,相關部門持續致力推動關懷弱勢政策以落實社會公平正義。對於社會中下階層民眾的照顧,政府應扮演積極介入的角色,除了延續往年各項施政措施外,並針對過去較少被照顧到的「近貧」及「新貧」者,優先提供積極、立即、務實的協助。藉由提供相關服務,建構完善之社會安全網絡,保障弱勢民眾生存、就業、

健康、教育等權益，增進其社會競爭力及公平參與社會權利。

我國的社會福利走向，是以救濟津貼為主，以消極的金錢補助替代積極的推展方案，把弱勢族群者當作「特殊的個體」，忽略了他們該享有的「一般性福利」，也就是說沒有把社會權的觀念普及到弱勢族群者。弱勢族群者福利政策仍停留在社會救濟的階段，把弱勢族群者的工作權和一般勞工者的工作權視為兩種不同的層次。把弱勢族群勞工當作工作職場上的「特殊個體」，缺乏正視弱勢族群者勞工「工作平等」的社會權利。弱勢族群者的工作權應該如同所有人民的工作權一般，都是整個社會的責任，如果政府推動各政策或法案時沒有公平性社會權觀念，推展弱勢族群勞工福利會落入「特殊性」的觀念中，而非「一般性」的整合於整個勞工福利。今日我國的社會福利政策走向，應朝著資訊社會福利政策的方向，落實社會權的觀念為前提，利用科技技術或資訊技術，使得弱勢族群者在生活上或職業上有更好的生活品質和專業技術。

弱勢族群福利政策之推展，亟需各級政府秉持公平、正義原則，顧及國家社會、經濟整體均衡發展，並依各類弱勢族群之真正需要，提供最適當的服務。各項政策之落實執行，尤需社會各界配合政府措施，共同提供弱勢族群者有形、無形，生理、心理，硬體、軟體等兼籌並顧之無障礙生活環境，使能克竟事功。至盼我國的弱勢族群福利政策，在政府及社會大眾共同努力之下，以溫和與理性的態度，透過具體的關懷行動，秉持「權利非施捨、尊重非同情、接納非憐憫」的正確觀念，共同協助社會上每一位需要我們支持、鼓勵的成員及其家屬，在無歧視的環境中生活，擁有生命的尊嚴，獲得適當的扶助，並充分發揮其潛力。

我國正面臨社會變遷的轉型期，政府的施政作為，應掌握社會脈動，因應民眾需求，符合世界潮流與國情。因此，弱勢族群福利服務的推動，更應具前瞻性、計畫性、步驟性的規劃。建構完整的福利制度，提供完善的福利制度，讓民眾福祉獲得照顧，讓公平正義得以弘揚，以開拓二十一世紀福利服務的新紀元。

問題與討論

一、請説明生存權（living right）所涉及的意義及主要內容。

二、請説明我國身心障礙福利政策與立法的主要內容。

三、請説明何謂「就業能力薄弱者」（disadvantaged group），其
協助的方法為何。

四、請説明針對身心障礙者於加強居家及社區照顧服務的主要內
容。

五、請説明我國外籍配偶的現況及社會適應困難的情況為何。

六、請説明外籍配偶不能參與教育活動的原因。

七、請説明如何以多元文化教育觀點以服務外籍配偶。

八、請説明「原住民族基本法」的主要內容。

九、請説明「原住民族工作權保障法」的主要內容。

十、請説明弱勢族群福利政策之推展應有的原則。

Chapter 8

老人福利服務

前　言

壹、高齡人口的福利服務需求

貳、老人生活經濟保障的檢視

參、老人福利政策與工作重點

肆、老人福利服務前瞻與發展

結　語

前　言

　　依據行政院經建委員會進行的「台灣民國97年至145年人口推計統計」，65歲以上人口比率將自民國97年的10.4％，於民國107年增至14.7％後即快速上升，至民國145年增至37.5％。尤其75歲以上「老年人口」，將自民國97年的103萬人，至民國145年增至455萬人；其占65歲以上人口比率，則自43.1％增至59.7％。依聯合國定義，65歲以上人口比率達7％、14％、20％，分別代表進入「高齡化」、「高齡社會」、「超高齡社會」。台灣已於民國82年進入「高齡化」社會，經建會推估進入後兩階段的時間，分別在民國106年、114年，民國114年人口中將有五分之一是老人（行政院經建會，2008）。歐美國家自「高齡化」至「高齡社會」，期間長達五十至一百年；惟台灣僅需二十四年，高齡人口趨勢較先進國家過去發展情況更為明顯。影響所及，15至64歲工作年齡人口的扶養比，將自目前的7.0：1，也就是平均7個工作人口養1個高齡人口，至民國115年、民國145年，分別降至3.2：1、1.4：1。隨著人口結構變動，高齡人口迅速增加，不單影響到「老人數量」，還牽涉到「安養品質」的問題，其過程所伴隨而來的老人居住與生活照顧問題，將對家庭造成極大的衝擊，政府必須有因應的策略和措施來調節。

　　人口老齡化是人類社會發展的自然規律，當老年人口成為依賴人口群時，其生活、安養、醫療、照護、育樂等的需求，自然成為社會的重大議題。我國老年人口規模之大，老齡化速度之快，高齡人口之多，是世界人口發展史上所罕見的，必將給我國的經濟發展，特別是老年社會福利事業帶來深遠的影響。在人口老齡化的過程中，解決老年人的養老問題是最基本、最迫切的任務。我國的老年社會福利事業如何面對人口老齡化的挑戰，以建構足以符合老年人日益增長的福利服務需求，進而促進經濟與社會的協調發展，已經成為全社會關注的焦點問題。

壹、高齡人口的福利服務需求

　　面對高齡化的社會發展型態，老人福利政策必須從基礎性和發展性進行系統的規劃，以順應社群需求。老年社會福利事業可分為經濟保障和福利服務兩個方面，傳統農業社會中的老人安養是依靠家庭來提供，而工業化社會的養老方式主要是依靠社會保障體系和社會服務體系。社會保障制度是解決老年人經濟保障的方式，主要透過社會保險和財政撥款等方式保障經濟供給，如退休金、醫療保險等。而社會服務體系是提供生活保障的方法，如健康保健服務、生活照顧服務和教育休閒服務等。先進福利國家的老年社會福利服務體系，係由多種性質、多種類型和多種層次的服務網絡組成。隨著醫藥科技的進步，人類的壽命大大提高了，老人自65歲到他的人生盡頭，往往還有長達二十至三十年的光景，長壽是為了更幸福，如果人們活得愈長心理上卻愈痛苦，這豈不是一大諷刺？有些人視退休後的老人為「撤退人口」（disengagement population），並認為他們的工作是多餘的。但是專家評估表示，老年人仍然需要工作，主要理由包括經濟需求、自我實現、寂寞排遣、人際接觸、心理補償、老化延緩、自尊維護、精神寄託等。所以社會應把老人也當作一份社會的資源，不要因其漸老，就將之放棄或摒棄，而應積極地將老人組織起來，使此一資源得以投向生產。例如：有文教專長的老人可輔導其進入民間機構從事社會工作或文宣策劃；住在社區中的老人可向工廠包攬工作；另外也可以為老人舉辦職業訓練或成立老人人才中心，讓老人能尋求機會以充分發展潛能，過著具有生命尊嚴及彩霞滿天的晚年生活。

　　在政治變革的聲浪中，老人福利向來都是最熱門的話題，這不僅是因為老人人數的增加所造成的人口結構的轉變，使得人們預期將引發一連串的社會連鎖效應；另一理由則是老年人有投票的權利，每逢選舉就使得老人的議題備受重視。綜觀老人的福利議題，如敬老津貼、中

低收入戶生活津貼、老農津貼和老人年金等，顯然大部分老人福利過分著重於救助或是補助，而模糊了老人福利服務的本質。老人真正需要的是各式各樣的服務設施，而目前政府或民間所能提供的服務相當不足，例如實際提供食衣住行服務和老人問題諮詢的機構，就相當缺乏。此外，政府也應鼓勵民間以企業化的經營方式提供各式各樣的服務，供老人購買，使服務的類型更多元化。在工商社會裡，夫妻多為雙薪家庭，老人日間乏人照顧的問題日益凸顯，逐漸的使社區照護觀念受到重視，社區照護的落實必須和其他福利措施相結合，才能發揮福利的功能。換句話說，一個老人從「完全健康、獨立」到「完全依賴他人照顧」，必須有一個完整的、連續性照顧的概念，使服務完整化而非零碎化、切割化，這個「連續性照顧體系」可分為四大類：第一，居家服務；第二，協助生活；第三，社區服務；第四，機構服務。在政府積極建構老人福利制度的基礎上，加強社區照護體系，使老人獲得親屬、鄰居與朋友的守望相助而在家安養，是有必要的。究此，政府宜透過各種獎助及委託辦法，開辦老人社區照顧、營養午餐、老人住宅及保護網絡等服務，發揮社區照護功能，使老人能在家庭、社區當中頤養天年，實屬必要的作法。

　　為順應台灣社會急速高齡化和少子化，建立多元性老人福利政策有其必要性，老人福利政策之規劃要滿足不同社經地位和健康狀況及老人本身生涯規劃的需求，對於那些高社經地位以及本身生涯規劃十分良好的老人，老人社會福利政策亦可以走向投資性的，甚至於是營利性的，一種高經營價值的老人安養、療養和醫療體系的老人福利政策，使老人成為高經濟價值的產業，就像在美國佛羅里達州以其地理和氣候因素成為美國高社經地位老人退休聖地，州政府以其老人產業和老人安養、療養、醫療設施，以及周全的醫療照顧和退休生涯規劃，使佛州高比率之老人人口，不僅不是州政府的財政負擔，反而是一種高經濟價值的投資。這種多元化老人福利體制的建立，對於滿足不同老人的需求，有實質上的價值。老人福利工作並非只靠政府部門就可以做好，例如健康照

護問題，需要衛生醫療單位的配合；日間托老的服務接送，需要交通單位的支援；老人的保護工作，需要司法單位介入；居住安全則需住宅建築的調整……唯有各部門之間相互協調整合，才能發揮整體性的最大效果。老人的安養並不限於身體的照護，老人心理的發展與尊嚴的維護更不容忽視，因此老年人力的運用也有助於老人對自我價值的肯定。

貳、老人生活經濟保障的檢視

一、知識社會的風險

　　知識社會帶來生產技術的進步與機械化自動生產，加速生產過程中淘汰年老的勞工，使老人易喪失其主要所得來源。在以第一級產業（農林漁牧業）為主的社會裡，老人不僅擁有生產技能，也擁有生產工具，具有支配經濟生活的權力，同時農業社會退休年齡或退休型態的界定並不很明確，使得退休制度不易推動。可是，在以第二級產業（製造業）為主的社會裡，老人逐漸喪失生產技能和生產工具，個人支配經濟生活的能力漸受剝奪。在以第三級產業（服務業及知識產業）為主的社會裡，大多數的老人會完全喪失生產技能和生產工具，並使經濟生活的獨立自主性連帶喪失。目前，我國從事第三級產業的人口比率已超過50%，正朝向高科技資訊化社會邁進。這種輸贏立判（winner takes all）的產業結構的改變，已對中高齡乃至老年經濟人口之勞動參與和經濟生活保障，構成了巨大的影響，預期未來此一影響勢將愈趨強烈，老人經濟保障網的建構也愈趨重要。同時，工業革命的結果加快了經濟的成長與繁榮，進而提高整體社會消費能力與水準。當人們的生活改善時，則往往傾向於老年時亦能夠維持既定的生活。因此，富裕的社會往往伴隨著經濟安全的強烈需求。就此而言，歐洲早期「老人年金」制度的產生，乃屬於結構性與功能性歷史演進過程，而非意識型態的主導結果。

二、家庭變遷的風險

　　農業社會養兒防老的觀念，在知識經濟社會已逐漸被自力更生的觀念所取代。工業化和都市化的結果，使年輕人口集中於都市，而使老年人口留在鄉村。於是，在都市裡形成了核心家庭，而在鄉村裡形成了老人家庭。另一方面，核心家庭一旦開始分化，就會形成一個老人家庭和數個核心家庭。如此循環演變的結果，三代同堂的傳統家庭，將逐漸為老人家庭和核心家庭所取代。另外，根據預估，生育率的持續降低，老人平均子女數也將由目前的3人以上，下降至1920、1930年代的2人以下。雖然退休老人的生活費用，不完全都由子女或勞動人口來負擔。但據歷年來老人生活狀況調查顯示，老人之主要生活費用來源，約有六成的比例乃來自子女。隨著未來平均子女數的下降，老人所擁有的子女數將減少。其子女無法像以往老人的子女一樣，聚合兄弟姊妹之力以提供適足的經濟來源。家庭內資源移轉能力趨於薄弱，致使退休經濟風險相對提升。同時，我們從總體面檢視，生產者與退休者的比例。從1995年的7.9將降至2025年的3.3，顯示整體社會之扶養能力亦大幅衰退。在這種趨勢影響下，政府必須為未來之老人於年輕時未雨綢繆，預為老年後之經濟保障規劃。

三、資源配置的風險

　　由於生活水準與醫療技術的不斷提升，退休後老人的平均壽命也不斷延長。台灣地區1951年，男性零歲時的平均餘命為53.1歲，女性為57.3歲；至2007年，男性零歲時的平均餘命為73.9歲，女性為78.8歲。平均壽命的延長，不僅意味著大多數的人可以活得更久，但平均餘命的延長，將導致退休後時期的增長及相對風險的提高，人們勢必在勞動期間積蓄更多的資產，或者以年金的確定給付領取方式，以因應年老後生活的費用，否則平均餘命的延長，將帶給老人更大的經濟風險與壓力，同時老

年人對抗風險（所得變動）的能力弱於年輕人。由於年輕時面對所得發生不可預測的變動（風險），有較長的時間緩衝調整，而老年人則否。就此而言，經濟生活的保障對老年人顯得非常重要。

四、購買能力的風險

經濟高度成長的結果，締造了一個高所得、高物價的社會，人們獲得了高額的薪資，卻也必須支付昂貴的物價。在一個通貨膨脹快速的社會裡，第一種受害者是沒有所得的人，第二種是只有少額所得的人，第三種是有固定所得的人。除了少數經營事業、從事高薪資勞動或仰賴資產收入者的老人外，大部分的退休老人分屬於受害的三種類型。換言之，有些是孤苦無依，有些是低薪勞動，有些是靠領取一次給付者或退休金利息生活的人，屬於市場經濟下的受害者。這些老人在快速通貨膨脹下，幾無招架之力，只有無奈的忍受高物價的侵蝕。如果沒有將一部分風險，經由社會化處理轉移政府或社會承擔；或是其他制度化之年金給付（確定給付）措施，這些老人之經濟風險將難以降低。

五、資本市場的風險

雖然我們都知道將來會老，因此事先都會有所儲蓄，惟由於個人實際壽命的長短沒有人能夠事先知道，因此對於未來仍然充滿不確定因素。一般而言，老年時期消費水準往往小於其財富總額，平均約保留三分之一左右財富存量。國民年金制度的推動，將可提高退休者的消費水準。傳統上，養老資源往往是透過家庭移轉（所謂養兒防老），卻面對著極高風險與不確定性。近年來，資本市場的蓬勃發展，尤其是金融市場與年金市場的興起，使得資源在不同時間點配置的移動，不但容易而且有效率。就此而言，現今政府規劃國民年金保險的環境，遠較傳統農業社會時代成熟。由於外在整體經濟環境變遷，以及資本市場的複雜交

易過程，使得個人不容易判斷及選擇適當的理財規劃。交易成本限制了個人的自我安排能力。同時，逆選擇問題產生的現象是健康狀況較差的人，往往不會參加年金市場（private annuity market）的保險。此種缺乏風險分攤的機制，降低私人年金市場資源配置效率。就此而言，由政府辦理公共年金保險制度，就時空環境而言，有其必要性與合理性。

六、保障體系的強化

國民年金的規劃及實施是有鑑於原台灣25至64歲之民眾，仍然約有300萬人未有任何老年經濟安全的制度保障。同時，即使目前獲得公教人員保險、軍人保險，以及勞工保險的民眾，亦存在著保障體系的不周全以及不公平等問題。例如公、軍、勞保不同體系之間的轉換，年資無法銜接，造成老年給付偏低，同時由於給付性質為一次給付，若運用不當亦產生經濟生活安全的問題。至於65歲以上之民眾，雖然部分享有各種津貼的給付（例如中低收入老人生活津貼、老農津貼等）或其他保險給付，而同時亦存在著部分民眾卻無任何的生活津貼領取。此種制度上結構性的不公平現象，勢必由國民年金的推動加以補強。以為老年人能獲得基本的、有尊嚴的經濟生活保障。

參、老人福利政策與工作重點

避免世界主要工業化國家大量發展機構服務所導致之過度機構化之缺點，降低照護成本，讓有照護需求的民眾能延長留在家庭與社區中的時間，保有尊嚴而獨立自主的生活。國內學者依經濟合作暨發展組織（OECD）國家的經驗為例，提出「在地老化」（aging in place）為我國長期照顧政策發展之目標（詹火生、林青璇，2002）。未來的發展應以強化社區中的居家支持服務為主，結合社區中長期照護服務與醫療服

務資源，提供有需要的老人及其家庭具整合且持續性的照顧服務，儘量做到在老人居住的地區，就地提供其所需要的一切服務（林清馦，2003）。從國際經驗可知，世界主要國家的老人照護政策，均以在地老化為原則，認為老人應在其生活的社區中自然老化，以維持老人自主、自尊、隱私的生活品質（吳淑瓊，2001）。因此不論國家資源發展、服務提供、組織管理、財務支持等策略，多支持社區長期照護體系的建構，希望以「在地」的服務滿足「在地」人的照顧需求，儘可能延長他們留住社區的時間。因此，我國的老人長期照護政策應全面朝「在地老化」目標發展，需要努力的方向包含：評估地區長期照護需求，設定發展目標；發展多元的「在地」服務，服務當地民眾；連結資源建構社區照顧網絡，提升服務效益；提供居家服務，降低對機構式服務的依賴；建構社區式長期照護體系之發展。

　　就在地老化原則所需的服務其努力方向如下：

一、在地老化理念法制化

　　2004年2月13日行政院核定之社會福利政策綱領，即明訂「落實在地服務」，強調兒少、身障及老人均以在家庭中受到照顧與保護為優先原則，機構式的照顧乃是補救措施；各項服務之提供應以在地化、社區化、人性化、切合被服務者之個別需求為原則。此外，應積極維護老人尊嚴與自主，形塑友善老人的生活環境；以居家式服務和社區式服務，再輔以機構式服務。落實在地老化政策，應是老人福利政策的新導向，也是順應高齡化社會主軸性的老人福利政策。所謂在地老化就是讓老人在家庭中或社區中老化，一般不必在成為老人後，為接受照顧必須離開老人原本熟悉的家庭，原本能夠順應的社區，而遷移到另外一個社區或是機構接受照顧，這種面對年老的衝擊還要重新適應新的生活、新的環境、新的朋友，以及與過去熟悉的親友們隔離，應是一件十分痛苦之事，在地老化的老人福利政策，更為人性化。當然在地老化的老人

福利政策，也正足以舒緩因為大量老人機構式安養、療養和醫療體系，不僅需要有昂貴的硬體設施的投資，也需要有大量專業人力資源的軟體設施，而成為政府財政的重大負擔。在地老化的老人福利政策的新導向，有其實質需求的必要性。為增強家庭照顧老人之意願及能力，提升老人在社區生活之自主性，政府應結合民間資源提供下列社區式服務：保健服務、醫護服務、復健服務、輔具服務、心理諮商服務、日間照顧服務、餐飲服務、教育服務、法律服務、交通服務、退休準備服務、休閒服務、資訊提供及轉介服務、其他相關之社區式服務。以強調全人照顧、在地老化、多元連續服務為政策導向，讓民眾不同的需要可獲得滿足。

二、建立完整的照顧體系

因應老人的多元需求，政府結合民間建構居家、社區、機構式的照顧服務模式。高齡化社會中，老人可能因失能狀況的不同，產生的需求往往不是單一的醫療或是社會福利服務提供單位可滿足，故在家庭、社區、機構之間進出。如何使長期照顧服務需求者獲得有效的服務連結，確保服務的連續性，實與提供長期照顧各類型服務等同重要。此外，可依據案主需求進行轉介，由非正式的照顧資源適當的連結至正式照顧資源，建立連續性之照顧體系；如志工經由定期與老人互動，或透過身心機能檢測，於第一時間發現長者之變化與需求，隨即可就近處理或聯繫家屬，遇有較複雜之個案可轉介至長期照顧管理中心、社會局等相關單位，減少家屬選擇使用不同類別照顧資源上之障礙。

三、推動社區的照顧據點

在地老化政策的主要精神，在於服務輸送的近便性。現行雖已有居家、社區及機構式等服務提供，並設置長期照顧管理中心、居家服務

支援中心、老人福利服務中心等服務窗口，惟考量人口老化速度急遽，現行之服務窗口普及性仍有不足，民眾使用之可近性仍不高；再者，初級預防照顧服務仍較為缺乏。依據危芉芝（2002）研究指出，老人年歲增長將伴隨著身體機能的退化，對健康維護之需求自然較高，當今醫學界和社會學界都提出了「健康老齡化」的口號，讓老人可以長壽且健康的度過老年期。建立服務輸送體系之可近性，開發照顧資源，積極推動「建立社區照顧關懷據點實施計畫」。社區照顧關懷據點係以社區營造及社區參與為基本精神，提供初級預防照顧服務。據點服務內涵包括關懷訪視、電話問安諮詢及轉介服務、餐飲服務、健康促進活動，對於偏遠地區或資源缺乏地區，可透過社區照顧服務人力培育過程共同參與。期待經由社區營造及社區參與精神，發展出社區生活特色及長期照顧社區化之預防功能，建立社區照顧支持系統。透過在地化之社區照顧，將可使失能老人留在社區生活，延緩老化及進入機構的時間，同時減輕家庭照顧者負擔，預防長期照顧問題惡化，營造健康、福利、互助的溫暖社區。藉著普及性的據點設置，提供老人家一個熟悉、方便到達且溫暖有人情味的活動場所，不管是藉由志工外出關懷訪視或電話問安，透過餐飲服務或常態性的健康促進活動，均可增進老人與社區互動的機會，真正落實由在地人提供在地服務的目標。

今日的工業社會中，由於經濟的發展，導致生產規模、生活方式、家庭組織、生存機會的改變，尤其在醫藥衛生與保健方面的進步與發展，不但使死亡率降低，也使平均壽命提高，而且降低出生率，使兒童等低年齡層的人口，占全人口的比率逐漸下降，使老人在全人口的比例中相對提高，造成人口結構急速老化的現象。老人福利工作並非只靠政府部門就可以做好，例如健康照護問題需要衛生醫療單位的配合，日間托老的服務接送需要交通單位的支援，老人的保護工作需要司法單位介入，居住安全則需住宅建築的調整……等，唯有各部門之間相互協調整合，才能發揮整體性的最大效果。老人的安養並不限於身體的照護，老人心理的發展與尊嚴的維護更不容忽視，因此老年人力的運用也有助於

老人對自我價值的肯定。

肆、老人福利服務前瞻與發展

　　快速高齡化社會已實質衝擊到台灣的老人福利政策，政府不但仍應扮演老人福利政策主導的角色，並結合民間資源，以更多元化老人福利政策，來滿足不同社經地位老人的實質需求，並以更周延地規劃基礎性和發展性老人福利政策，以確保整體國民之生存權，並建立多元老人福利體制，以在地老化的策略，使老人在家庭和在社區中老化，維護其尊嚴以及獨立自主的生活。並透過家庭政策健全家庭功能，透過社區發展策略健全社區功能，使老人在家庭和社區中老化，但是經濟力較低的低收入和中低收入老人，則必須有政府公權力介入，以公費的方式有效解決此一類型老人的生存權和健康權。

　　政府可以透過立法或是針對老人需要長期照顧的前瞻發展，充分結合人壽保險「活得愈久，領得愈多」的基本理念，促成人壽保險體系與老人社區、老人住宅和老人安養、療養、醫療體系相結合，使更多老人透過長期照顧保險體制的協助，做好本身生涯規劃，這種積極經營老人福利政策之規劃，實有賴於政府的推動和政策的支持，以及企業界、職場、人壽保險業者共同的支持和發展。日本針對老人推動長期照顧的法律制度，亦可作為政府規劃積極性、發展性、投資性老人福利政策之參考。

一、立法規範

　　「老人福利法」係1980年公布實施，最近於2007年1月12日修正通過，計7章55條，該法重點分述如下：

1.明訂主管機關與目的事業主管機關；中央與地方政府的權責，遴用專業人員，加強服務。

2.提供原住民老人服務及照顧者，應優先遴用原住民或熟諳原住民文化之人。

3.主管機關應邀集老人代表、專家學者、民間相關機構團體代表及各目的事業主管機關代表參與老人福利業務。

4.加強老人經濟安全保障措施。

5.對於心神喪失或精神耗弱老人，主管機關得向法院聲請禁治產宣告，維護老人財產。

6.主管機關應鼓勵老人將其財產信託，以保護其財產安全。

7.對於有必要接受長期照顧服務之老人，應依其失能程度與家庭經濟狀況提供經費補助。

8.應依全人照顧、在地老化及多元連續服務原則規劃辦理老人照顧服務措施，並促進其社會參與。

9.針對老人需求，提供居家式、社區式或機構式服務。

10.為辦理老人輔具評估、諮詢及資訊，並協助其取得生活輔具，獎勵研發各項輔具、用品及生活設施設備。

11.鼓勵民間製播老人相關廣電節目，研發學習教材，提供社會教育學習活動及退休準備教育。推動老人休閒、體育活動，鼓勵老人參與志願服務，以充實老人生活，促進社會適應。

12.訂定雇主對於老人員工不得就業歧視規定，以維護在職場服務老人之權益。

13.協助失能老人之家庭照顧者，提供其訓練研習、喘息服務、資訊、諮商、協助支援等服務。

14.推動適合老人安居之住宅，並協助中低收入老人修繕住屋或提供租屋補助。

15.加強老人福利機構管理，保障入住機構老人權益。

16.老人福利機構類型為長期照顧機構、安養機構及其他等三種類

型，各類型機構可單獨或綜合辦理。

17.結合警政、衛生、民政、社政及民間力量建立老人保護體系，定期召開老人保護聯繫會報。訂定相關人員知悉老人受虐、遺棄、疏忽或生命、身體有危難時應通報主管機關之責任。

18.增加依法令或契約有扶養照顧義務者，留置老人於機構後置之不理，經通知限期處理不處理者，課以罰緩，公告姓名，涉及刑責者，移送司法機關交辦。

二、服務現況

隨著高齡化社會的來臨，引發出新的需求與問題，為此，在老人福利的政策立法方面，針對不同需求規劃各面向的福利服務。目前以經濟安全、健康維護、生活照顧為主軸。此外，亦分別推動老人保護、心理及社會適應、教育及休閒的相關福利措施。茲說明如下：

(一)經濟安全

老年人是較易受貧窮威脅，因此對於老年人口的經濟安全需求，目前提供的保障制度，依據「老人福利法」規定：「老人經濟生活保障，採生活津貼、特別照顧津貼、年金保險制度方式，逐步規劃實施。」有社會救助、社會保險、社會津貼、退休保險給付等方式。其內容為：

1.中低收入老人生活津貼：為保障中低收入老人的基本生活，針對65歲以上，生活困苦無依或子女無力扶養之老人，並且未接受政府收容安置者，直接提供每月3,000元至6,000元津貼。

2.中低收入老人特別照顧津貼：特別照顧津貼，指對於罹患長期慢性病且生活自理能力缺損，需專人照顧之中低收入戶老人所給予之津貼，每月發給5,000元。

3.敬老福利生活津貼：為落實加強照顧老人生活之政策方向，協助維

持經濟弱勢老人之生活安全，衡量國家財政負擔並基於國民年金尚未實施，發放敬老福利生活津貼，每月3,000元。

(二)健康維護

為了維持老人的身體健康，以符合保健的需求，各項措施有：

1. 老人預防保健服務：依據「老人福利法」規定：「老人得依意願接受地方主管機關定期舉辦之老人健康檢查及提供之保健服務。前項健康檢查及保健服務之項目及方式，由中央主管機關會同中央衛生主管機關定之。」依此規定，各縣市政府配合全民健康保險成人預防保健服務項目辦理老人健康檢查。

2. 中低收入老人重病住院看護補助：為使居住在機構內老人或一般老人因重病住院無專人看護期間，能獲得妥善照顧並減輕其經濟負擔，特別提供補助。低收入戶老人每人每日補助1,800元，每年最高補助216,000元，中低收入老人每人每日補助900元，每年最高補助108,000元。

(三)生活照顧

老人生活之長期照顧及安養問題，是近幾年非常受到大家關注的問題，在福利措施的推動上，亦有多種形式出現。在「社區化」、「在地老化」的推動上，老年生活照顧的方式，即分成居家照顧、社區照顧、機構式照顧此三種方式。

1. 居家照顧：為因應居家安養的需求，減低家庭的負擔，針對中低收入失能老人提供居家服務，居家服務補助的標準依失能程度分別有：輕度失能者、中重度失能者、極重度失能者。

2. 社區照顧：

   (1)日間照顧：提供沒有接受居家照顧或機構安養之獨居老人，在社區中設立日間照顧中心，以紓解家庭照顧者的負擔，並增進

老人參與社會的機會。

(2)營養餐飲：由於個人生活自理能力隨著年紀增長或健康影響而退化，對於營養的需求更須注意，並且減少生活中為了餐食所造成之危險及不便。因此提供有此需求之老人營養餐食之服務，以兩個方式供應，一為行動自如之老人，選定適當地點提供餐飲集中用餐；一為行動困難者則以送餐到家的方式供應。

(3)社區照顧關懷據點：社區照顧關懷據點之設置，由社區民眾擔任志工，提供關懷訪視、電話問安諮詢及轉介服務、餐飲服務、辦理健康促進活動等，透過社區照顧的模式，使老人留在熟悉的社區中生活，發揮社區自助互助照顧功能。

3.機構式照顧：老人福利法規定當老人家有虐待遺棄等事實時，主管機關及老人福利機構得依職權並徵得老人同意或依老人之申請，予以短期保護與安置。另外，老人因日常生活活動能力的喪失，以致無法自理生活，需要提供機構式的長期照護，給予全天候的養護照顧。隨著社會發展結構的改變，機構式的照顧，形成另一種照顧的類型，以補充現代社會中缺少的家庭照顧功能。

(四)教育與休閒

1.辦理長青學苑：為使老人有較多機會參與社會，避免受到社會排擠，並且在社會中保有一定的角色，提升老人精神生活，提供具有益智性、教育性、運動性、才藝性等課程活動。

2.設置老人文康活動中心：提供具有正向教育、休閒、康樂、文藝、技藝進修及聯誼活動，推動老人福利服務工作，鼓勵老人擔任志願服務人員參與社會，貢獻其寶貴之經驗與智慧，傳承具有文化價值之技藝，並有效運用老人的人力資源。

3.推動老人休閒育樂活動：鼓勵老人參與社會，並且落實各項老人教育與休閒育樂之福利服務，以充實老人的精神生活。鼓勵老人參與各項教育研習活動、社會服務活動以充實生活，並於老人參與戶外

活動的同時，提供交通工具、育樂場所、文教機構等費用的減免與優待，弘揚敬老美德。

三、未來發展

(一)建構長期照顧體系

我國長期照顧十年計畫規劃有需求之民眾經各縣市長期照顧管理中心綜合評估後，將依核定結果連結相關資源提供正式服務。長期照顧問題須有長遠之規劃，應有一套完整且具有連續性之體系，提供給老人一個舒適的長期照顧環境。

(二)建立居家服務及家庭支持資源體系

「居家安養」是較符合我國民情之老人安養模式，亦是大多數老人所認為較佳的養老方式，因此，政府應尊重老人意見，協助規劃建立居家服務及家庭支持資源體系，解決目前家庭照顧人力不足、經濟壓力沉重、缺乏照顧技能等問題，提供家庭擁有足夠的支持網絡，使逐漸退化的家庭奉養功能再度發揮。

(三)提升養護機構品質與安全

目前台灣安養護機構林立，各機構品質參差不齊，甚至有部分機構為未立案機構，故宜儘速積極介入輔導，協助機構提升服務品質，以及建構安全環境讓老人得以有尊嚴的安享晚年。

面對老人安養與照護需求，宜本諸「照顧」的精神，照顧指的是「關照愛護」，與「照料」有些不同。照料多半是對事業，照顧主要是對人，重點是看顧、關心、顧念，是愛心的具體表現。在英文中，照顧（care）比治療（cure）的範圍要大，是全面地協助。國際間有專門以CARE為名的大型非營利組織，在美國、英國、日本、荷蘭等地都有組織，這個創立

於1945年的機構，從事對全世界超過60個國家中有需要者的具體幫助，該機構所製作的「我們在乎組合服務」（we care package），每一天都在世界各地對各種老弱殘貧給予協助。正如CARE組織原本的意義，「團結起來，為了協助，也為了減輕人們的痛苦」（Cooperative for assistance and relief everywhere.），是「照顧」的工作，也是團結許多人，以具體的行動幫助有需要的人，而且是針對著附近的人多些協助。我們也可以藉由CARE的字首進一步認識照顧的精神和內涵，包括：

C：creative communication，創造性的溝通，專業服務人員各自以專業針對他人的需求提供建設性的意見。

A：atmosphere，良好的氣氛，使服務者在和善的環境中推動工作。

R：appreciation for all，感謝所有參與服務的人，也感謝被服務者的配合。

E：empathy，同理心，傾聽他人的心聲，以心來互動而不只以腦討論。

「老人在地照顧」即是運用社區工作的理念達成對老人服務的目標，社區英文是community，字首co的意思就是共同、靠近、相近，是人人都需要的；照顧的英文字也是c開頭的，也有靠近的意思。由於社區是人們生活的地方，大家在此生活、休閒、交友，分享人與人之間的關係，社區是人們安身立命的地方，是最人性的地方，是居民共同的「根」。社區照顧就是「與生活結合」，又是「扎根在自己土地上」的服務，是很人性的，是屬於家庭的，是期盼人們共同投入的，獲得所需要的幫助，如此方能修正機構照顧的不足，提升老人照護服務的品質。

 結　語

由於人口老化（demographic ageing）、全球化（globalization

processes），以及傳統家庭結構（traditional family structures）的劇烈變遷等因素的影響，現有的各種社會安全制度，勢將在未來長壽社會（long life society）中遭遇到更大的挑戰。而所謂高齡化社會的來臨，係意味著高齡人口占總人口數的比例大幅增加，同時也代表著勞動人口扶養老年依賴人口的負擔更加沉重，其所造成的危機，除了醫療需求急遽增加之外，還包括平均餘命的不斷延長、新的生活方式與家庭關係的重組，以及工作與休閒時間均衡協調等問題。因此，對於傳統社會福利的功能而言，顯然目前的各種老年經濟安全保障政策與老人安（療）養政策等，不僅已面臨了新的挑戰，同時也是必須進行改革的新契機。

現代國家無不積極以提高國民生活水準，促進國民生活幸福為主要目的，一般學者將之稱為「福利國家」。並認為透過社會福利制度的實施，不僅能解決人類所面臨的貧、愚、懶、髒、病等問題，同時也能有效達到社會安全、增進福祉的功能。因此，今天各先進國家均以福利政策為施政重心，更在憲法中規定福利綱目，用以保障民眾的權益。而政府的角色亦由「權力國家」的觀念，轉為「福利國家」。老人的生活應不是意味著孤單、失落、悲傷或被忽略、被遺棄，即使是完全癱瘓、無意識的老人，都應享有「被愛」與「被尊重」的生活。當我們社會中的老人安養與照護問題日益受到重視之際，健全的老人政策亦將是推動社會福利工作的具體體現；就此，政府不僅應保障老人經濟安全、醫療保健、住所、就業、社會參與、持續性照顧等權益，更重要的是，所有的服務要能維持個人的自立、增進社會參與、促進自我實現、獲得公平對待和維護尊嚴，以達社會福利的目標。

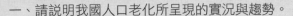

問題與討論

一、請說明我國人口老化所呈現的實況與趨勢。

二、請說明老年人仍然需要工作的主要原因。

三、請說明老人從「完全健康、獨立」到「完全依賴他人照顧」，
其協助的方法為何。

四、請說明老人生活經濟保障的主要作為內容。

五、請說明在地老化原則所需的服務及努力方向。

六、請說明推動社區的老人照顧據點的原因。

七、請說明「老人福利法」的主要內容。

八、請說明如何藉由老人福利服務的加強以增進老人福利。

九、請說明建構長期照顧體系對老人福利服務的重要性。

十、請說明因應高齡化社會的來臨社會福利政策之推展應有的原
則。

Chapter 9

社會救助與社會福利

前　言

壹、社會救助的意涵

貳、社會救助的特質

參、社會救助法的內涵

肆、社會救助的現況

伍、社會救助的發展

結　語

 前　言

　　論及社會福利制度的起源，可溯及工業革命，因工業生產大量增加產品，以致造成生產與消費失調、貧富差距等情形，工資制度形成勞資對立情勢，歐美各工業國家為防止並消弭這種社會病態的產生，便由政府訂定各項社會安全制度。是以社會安全制度的起源與發展，可以說是來自社會改革、經濟發展及政治演變的影響。為了回應聯合國人權宣言中列有：「各國人均為社會中之成員，有享受社會安全保障的權利。」世界各先進國家無不致力於社會福利制度的建立。然而，由於國情的差異、政經的發展程度，著重內容易有所區別，如西歐等國偏重社會保險，北歐及澳、紐著重社會救助，英、美、加則兩者並重。總體而言，社會福利制度落實到具體的措施上，則包括社會保險、社會救助、兒童福利、衛生保健、國民就業、國民住宅、家庭津貼等項目，其所保障的程度，則以維持國民最低生活水準為原則。

 壹、社會救助的意涵

　　社會救助是社會福利體系中的重要內容之一。早在工業革命之前，各個國家都實行過諸如賑災、濟貧等社會救助，發展到現在，已成社會保障中基本的、必不可少的部分。社會救助是國家及社會團體運用掌握的資金和食物、服務設施等，經由一定的機構和專門人員（包括志願者），向無收入、無生活來源、無家庭依靠、失去工作能力者，以及生活在「貧窮線」或最低生活標準以下的個人和家庭，一時遭受自然災害和不幸事故遇難者實行的救助。「貧窮線」（poverty line），簡單說就是指「貧窮門檻」，不少國家按照國內的生活水平劃下一條界線來釐定貧窮與否，生活在這條線以下的便是貧窮人口，政府會提供相關的社會

救助。1957年，政府即訂定「最低生活費標準」，作為提供社會救助的依據。但計算內容幾經變動，甚至出現中央和台北市不同，直到1999年才統一，以最近一年平均每人每月消費支出的60%作為「最低生活費標準」。社會救助法第4條規定，「低收入戶」是指家庭總收入平均分配全家人口，每人每月在最低生活費以下者。因此，「最低生活費標準」可看作是我國的「貧窮線」。

社會救助的顯著特點是，只強調國家和社會對需要進行社會救助成員的單向責任和義務；只強調保障最低生活需求，從這個意義上講，社會救助是構成社會福利體系中最低層次的內容。社會救助按需要救助的原因，大致可劃分為四類：自然災害救助、失業破產救助、孤寡病殘救助、城市貧困救助。社會救濟是由國家和社會按照法定的標準，向不能保持最低限度生活水平的公民，提供滿足其最低生活水準的物質援助的一種社會保障制度。社會救濟的目標是克服貧困，從這個意義上說，現實生活中的貧困現象決定了社會救濟內容。特點有：

1. 強調國家和社會對公民的責任和義務，在權利和義務方面具有單向性。
2. 由國家財政提供救濟資金，資金來源單一，屬於非個人繳費制度。
3. 只有公民陷入規定的困境之後，才能取得。
4. 必須經過家庭經濟調查，確實證明公民不能保證最低生活之需時，才給予救濟。
5. 個人申請是發放救濟的必要條件。
6. 強調保障最低生活水平。

所謂「最低生活水平」，可以從絕對意義上理解和界定，以及保有維持生命所必需的最低限度的飲食、穿戴和居住條件，而不致受凍挨餓，這也就是常說的「絕對貧困」。也可以從相對意義上理解和界定，即享有在當時、當地生產力水平下，相對來講屬於數量最少的消費資料和服務。實際上是已脫離絕對貧困，而屬於一種相對貧困。

貳、社會救助的特質

社會救助既淵源於貧窮救濟，在若干本質方面，兩者還保存許多相同的地方，如：(1)貧窮救濟的財源是由募捐或由公家負擔，並不需受救濟人負擔任何費用，這在社會救助也是同樣的；(2)貧窮救濟在救濟方式方面，可分為院內救濟與院外救濟，而在院外救濟中，又分為現金救濟、實物救濟或借貸救濟，在社會救助，也是大致相同的；(3)貧窮救濟，多援用個案方法，將各類貧苦的人，分別加以研究，尋求其所以陷入貧困的原因，提供各種專業化的設施，如醫藥治療、職業訓練、安置就業等分別予以特殊的救濟，這在社會救助方面，不僅是相同的，而且更有逐漸加強的趨勢；(4)有些貧窮救濟早就有了立法作為實施的根據，這在社會救助，不僅並無兩樣，而且在法律規定方面，反而更為具體，亦臻明確，因此實施起來，乃更易於收效。以上各點，都是貧窮救濟制度在本質方面值得保存的地方，所以社會救助不但都予以接受了，並且為之發揚光大，使制度的本身亦可臻於完美無缺。但在另一方面，凡是貧窮救濟應該加以改革的地方，社會救助都予以改善了，茲就其較為重要之特質分述如下：

一、動機純正

社會救助之異於貧窮救濟者，首在動機不同，無論中世紀的恤貧法，抑或十九世紀個人主義和中等階級的民主制度，均以抑制的方法來應付貧窮現象，認為貧窮為一種罪惡，如在幾個國家裡，凡是受領了法定的貧窮救濟，就一定喪失了選舉權，一直到把所曾受領的救濟清償之後，選舉權才能恢復，這顯然是對於貧窮實施的一種懲罰，而使受濟人的人格價值有所貶損，但到了二十世紀初，由於社會連帶及國家責任觀念的興起，乃發覺貧窮的原因，不在於個人，而在於社會；社會對於貧

苦人民，應負扶植的責任，而視貧苦人民與一般人民並無二致，所不幸者，僅在彼等受不良社會制度的影響而陷於貧窮而已。因此社會救助對於貧窮乃採取另外一種態度，認為受領給付者，並不因此受領而喪失其政治上的權利，並無所損於其人格的價值；此乃兩者在動機方面顯然不同之點。

二、範圍普遍

在救助對象方面，貧窮救濟在原則上，乃以濟助確實赤貧者為限。社會救助則不以赤貧者為限，凡是財力在某種限度以下，不夠依照一定的生活標準，滿足本身生活需要的人，都有受領救助的資格。也就是說，社會救助乃以供應「需要」為目的，而非僅以救濟「貧困」為目的，因此社會救助，在核定給付以前，必須經過一種財產調查的程序。至於所謂一定的生活標準，乃指適合於健康及道德的生活而言，因此它的救助範圍，比起貧窮救濟的範圍擴大多了。

三、權利明確

貧窮救濟對於貧苦人民的施救，雖然可以說是政府對人民的一種義務，但並不是一個人應有的權利，地方機關自行決定救濟是否必需，乃對每個人救濟的性質或範圍如何，而請求人在政府作為下，是不能向上級機關訴願的。社會救助則認為依照法律規定的標準，申請救助者，乃為一種法律賦予的權利，只要條件（如國籍及居住年限等）符合，即應給予救助，如若遭受壓抑，均可享有向上級機關行使申訴之權。

四、國家責任

在事業的範圍及國家的參與方面，貧窮救濟僅能在一個狹小的地區

（如市鄉鎮或社區）以內活動，雖然也可以根據國家的法律來徵收恤貧稅，但以範圍太小，財力有限，不能擔負救濟貧窮的重責；對於每種需要情形所須有的各種不同的救濟，每感無法供應，各地區貧富不均，對於貧人的待遇，無法平等，而且地方所實行的方法缺乏效率，這些都是由地方政府籌款辦理貧窮救濟的缺點，補救的方法，只有擴大區域來徵稅，與施行救助制度，最初先把若干地區集合一起，實施救助，繼而使較大行政區（如省、郡等）負擔相當的責任，最後更由中央政府參加，到了二十世紀，政府干預的範圍逐漸擴展，干預的程度也逐漸加深，財力的支持更與時俱增，也就是國家對於救助所負的責任愈來愈大，因此其效果也遠較貧窮救濟為大。

五、效果積極

社會救助旨在對於生活發生障礙的人，視其實際需要，而予以適當的幫助，其最後目的乃在扶持受救助人，使能自力更生，如對患病者予以醫療，希望其病後復元，仍能照常工作，自謀生活；如對暫時失業者予以救助，同時於其失業期間，積極設法為其安置就業，又如對於雖因不幸而致殘廢者，近年來亦多有傷殘重建設施，就其身體殘廢後的實際情形，或與裝配義肢或給予各種幫助器官的輔具（如助聽器等），另一方面並予以適切的某種職業訓練，使其取得從事適於其身體狀況的輕便工作，藉以自謀生活，凡此都具有比較積極的意義。

 參、社會救助法的內涵

「社會救助法」係1980年所公布施行社會福利三法之一，歷經多次修正，2008年通過的版本計9章46條，其重點分述如下：

一、「社會救助法」宗旨

為照顧低收入及救助遭受急難或災害者，並協助其自立為宗旨，社會救助之項目包括生活扶助、醫療補助、急難救助及災害救助等四項。

二、低收入戶及最低生活費之定義

低收入戶指經申請戶籍所在地直轄市、縣（市）主管機關審核認定，符合家庭總收入平均分配全家人口，每人每月在最低生活費以下，且家庭財產未超過中央、直轄市主管機關公告之當年度一定金額者。最低生活費係參照中央主計機關所公布當地區最近一年平均每人消費支出60％定之。家庭應計算人口範圍，除申請人外，並包括配偶、直系血親。同一戶籍或共同生活之兄弟姊妹，認列綜合所得稅扶養親屬免稅額之納稅義務人。

三、生活扶助

1. 低收入戶得向戶籍所在地直轄市、縣（市）主管機關申請生活扶助。直轄市、縣（市）主管機關應自受理前項申請之日起5日內，派員調查申請人家庭環境、經濟狀況等項目後核定之；必要時，得委由鄉（鎮、市、區）公所為之。主管機關得依收入差別訂定等級，並定期辦理低收入戶調查。
2. 主管機關對於年滿65歲者、懷胎滿6個月者，領有身心障礙手冊者得依原領取現金給付之金額增加20％至40％之補助。
3. 輔導低收入戶有工作能力成員接受職業訓練、就業服務、創業輔導、以工代賑等輔助其自立，不願接受訓練者不予扶助。
4. 地方主管機關得視實際需要及財力，提供低收入戶特殊項目救助及服務。

5.生活扶助以現金給付為原則。但因實際需要，得委託適當之社會救助機構、社會福利機構或其他家庭予以收容。現金給付，中央、直轄市主管機關並得依收入差別訂定等級；直轄市主管機關並應報中央主管機關備查。

四、醫療補助、急難救助及災害救助

1.低收入戶參加全民健康保險之保險費，由中央及直轄市、縣（市）主管機關編列預算補助。低收入戶之傷、病患者或患嚴重傷病，所需醫療費用非其本人或扶養義務人所能負擔者，均可申請醫療補助。

2.無力殮葬戶內人口，遭受意外傷害致生活陷於困境者，家庭負主要生計責任者，罹患重病、失業、失蹤、入營服役、入獄服刑或其他原因，無法工作致生活陷於困境者，均可申請急難救助。流落外地缺乏車資返鄉者，當地主管機關得酌予救助。死亡而無遺屬與遺產者，由當地鄉（鎮、市、區）公所辦理葬埋。

五、協助搶救及善後處理

人民遭受水、火、風、雹、旱、地震及其他災害，致損害重大，影響生活者，予以災害救助；主管機關以協助搶救及善後處理，提供受災戶膳食口糧，給予傷、亡或失蹤濟助，輔導修建房舍，設立臨時災害收容場所等方式辦理。

六、社會救助機構及其他

1.地方主管機關得視實際需要設立或輔導民間設立必要之機構，並利用各類社會福利機構；私立社會救助機構應申請當地主管機關設立

許可，許可後應於三個月內辦理財團法人。

2.救助經費由主管機關編列預算，地方主管機關每年得定期聯合各界舉行勸募社會救助金；各級政府及社會救助機構接受捐贈應設專戶並專款專用及公開徵信。

七、最低生活費每三年進行檢討

最低生活費即貧窮線之計算仍維持現行規定，未作調整，唯修正規定每三年須進行檢討以因應社會變遷與民眾需求。以對應於生活扶助戶（living assisted household）的照護，依據我國「社會救助法」第10條規定，家庭每年總收入，依該家庭人數平均計算的金額低於由省（市）政府逐年所訂公告（應報請中央主管機關備查）的最低生活費標準者，得向戶籍所在地主管機關申請生活扶助，此項申請經主管機關派員調查，確實合於生活扶助標準並經核定者，即稱為生活扶助戶，生活扶助為公共扶助（public assistance）範圍之一，扶助原則以現金給付為主，必要時得輔以實物給付，以維持最低生活水準。經核定的生活扶助戶，有下列情形之一者，應停止扶助或調整扶助等級：經主管機關派員訪問，其收入或資產增加已高於所訂申請標準者；有工作能力，但不願接受就業輔導或推介參加職業訓練者或接受職業訓練、就業輔導但不願工作者；扶養義務人已能履行扶養者。

根據主計處最新數據顯示，台灣在貧窮線以下的人口約12%到15%，近340萬人，但僅22萬人真正納入低收入戶，接受政府救助。「社會救助法」中，訂有貧窮線標準，亦即最近一年，平均每人每月消費支出，在60%以下的人即列為低收入戶。由於M型社會已來臨，加以近幾年來失業人口激增，即使有貧窮線為標準，仍有太多底層的人未能得到適當照顧。在這次修法放寬「家庭戶內人口、動產及不動產」的認定範圍及條件，俾使新貧與近貧族有機會符合社會救助資格。現行「最低生活費標準」則決定予以維持60%。以往計算家庭戶內人口財產收入範圍，未

來將調整為有共同生活，屬戶籍內登記的人口。例如部分家戶有女兒已經出嫁，還計入撫養人口，有必要剔除，又如嫁出去的女兒，已和夫家分居，夫家很多錢，她卻得撫養小孩。因此，這次修法加入一個認定標準，即「其他狀況之認定」。在不動產列入家庭總收入的條件上，未來調整為「沒有經濟效益的土地就加以排除」，有些不動產位處生態保護區，根本沒法生產，有些祭祀公業土地難以變現，這次修法就排除。

肆、社會救助的現況

隨著M型社會的來臨，政府為縮小貧富差距促進所得分配合理化，從經濟成長、促進就業及加強社會福利措施等全方位努力，已顯著降低家庭高低所得差距，尤其各級政府發放之低收入戶生活補助、中低收入戶老人生活津貼、老農福利津貼、身心障礙者生活補助、災害急難救助，以及各項社會保險（包括全民健保、勞保、農保等）保費支出補助等，計縮減所得差距倍數1.3倍，顯示政府持續推動社會福利措施，有助經濟弱勢及低收入家庭所得提升，減緩所得差距擴大之趨勢。

與世界各國高收入國家地區比較，我國平均每人所得差距高於芬蘭、德國、挪威、瑞典，低於加拿大、法國、義大利、日本、南韓、盧森堡、荷蘭、紐西蘭、新加坡、英國及美國，顯示我國仍屬所得分配較為平均的國家之一。

為使貧病、孤苦無依或生活陷入急困者獲得妥適之照顧並減緩所得差距擴大，我國社會救助向以秉持「主動關懷，尊重需求，協助自立」原則，辦理各項社會救助措施，以保障國民基本生活水準。據2007年度統計資料顯示，我國低收入戶計有90,682戶（約占全國總戶數1.21%），人數為220,990人（約占全國總人口數0.96%）；相較於2006年底，低收入戶戶數89,902戶，人數218,151人，戶數增加0.87%，人數增加1.30%。

社會救助之目的，在於照顧低收入及救助遭受急難或災害者，協助

其自立，秉持「主動關懷，尊重需求，協助自立」原則辦理，以期確實保障弱勢民眾基本生活水準，並定期檢討社會救助規定，加強與失業給付及福利服務體系間的結合，確保需要的人口得到適切的救助，維持其基本生存水準，以進一步積極協助其脫貧。

低收入戶生活扶助係針對家庭總收入平均分配全家人口，每人每月在最低生活費以下，且家庭財產未超過中央、直轄市主管機關公告之當年度一定金額者，提供持續性的經濟協助，為社會救助工作重要的一環。根據2004年低收入戶生活狀況調查報告分析，低收入戶主要致貧原因前五項依序為「戶內均為無工作能力人口」、「久病不癒」、「戶內無工作能力人口眾多」、「其他原因」及「與負擔家計者離婚或分居」；而低收入戶對社會救助服務措施之需求，依重要度排序前五項依序為「每月家庭生活補助」、「身心障礙者額外生活津貼」、「就學子女學雜費補助」、「就學子女生活補助」及「老人額外生活津貼」，顯示低收入戶在接受政府社會救助的需求上，多以持續性、經常性的經濟助益為主。生活扶助以現金給付為原則，另可依實際需要委託適當之社會救助機構、社會福利機構或其他家庭予以收容。

一、各項給付扶助措施

「社會救助法」第11條第1項規定，生活扶助以現金給付為原則，2008年度最低生活費，台灣平均每人每月9,829元，台北市為14,152元、高雄市10,991元，福建省為6,500元；同條第2項另規定中央、直轄市主管機關並得依收入差別訂定現金給付之等級。另依據「中低收入老人生活津貼發給辦法」規定，列冊低收入戶之老人，每人每月可領取中低收入老人生活津貼6,000元；又依據「身心障礙者權益保障法」之相關規定，列冊低收入戶之身心障礙者應發給「身心障礙者生活補助費」，其中極重度、重度及中度身心障礙者每人每月核發7,000元；列冊低收入戶之輕度身心障礙者每人每月核發4,000元。惟為避免救助給付過於優渥，影響

工作意願，反而不利其自立與脫離貧窮，亦於社會救助法第8條中明文規定，依本法或其他法令每人每月所領取政府核發之救助金額，不得超過當年政府公告之基本工資。

二、輔導自立措施

社會救助最積極的目的是希望促進低收入戶自立，藉由救助資源與機會的提供，助其脫離對救助措施的依賴，而最重要的方法就是鼓勵低收入戶就業與就學。「社會救助法」第15條規定，低收入戶中有工作能力者，直轄市、縣（市）主管機關應協助其接受職業訓練、就業服務、創業輔導或以工代賑等方式輔助其自立。各級政府多依此規定積極辦理以工（訓）代賑，洽貸資金，輔導承墾、承租、承領土地或市場攤位從事各種行業之經營，避免有工作能力之低收入戶成員過分依賴社會救助。此外，低收入戶參加職業訓練期間，尚可申領發給生活補助費，以解決低收入戶參加職業訓練期間，無法維持家庭生計的困擾，免除其後顧之憂，積極鼓勵低收入戶學習一技之長，提升其人力資本。另外，為鼓勵低收入戶子女繼續就學，避免過早投入勞動市場，政府除了提供學雜費減免補助外，特別對低收入戶戶內未領取生活補助費之高中職以上在學學生，提供就學生活補助費每人每月4,000元，以鼓勵其繼續升學，便於日後取得較佳的就業機會，有助於其早日脫離貧窮。

三、急難救助

急難救助的目的，在針對遭逢一時急難之民眾，及時給予救助，得以渡過難關。家人死亡無力殮葬、戶內人口遭受意外傷害致生活陷於困境者，及負家庭主要生計責任者罹患重病、失業、失蹤、入營服役、入獄服刑或其他原因，無法工作致生活陷於困境者，得檢同有關證明，向戶籍所在主管機關申請急難救助。該法第22條：「流落外地，缺乏車資

返鄉者,當地主管機關得依其申請酌予救助」。為加強急難救助業務之推動,訂頒「民眾急難事件處理原則」,建立地方政府急難救助福利諮詢系統,以及急難、災難、災害救助基金專戶,落實社會救助法所揭示救助急難,協助自立之意旨。為期遭受家庭暴力、性侵害、兒童少年受虐或重大意外事故等情事,致生活發生急迫性困難的民眾,獲得溫馨關懷及時救助,函頒「辦理急迫性急難救助案件處理措施」,以各福利機構為辦理急迫性急難救助案件之單一窗口,由機構指定專人注意其分配責任區之媒體報導,如有上述急迫性個案,立即聯繫當地地方政府社會局,並由該機構派員或會同當地社會局訪視、關懷。

四、災害救助

災害對人類社會之危害,自古以來皆然,儘管社會不斷進步,物質生活、科技水準持續提升,始終無法使人類免於天然災害的威脅,特別是由於台灣地區地理環境之特殊條件,颱風、水災、地震時有發生,往往造成民眾生命與財產之重大損失,災後之復建亟需政府與社會伸出援手,以安定受災民眾生活,協助重建家園。

五、醫療補助

醫療補助除提供低收入戶參加「全民健康保險」所需之保險費外,對於低收入戶之傷、病患者及患嚴重傷、病,所需醫療費用非其本人或扶養義務人所能負擔者,亦予以補助,以補強全民健康保險醫療給付不足之部分。醫療補助的項目有:

1. 保險費補助:「社會救助法」規定低收入戶參加「全民健康保險」之保險費,在省轄區域,由中央社政主管機關補助15%,省政府補助20%,縣(市)政府補助65%;在直轄市區域,由直轄市政府全額補助。

2.部分負擔費用補助：為減輕低收入戶就醫的負擔，由中央社政主管
機關編列預算支應。

3.全民健康保險不給付之醫療費用補助：各地區為滿足低收入戶及中
低收入戶之就醫需求，訂定相關法令規定醫療費用之補助標準，以
進一步照顧其醫療福祉。

六、遊民收容輔導措施

　　遊民或無家可歸者長久以來即存在於人類社會，但隨著時代的變
遷及地區差異因素，遊民產生的原因與特質亦有所不同，如由早期因戰
亂、飢荒之因素轉變為晚近因經濟發展快速產生之失業型遊民，自1980
年代以來，西方工業先進國家失業率節節上升，亦陸續造成遊民問題，
而台灣地區部分，依據行政院研究發展考核委員會之「遊民問題之調查
分析」顯示，遊民產生之原因依序為家庭解組或無家可依、家庭關係不
良、意外事故與職業災害、失業、個人適應問題等因素，惟近來由於失
業率攀升，因失業問題所形成短期性、中年型遊民之人數亦有較以往提
高之趨勢。現行遊民收容輔導採「緊急服務、過渡服務及穩定服務」之
三層服務階段，期使於尊重當事人基本人權、考量地域差異性之前提
下，提供適切的服務與輔導措施，以協助遊民生活重建與適應。

七、弱勢家庭脫困計畫

　　為補綴前述社會救助體系之不足，凡因各種不可完全歸咎於個人
之理由，致家庭突遭變故而陷入困境急需救助之非低收入戶，或處在
貧窮邊緣生活困頓之家戶，政府特擬具「弱勢家庭脫困計畫」，整合內
政部、勞委會、衛生署、教育部、金管會、經濟部、青輔會、原民會及
地方政府等相關單位共同推動，提供急難救助、短期緊急居宿安置庇
護、緊急醫療補助、精神疾病診斷與治療、就業扶助、助學措施、法律

扶助、人身財產安全保護、照顧服務、創業與理財等10項多面向福利措施，協助經濟弱勢家庭逐漸自立自強、脫離貧困。

 # 伍、社會救助的發展

社會救助為社會安全體系最後一道防線，對於需要的人口給予適切救助，維持其基本生存水準，並進一步積極協助具工作能力及意願者脫離生活困境。有關社會救助檢討與改進分述如下：

一、落實公平正義的救助原則

根據「社會救助法」第4條，符合「低收入戶」，除了「家庭平均每人收入」須低於「最低生活費」標準，同時須滿足「家庭戶內人口之動產與不動產」兩個門檻。這三個門檻個別均不算嚴苛。那麼，何以符合官方「低收入戶」定義者，只占了全國家戶的1.5%，占總人口約1%，嚴重低估台灣地區的「貧窮」現象，讓「社會救助法」未能完全發揮救助的功能？這是因為必須同時滿足三個條件才能符合「低收入戶」資格，難度當然比單一門檻要高；其中「家庭戶內人口」的定義更是關鍵。

現行法律基於「直系血親有互為撫養義務」的規範，使得有些陷於困境的家庭，因有未共同生活之「直系血親」，而無法成為低收入戶。例如，有經濟困難的女單親，因為不同住的父母親有不動產超過門檻，而無法認定為「低收入戶」；也有老人家缺少收入又沒有資產，卻因子女當中有經濟情況還不錯者，而無法成為低收入戶。未來宜朝向外籍通婚家庭、特定境遇單親家庭、老人家庭及原住民家庭等，在此變遷的社會中需要納入社會救助體系中的家庭，提供需要的服務。修正案同時放寬家庭應計算人口範圍，目前除申請人外，包括配偶、直系血親、同一戶籍或共同生活之兄弟姊妹，及認列綜合所得稅扶養親屬免稅額之納稅

義務人。未來家庭人口計算改為一親等的直系血親,及同一戶籍或共同生活之其他直系血親,以符合實況。此外,宜放寬原住民工作收入的計算方式,按一般民眾主要工作所得與原住民主要工作所得之比例核算。根據調查,有半數(49.4%)原住民家庭每人每月最低生活費低於貧窮線以下,也就是有將近8萬4,000戶的原住民家庭可能是政府需要給予低收入補助的對象。

二、積極推動脫貧自立的救助措施

社會救助法一直面對「家庭戶內人口」定義上的困難,這次政府考慮加入「其他狀況之認定」,賦予一些彈性是正確的方向,若能授權地方政府根據社工專業來「認定」則更佳!另外,在諸多關於社會救助法修正建議中,仍忽略了整體性的考量。目前台灣地區「最低生活費」的計算,乃台北市、高雄市、台灣省三個地區分別為之。在經濟不穩定的時代,常會發生三個地區步調不一致的情形,例如同一年台北市調升,高雄市可能調降的情形。為了避免此現象,應該以全國為一個樣本來計算,然後按照地區「消費水準」分別選定一個百分位置作為該地區之「最低生活費」標準。如果新年度計算結果和當年度標準差異在5%之內,也不宜更動;這不僅可以減少行政作業的困擾,也不會讓一些位於門檻邊緣的低收入戶,在公布新年度計算結果時出現「一夕脫貧」。社會救助的消極目的,在於提供落入社會安全網最後一關的家庭,確保能得以保障生活最低所需,維持其生命。但社會救助的積極目的,更期望能夠協助其自立,脫離貧窮。因此有計畫性的脫貧方案,更是需要多加關注,檢視現行各部會政策及相關措施,推動行政協調整合以使資源發揮最大效益,增強服務效能,展現社會救助積極面向。

三、扶助項目的多元化

現行社會救助除了家庭生活補助費及相關現金給付的核發外，尚有創業貸款、職業訓練、以工（訓）代賑、教育補助等項目，以謀求更符合個人及社會需求的扶助項目，予以適當的協助，提升人力素質，加強職場適應能力。

四、加強提供急難救助所需的資源

面對需要急難救助者，除給予急難救助金外，更重要的是提供相關的福利資源，主動轉介適當之福利服務，並運用社會資源予以協助，使急難個案獲得及時完整而有效的照顧。

 結　語

貧窮是一個複雜的社會現象，不僅存在於落後地區，也存在於經濟已開發地區。從英、美等福利先進國家的經驗，各國所採解決貧困問題之政策，多半依其貧困原因，並量度其財源而行。盱衡我國社會與環境之變遷，貧窮問題的解決除致力於貧富差距的不再擴大外，另參酌先進國家的軌跡逐步推動與改善此項福利，政府致力改善低收入戶生活扶助，俾期達成社會公義目標。

依據「社會福利政策綱領」，社會救助是社會安全體系最後一道防線，必須扮演最適當安全網角色，確保需要的人口得到適切救助，維持其基本生存水準，並進一步積極協助具工作能力及意願者，脫離生活困境。這亦顯示一般民眾對福利服務的需求情形。

在我國社會已逐步邁向「M型化」及「高齡化」的時刻，社會救助的建構，必須根植於下述兩項基本精神。第一是免於匱乏的精神，社會

救助起源於人類互助的概念，其出發點在尋求免於匱乏，使人人可得到生活上基本的滿足，並具備公允的社會競爭規則，以實踐自我。第二是自助助人的精神，建立救助的目的，是經由團體的力量以協助個體，使其得到自立自強的結果。是以社會安全的運作應本諸「取之於社會，用之於社會」，方能使整個體系穩健、良性的運作，如能本諸此精神，將可促使我國漸次邁向福利國家的目標。

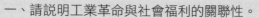

問題與討論

一、請說明工業革命與社會福利的關聯性。

二、請說明「貧窮線」（poverty line）及其與社會救助的關聯性。

三、請說明社會救助所具備的特點為何。

四、請說明社會救助既淵源於貧窮救濟，其兩者間的異同。

五、請說明「社會救助法」的主要內容。

六、請說明為因應社會發展，「社會救助法」尚待修正之處為何。

七、請說明隨著M型社會的來臨，社會救助應有的作為。

八、社會救助為社會安全體系最後一道防線，有關社會救助檢討與改進的內容。

九、盱衡我國社會與環境之變遷，貧窮問題的解決之道。

十、在我國社會已逐步邁向「M型化」及「高齡化」的時刻，社會救助的基本原則為何。

Chapter 10

國民年金與社會福利

前 言

壹、國民年金的意義

貳、國民年金的類型

參、國民年金的實施

肆、國民年金法簡述

結 語

 前 言

　　台灣地區早已經進入高齡社會，上有平均壽命的延長，下有出生率的下降，以致老人的人數和比例呈現顯著成長；而隨著社會的變遷與家庭結構改變，傳統家庭成員相互扶持的功能逐漸式微，使得各界普遍強調老年問題的重要性。依據經建會發布的「台灣民國97年至145年人口推估統計」，高齡人口於民國106年時將首度超過兒童人口（15歲以下）所占的比例（12.72%），而預估至民國140年時，高齡人口更高達所有兒童人口的4.7倍。從民國40年至民國60年間，台灣高齡人口的依賴比（old-age dependency ratio）約在5%左右，意即約每20位工作年齡人口共同扶養一位老人。再者，依據上述經建會所推計的結果，預估至民國115年時，由於戰後嬰兒潮時期出生的人口逐漸邁入老年，將變成每3.2人就須扶養一位老人，而至民國140年時，更將成為每1.5個工作人口就須扶養一位老人。隨著高齡人口依賴比不斷的升高，顯示高齡人口對工作人口所帶來的經濟需求及安（療）養負擔將愈來愈加沉重。為消除部分國民未納入任何「老年經濟安全保障」體系；在消除「活得太久的恐懼」方面的保險功能仍然薄弱；尤其近年來因為政黨政治競爭日趨激烈，許多缺乏周詳規劃的制度倉促推出，以身分取向之老人津貼，例如「中低收入戶老人生活津貼」與「老農津貼」等陸續開辦，又引起未享有津貼者紛紛要求比照，而申領人數因資格寬鬆，尺度不一而使得年金制度五花八門。因此政府確有必要及早整合現有的老年退休或養老金制度，並積極推動國民年金制度，一方面設法全面保障老人基本經濟生活；一方面避免政治力量的不當介入，造成治絲益棼的問題。

　　「國民年金」制度可提供國民基本經濟安全保障，使我國社會安全體系更趨完備，長期更能排除政治因素對社會福利制度的干擾，有助於國家財政的健全，因此勢在必行，而且最好能在政治力量介入前付諸實施。不過，據估計在實施初期，政府財政需求每年約需300至400億元，

如無穩定財源，在目前政府財政困窘下，推動確實不易。因此，「國民年金」制度必須在民眾的需求與負擔間取得一個平衡。為了減少實施初期的阻力，以及建立可長可遠的制度，「國民年金」在給付水準和補助比例方面，不必陳義過高，著重於整合雜亂的現制和做到「基本保障」的目的，即是好的開始。其他搭配措施，諸如提高累積準備的報酬率、減少所得重分配性質、鼓勵民間儲蓄、提倡商業年金保險、教育民眾及早做好「生涯規劃」，都是面對人口老化不可或缺的措施。

 ## 壹、國民年金的意義

　　近幾年來，隨著高齡人口的不斷增加，「老年貧窮」或甚至是「年金貧窮」（pension poverty）的現象，已成為全世界所有福利國家亟須解決的問題之一。綜觀西歐國家所採行的因應之道，除了不斷的進行年金制度的改革（pension reform），例如減少政府公共年金的支出，或是鼓勵購買私人年金等，有些國家甚至透過延長退休年齡的方式，以減緩老年經濟需求對於國家財政與社會所造成的衝擊。反觀台灣，建立一套完整的老年經濟保障制度顯得迫切，由於經濟成長的趨緩，以及油、電漲價帶動其他物價上漲等壓力，而導致高齡人口落入貧窮線以下的風險也逐漸升高。

　　目前台灣高齡人口占總人口的比例已超過10%。也就是說，目前10個台灣人口中就有一位是老人；相對的，受到退休人口不斷增加與少子化趨勢的影響，工作人口所占的比例也隨著減少，平均每位工作人口所須擔負的扶養老人責任，也將隨著高齡人口的增加一年比一年沉重。面對退休危機與「老年貧窮」的威脅，政府除了凝聚社會共識之外，亦應加速建立一套財務規劃完善的「老年經濟安全保障制度」，以避免重蹈歐美國家財政危機的覆轍。此外，政府也應該重新檢討現有的各項津貼政策（尤其是「老年農民福利津貼」），考量福利資源的有限性與公平

性，從制度面著手，為所有台灣高齡人口打造一個可長可久的老年經濟保障制度。

　　論述社會福利時，多引國際勞工組織的界定，內容包括老年年金、殘障年金、遺屬年金、疾病與生育照顧、職業災害照顧、失業補償、家庭津貼、社會救助等。各國的歷史文化及環境不一，所以福利服務內涵制度設計不一，有的以社會保險為主，亦有兼採社會保險和基礎年金併行者。因此，社會安全體系可概分成三大類：一為繳保費的給付，一般慣稱社會保險；其次是資產調查給付，即所謂的「社會救助」；再次為無待資產調查、無須繳保費的給付，稱之「社會津貼」。「國民年金」屬於繳保費給付，且在制度設計上若考量所得重分配、社會公平的效果及世界銀行的建議，則可選擇多層式的年金，第一層以「國民年金」保障每一位國民的基本經濟安全，並整合現行複雜紛亂的老年經濟安全體系；第二層為「職業年金保險」，與所得相關且由雇主、受雇者共同分擔；第三層為「個人年金保險」，為個人依據生活需求參與民間保險給付。由於，社會救助、保險和津貼是社會安全的三大制度，在制度設計上，社會救助和社會保險應優先建構，現金式津貼發放應在後。

　　所謂的「年金」泛指：「按年給付的一種保險」，是強調「互助精神」的一種制度。就是「有錢人幫助低收入者」、「健康的幫助生病的」，但是「人有旦夕禍福」，每個人都會生病，也都可能面臨失業和經濟危機，所以保險其實是每個人都可能會使用到的。一般說來年金的種類，包括遺屬年金、殘障年金和國民年金三種。第一項年金是投保人過世後，由受益人（家屬）按年領取保險給付，第二項和第三項則是本人因為殘障或年老而按年領取的給付。易言之，繳費的「義務」和享受給付的「權利」關係相當清楚。所謂的「津貼」，是不用事先繳交保費，而由政府編列預算統一支付。津貼可以是兒童津貼、家庭津貼，也可能是婦女、殘障或老年津貼等等。強調給予對象的是「符合資格」，不必先繳交保費，所以「權利」與「義務」關係較不對等。

　　所謂的年金制度應該是年輕時繳費，以備年老時退休沒有收入時的

生活所需。年金可分為「基礎年金」（basic pension）和「附加年金」（additional pension）；前者是強迫性質，每個國民都必須參加，從另一個角度來看，也就是每個國民都享有「基本生活保障」；而後者則是「自由參加」，目的在讓個人能夠維持意外或退休前較為接近的生活水準，因此有賴平日多繳納一些附加年金。國民年金只是一種定期或長期繼續支付的現金給付，給付受益人可以每年、每半年、每季、每月或每週領取。國民年金是保障國民經濟安全的制度，讓國民於老年、身心障礙、甚至死亡時，本人或者遺屬能夠獲得經濟支持，以維持生活的基本需求。提及國民年金概念時，重要的分類大致如下：

1.依照保障程度與職業別區分為：基礎年金與附加年金。

2.依保險事故分成老年年金、身心障礙年金以及遺屬年金。

3.依照財務處理方式區分成隨收隨付制（pay as you go）、完全提存準備制以及部分準備提存制。

4.依照財源籌措的方式可區分為稅收制、社會保險制以及公積金制。

「國民年金」是一種社會保險制度，以全體國民為保險對象，目的是提供民眾生活上的保障。當民眾遭遇老年、殘障或死亡時，國民年金提供定期性繼續給付，以保障本人或其遺屬的生活。

世界各國在推展社會福利服務時，多將國民年金制度視為重要的項目。為使社會保險制度更加周延，讓全體民眾皆能納入生活保障，致力於國民年金制度的設立，以促使社會保險制度更加完善，社會福利更為周延、公平，讓民眾擁有安全無虞的生活環境。因此，在規劃國民年金制度時，需要社會環境、辦理理念、國民需求、政策目的等因素加以考量：就保障程度而言，尤其是社會中的弱勢者，如無工作所得者的婦女，能否獲得基本的保障；財源的籌措選擇較具社會連帶意義的稅收制、社會保險制，還是較著重個人責任、強迫個人儲蓄的公積金制；皆影響國民年金的內涵。

貳、國民年金的類型

　　西方對於老人安養制度，大致有三種典型：其一，是以瑞典為代表的「普遍主義」社會福利發展出來的。福利國家主張，政府應用稅收負起老人安養照顧的責任，也就是不管退休的人年輕時領的薪水是多少，都能得到基本的生活照顧，社會福利是每一個人都能享有的；第二種的「職業年金」，則是以德國為代表的「國家社會主義」的產物，在具威權主義色彩的德國，強調社會階層的分化，不同的階層，可以享有的福利基礎也就不同，這種制度的目的，主要還在國家能因應各階層需求、達到穩定社會的目的。我國推行的公保、勞保、軍保、農保等制度，就類似這種以國家為中心的制度；而第三種，則以美國為典型，完全以私有化，以及市場機能來考量，將社會福利視作企業爭取員工自由競爭的產物，僅在很小的範圍內。另外，則採取周延的「社會調查」對於弱勢老人進行濟貧措施。當然，各個國家於參採這三種典型制度時，都會因應社會環境做必要的調整。為對應於全球人口老化，世界銀行把一國的老人安養制度分成三層來加以分析：第一層為「國民年金」：保障係政府必須以稅收支應而建立的公共年金方案（the mandatory publicly managed pillar），主要是為消除貧窮，因此以提供國民最低經濟保障為目標；第二層為「職業年金」：以民營化運作的強制性儲蓄為主要形式（the mandatory privately managed pillar），透過政府的監督，以高效率的民營化經營方式，建立個人儲蓄帳戶及企業年金計畫，勞工退休金制顯然是屬於此一層；第三層為「個人年金」：自願性的職業年金及個人儲蓄建立之計畫（the voluntary pillar），其目的是為退休後老人可以擁有較高的所得替代，此一志願支柱可以由雇主設立，也可以自由加入民營保險金融機構的投資計畫。

　　隨著社會制度、繳費方式和給付條件的不同，所得重分配的效果也不相同，相關制度與「國民年金」規劃有關聯的為：

一、隨收隨付制度

隨收隨付制度是一種所得移轉制，通常是利用「稅負」來支付，至於繳費的標準依據「所得多寡」，但是領取的時候則是無論身分或是財產，都領一樣的錢，因此所得重分配的效果最明顯。當然也可以繳費時每個國民都繳交相同的錢，領取給付時也領取相同的錢，這樣的方式所得重分配效果較不明顯。目前的福利國家多半採用前者。這種方式的好處是避免這一代的年輕人到了老年時通貨膨脹，使儲存的錢貶值了。簡單說，這種方式就是年輕時供養上一代，年老時接受下一代供養。當然，它的缺點是人口老化時，年輕人漸少，等於是少數年輕人在供養多數老人，造成下一代的負擔。

二、儲備制

儲備制就是大家共用一個「共同的帳號」，這一代的人把錢都存到這個戶頭裡，由年金保險機構為這一代的人妥善運用這些錢（例如做轉投資），等到這一代的人年老時再由該機構統一發放給付。至於繳費和給付的標準和隨收隨付制相同，可以有不同的選擇。它的優點是避免隨收隨付「人口老化」而產生加重下一代負擔的問題，但也因此，缺點是無法預期的「通貨膨脹」將會減低保障的效果。

三、基金制

這種制度以新加坡為代表，就是「每個人有一個獨立的帳號」。這種制度就好像年輕時國家強迫每個人存錢，到年老時再拿出來。如果個人的「儲蓄」不足應付年老的開支，政府會給予社會救助。至於要求儲存的比例可能是依據所得多寡，因此，完全不具備所得重分配效果。它的優點是責任清楚，可以使自己負擔起自己年老時的經濟需求。相對的

它的缺點就是「風險」無法分擔，必須完全自己承擔年老的風險，完全沒有互助的功能。

以社會保險的精神來看，兩項最重要的目的就是「風險分擔」和「財富重分配」。第一種和第二種制度如果「依據所得不同繳交不同保費，領取相同給付」來看，不但具有風險分擔的效果，也可以達到財富重分配目的。至於第三種方式（基金制），其實不算是社會保險，而只是一種強迫儲蓄模式，也因此沒有所得重分配和風險分擔的功能。這對於中低收入者來說，老年或疾病的風險根本沒有分擔掉，任何的危險還是自己承擔，但是足以減緩政府財政的壓力。

綜觀目前各國的年金制度實施情形，尤其是公共年金部分，都面臨兩個重要的課題：一為年金貧窮的問題，另一個則是政府財政負擔沉重的問題。前者因為年金的保障不足、所得替代率偏低，使得民眾雖有老年經濟安全制度的保障，但在退休後仍將面臨貧窮的威脅，甚至落入貧窮線以下，而造成所謂的年金貧窮的現象。後者則是由於人口結構變遷，老年人口急遽增加，人口負成長，或是產生少子化現象，而造成隨收隨付制的世代間移轉效果失靈，進而導致社會保險年金制度的財務虧損與政府負擔沉重，尤其是在經濟不景氣或衰退期間，傳統公共年金制度甚至面臨破產的危機。然而，為解決上述年金貧窮與政府財政負擔等問題，各國政府已相繼展開年金制度改革的工程，例如許多的拉丁美洲與東歐國家，紛紛引進法定（mandatory）的私人老年年金制度，同時減少或廢止傳統的公共年金制度的規模，以減輕政府的責任與財務負擔，其特色為強調基金財務的獨立性與增加被保險人對於基金類型的選擇權。這種基金處理的方式，稱之為勞工選擇模式（worker-choice model），亦為一種法定的強制儲蓄制度（mandatory forced saving program）。顯然，這種年金改革模式已涉及到老年保障制度的實質改變，可視為一種結構性（structural）或制度性（systemic）的年金改革。其目的在於企圖改變「公私部門混合式」（public-private mix）的老年經濟保障制度，強化老年年金的個人責任。因此，所謂年金民營化或

私有化（pension privatization）將彰顯出公私部門兩分法（public-private dichotomy）概念的突破。惟年金民營化的改革並非是解決年金危機的萬靈丹，老年貧窮問題依然存在。除了上述智利、秘魯、匈牙利與波蘭等十餘國家外，大多數的西方國家目前仍以隨收隨付制的公共年金為主軸，並輔以私人年金作為補充性的給付（supplementary benefits），而非完全走向年金私有化。事實上，在多元化的新年金制度裡，政府的角色已不可能侷限於公共部門，而在各種層次制度間仍然扮演著重要的角色。就如同著名的經濟學家N. Barr所言：「政府不可能對於提供年金制度的責任完全置身於外。」（It is not possible to get government out of the pension business.）因此，如何有效解決年金制度的危機，年金改革的推動工作仍有一段很漫長的路要走。

 ## 參、國民年金的實施

從1990年代以來，不論是公共年金方案，或是其他的私人年金方案，大都隨著平均壽命的增加、退休時間的延後，而開始產生所謂年金保障不足與「年金貧窮」的問題。誠如美國學者Richard Jackson（2002）在其〈全球退休危機〉（The Global Retirement Crisis）一文中所預言的，未來數十年以後，歐洲、日本與北美的人口快速老化現象，勢將嚴重衝擊整個世界經濟體制。亦即高齡化社會或退休危機未來將不僅影響到現有的社會福利制度，並且對於政府財政與世界經濟都將造成危機。倘若適時提出有效的改革措施，則仍能避免財政與經濟上的危機。因此，各國政府理應落實年金的改革工程，以保障老年的經濟安全。一旦錯失改革良機，則其後果將比預期更加嚴重。最後，Jackson特別強調提高生產力、延長勞動期間以及隨收隨付年金制改採提存準備制（developing funded alternatives to pay-as-you-go pension system）等改革措施的重要性。台灣的人口老化與家庭功能的式微，使得過去家庭擔負養老的主要

功能,快速地轉變中,換言之,養兒不再能夠防老。此外,我國現行的經濟安全制度呈現社會福利階層化的現象。台灣的經濟安全保障制度是以職業分立逐步擴展建立的,不同職業退休後的老年經濟安全有別。最優渥者為公務人員、軍人,具有保險以及退休撫卹制度的雙重保障;其次為勞工,透過勞保以及勞基法的退休金提撥制度加以保障,但所得替代率已明顯未若公務人員;再其次為農民,無老年退休撫卹制度,僅能依賴每月6,000元的津貼;最後則是未納入社會保險的家庭主婦、自雇者、學生以及失業者,這些最弱勢的國民,只能靠自己、家庭!然而一旦家庭式微且風險(如殘障)發生時,政府又未擔負任何經濟安全之角色,其生活將無以憑藉。為此,經歷了十四年的規劃與送審,社會福利團體長期念茲在茲的「國民年金法」終於在2007年7月20日立院三讀通過,將現有社會保險制度之外的350萬國民老年生活,納入國民年金的保障之中。不過這次朝野政黨之所以快速在臨時會期完成朝野協商,通過「國民年金法」,除了有選舉的壓力之外,老農、敬老津貼動輒加碼,讓國庫愈來愈難以承受,於是乎採取「社會保險制」的國民年金,就成為解套的方案。檢視近來對於國民年金的社會期待主要為:

一、為實踐「老有所養」的社會安全機制

如果國民年金制度開辦,當被保險人遭遇死亡事故時,家屬不僅可以領取喪葬津貼,亦可獲得遺屬年金維持其往後的基本經濟生活。換言之,社會保險制度若可充分發揮事前預防的功能,提供被保險人在遭遇死亡事故時,其家屬最基本的經濟安全保障,那麼當災變來臨時,政府及社會大眾就不用付出這麼慘痛的代價,僅須運用社會救助制度來彌補其給付不足之處,以落實社會安全目標。

二、國民年金制度的推動，長期可減輕政府財政負擔

依據經建會對政府財務需求的總評估，如未開辦國民年金，現行發放的中低收入戶老人生活津貼及老農津貼將隨老年人口增加而膨脹，該經費於2000年增為365億元，2011年再增為456億元，至2031年增加至884億元。如果國民年金開辦，短期雖有保費補助及津貼雙重負擔，但長期可減輕政府對保障國民經濟安全所增加之財務負擔。

三、國民年金可以有效的保障社會弱勢族群的生活

社會安全機制以全民基本生活為範疇，尤其弱勢族群更屬保障之列，以現今社會實況，雖然社會觀念漸漸開放，台灣婦女之勞動參與率僅約45%，大多數的婦女仍為家庭主婦，她們沒有勞保、公保之保障，當她們離婚、喪偶，特別是進入老年時，生活常陷入困境，即使是職業婦女，也因經濟結構對女性的歧視（如薪資較低、升遷較不易），以及生命周期之經驗（生育、照顧老小），而不能累積足夠的經濟保障，國民年金則可以提供女性，特別是老年生活的基本保障。

由以上陳述檢視，國民年金的落實係因應社會整體環境的考量。人口高齡化對已開發國家與開發中國家的挑戰各有不同，前者面臨老化、失業與年金制度的持續力（sustainability）間的關係所導致的挑戰，而後者則面臨著經濟持續發展、對抗貧窮與人口老化等挑戰。然而已開發國家的國民在變成老年之前，大部分已有相當的財富，但開發中國家卻在增加財富之前先屆齡老年，二者面臨挑戰的情形各有不同。尤其開發中國家的人口老化速度在2000年至2050年間較已開發國家為迅速，其老年依賴比在多數已開發地區成倍數增加，而開發中地區則呈三倍數的成長。這種差異性將暗示著各國政府須採行不同的決策模式，以因應其彼此所面臨老化衝擊的挑戰。

肆、國民年金法簡述

　　國民年金法的公布實施為我國社會安全制度之建構邁向一項重要的里程碑。現行國民年金制度之推動，能提供弱勢者完善經濟安全保障，更整併現行敬老津貼、老農津貼及原住民敬老津貼，保障既有領取者之權益，且符合國際潮流與世界趨勢，長遠而言確可減輕政府財政負擔。「國民年金法」是採「社會保險制」（social insurance model），每人每月繳交674元（每二年費用增加0.5%），繳滿四十年後，每月可領取8,986元全額年金，一直領到死亡為止，國民年金自2008年10月1日正式開辦。依據該法規定：「年滿25歲至未滿65歲，未參加軍公教、勞保，且未領取相關社會保險老年給付者，都必須加保。」但國民年金採柔性強制加保，不加保沒有罰則，只是不能享受國民年金的保障。國民年金第一年保險費費率採基本工資的6.5%計算，意即保險費為1,123元（基本公資17,280元×6.5%），由政府負擔四成，民眾負擔六成，因此民眾每月繳交674元，隨後每兩年保費將提高0.5%，上限為12%。國民年金給付標準也會隨消費者物價指數成長率調整月投保金額。

　　依據立法院三讀通過，並經總統公布的「國民年金法」，主要重點有：

一、立法旨意

　　為確保未能於相關社會保險獲得適足保障之國民於老年及發生身心障礙時之基本經濟安全，並謀其遺屬生活之安定，特制定本法。國民年金保險（以下簡稱本保險）之保險事故，分為老年、身心障礙及死亡三種。被保險人在保險有效期間發生保險事故時，分別給予老年年金給付、身心障礙年金給付、喪葬給付及遺屬年金給付。凡年滿25歲、未滿65歲，未參加軍公教、勞保等社會保險者應加入保險，每人月繳674元。只要繳滿四十年，估計每月可領8,986元，一直領到死亡為止。國民年金

保險的給付項目，可分為下列三大類：

1.老年基礎年金：被保險人年滿65歲，且繳納十年以上的保險費者，
依保險年資的長短領取年金給付。

2.身心障礙基礎年金：被保險人參加保險後，因故造成身心障礙，符
合國民年金保險身心障礙基礎年金給付標準表所訂重度或極重度身
心障礙等級者，可請領年金給付。

3.遺屬基礎年金：被保險人或年金受益人死亡，其遺屬符合一定資格
者，可請領配偶年金、母（父）子或孤兒年金。

二、領受金額

若以25歲納保至65歲，四十年期間，共繳納保費515,082元，於65歲
以後，每月即可領取8,986元。以65歲的國人平均餘命17年，至82歲時計
算，共可領取1,833,062元。若加入國民年金時已超過25歲，必須以另外
的公式計算（17,280元×0.65%×保險年資＋3,000元），以開辦時年齡40
歲為例，繳25年保費，共負擔29萬餘元，但65歲以後，每月可領取5,808
元（參考**表**10-1、**表**10-2）。

三、實施日期

為因應相關規劃，國民年金自2008年10月1日起施行。

四、實施對象

「國民年金法」主要保障未加入社會保險者，預計將有350萬人可納
入保障，其中約280萬人是家庭主婦。國民年金保險採柔性強制加保，即
不加保沒有罰則，只是不能享受國民年金的保障。退保後又重新加保，
年資得併計。國民年金也同時放寬原有敬老津貼的排富條件，請領敬老
津貼原規定個人土地及房屋價值不得超過500萬元。未來請領老年保證年

表10-1　國民年金重要內容一覽表

對象	年滿25歲～未滿65歲，未參加軍公教及勞保、農保者	2008年10月強制納入國民年金，不參加不罰，但滿65歲不能領3,000元基本年金
	年滿15歲～未滿65歲，已參加農保者	2008年10月停止農保，轉入國保，不加入國民年金者，滿65歲不能領6,000元
	軍公教保險者	不納入國民年金，既有權益不受影響
	已參加勞保者	於勞保停止時，轉軌納入國民年金，年資併計
措施	保費繳納	初期月繳600多元
	給付金額（滿65歲後）	繳滿5年，可月領3,561元 滿15年，可月領4,684元 滿40年，可月領8,986元

年金給付計算公式：
國民年金的老年年金給付方式，年滿65歲的被保險人或曾經參加國民年金保險，年資滿十年者（可併計勞保年資），可選擇以下兩種公式計算：
1.月投保金額×0.65%×保險年資＋3,000元（適用於24歲至64歲，無法繳滿40年者）
2.月投保金額×1.3%×保險年資（適用於24歲以下，可繳滿40年者）

資料來源：內政部社會司，2007.7.21。

表10-2　國民年金給付試算表　　　　　　　　　　　　單位：元

加保年齡	自付保費總額（加保年資）	月領金額	可領總額
60歲	42,924（5年）	3,562	726,566
50歲	151,788（15年）	4,685	955,566
40歲	291,133（25年）	5,808	1,184,832
30歲	440,433（35年）	7,862	1,603,903
25歲	515,081（40年）	8,986	1,833,062

資料來源：內政部社會司，2007.7.21。

金者，將放寬計算，若土地編為公共設施保留地，或屬於個人所有且實際居住的唯一房屋都可排除。

五、制度整合

「國民年金法」未來將以銜接勞保年金制度為目標，並整合老農津

貼、敬老津貼、原住民敬老津貼、中低收入戶老人津貼等四大津貼，津貼將逐漸落日，可減輕政府財政負擔。同時，為能保障現有請領相關津貼者權益，提供老年基本保障年金3,000元，亦即目前享有敬老津貼的給付權利，依然還是維持不變，藉此讓老年的經濟安全保障得以走向建制化。為配合老農津貼加碼到6,000元，現領取老農津貼者，政府除給付保證年金，又發給3,000元的差額金，由農委會預算支應。其中差額金規定落日條款二十七年，開辦時年滿38歲以上的加保農民才可領有3,000元差額金，保障每月至少領取6,000元，另外加保者，則併計年資計算。

六、保險費率

政府負擔四成保險金，國民年金開辦第一年保險費率為6.5%，月投保金額以基本工資17,280元計算，每月保費為1,123元，由政府負擔四成，民眾負擔六成，因此民眾每月須繳交674元。隨後每兩年保費將提高0.5%，上限為12%。為保障弱勢國民，政府對低收入戶、中低收入與身心障礙者提供不同比例補助保費，低收入戶和極重度及重度身心障礙者保費則全額補助。

七、財源籌措

國民年金財源籌措來自公益彩券盈餘、提高營業稅徵收率1%以及公務預算等，國民年金保險的財務，由政府負最後支付責任。在人口老化的趨勢下，如何妥善運用龐大的國民年金，提高報酬率，設法提高累積準備的比率，將是未來制度規劃上應當加強之處。其他搭配性的獎勵個人儲蓄措施，也很重要。

八、逾期納保

逾期未繳保費期間，不加徵滯納金，但須加徵利息。未繳納之保險

費達十年以上者，僅得請求補繳最近十年以內之保險費及利息，並計算保險年資；其欠費逾十年部分，不得請求補繳。

九、喪葬給付

國民年金制度也有喪葬給付，投保人死亡，按其月投保金額一次發給5個月喪葬給付，合計約86,400元。

十、高齡納保

年滿65歲投保人可請領老年年金，每滿一年發給1.3個月的投保金額，得就兩公式擇優選取，一是以月投保金額乘以保險年資，再乘以0.65%所得的數額加3,000元；或選擇以月投保金額乘以保險年資，再乘以1.3%所得的數額。

根據學者王順民教授的說法，相較於過去以工作勞動人口而來的老人經濟安全制度，國民年金措施的推動，的確有它追求實質正義的正當性。但是，如何更貼近弱勢族群的真實生活世界，對於晚年階段經濟安全保障的規劃構思，特別是這套照顧管理機制是否建制完成以及如何有效運作，考驗都才剛剛開始。然而，我們的社會安全體系仍有諸多缺失待補，國民年金已經踏出了第一步（王順民，2007）。

 結　語

社會之所以高度重視國民年金制度的建立，主要著眼於以下三項考量：第一，隨著經濟成長，生活條件改善，高齡人口比例快速成長，政府必須為老年經濟保障預為綢繆；其次，由於社會變遷快速，家庭成員

互相扶持功能日趨薄弱，依賴個人自有收入作為經濟來源比例日增，政府有必要建立一套制度確保全民維持生計；另外，現行社會保障體系尚未完備，也不盡公平，包括部分國民迄今尚未享有老年保障，軍、公、勞保老年一次給付因運用不當產生經濟不安問題，以及社會津貼資格寬鬆，既增加政府負擔，未享有者也紛紛要求比照，凡此都是當前已經呈現而亟待解決的課題。同時，國民年金制度的推行，兼具雙重目的，積極面在於進行橫向的整合，以健全老人經濟安全制度；消極面，則是避免政治力量和選舉因素導致雜亂的津貼或是福利制度。就國民年金制度的目標及預期效益、制度規劃方向及內涵來看，為400萬人現無任何保險保障之國民開辦國民年金保險，公、軍、勞保以「業務分立、內涵整合」方式提供被保險人國民年金內涵的基礎年金保障，各項保險年資可以銜接併計，不致浪費年資，並改善現有政府補助不公平之現象，可說是制度的最大特色。而除了低收入戶自付部分保費由政府全額補助，具有所得重分配效果之外，「定額保費、定額給付」不必因人而易。

事實上，從國際發展趨勢來看，當整個世界逐漸形成一個「地球村」，一方面經濟競爭日益激烈，強勢者可以脫穎而出，並享有富裕的生活水準，此時政府規劃一套社會福利政策，照顧弱勢者的生存權利，以平衡內部利益的衝突，防止不同階層尖銳的對立，維繫社會的穩定發展，確屬必要；另方面，由於資訊傳播無遠弗屆，任何政府必定面臨人民在相互比較下不斷增加的福利需求，唯有致力實現公平正義理想，充分滿足民眾的需要，才能受到廣泛的支持。從這個角度來看，國民年金制度既可免除國民經濟不安全的恐懼，奠定國民多層次經濟保障的基礎，實踐「老有所終、鰥寡孤獨廢疾者皆有所養」的目標。

面對高齡化社會所引起的社會、經濟及政治面上的挑戰，各國政府必須提供更適當的老年經濟保障建構體制（an appropriate framework）與健康保障機制來加以因應，使其國民在老化世界中活得更久，同時確保更長的社會及經濟持續力，以滿足老年人的需要。職是之故，第一層保障的強制性社會安全制度，仍在未來長壽社會中扮演著基本經濟保障的

主要角色。不可否認地，在各種對策中，社會安全將更能發揮所得再分配的功能機制（income-redistribution mechanism），俾使在一個包容社會裡能確保一個美好的生活（Johan Verstraeten: Welcoming Speech, Social Security in a Long Life Society, 2003, ISSA）。當然，任何制度都是有利有弊，我們可以做的是去思考：我們要開辦一項制度，它的目的何在，以這樣的方式是否能夠達成。國民年金制度為百年事業，所涉及範圍甚廣，涵蓋社會福利、財政、經濟、保險及精算，對於政府長期財政分配及國家總體經濟有著重要的影響。且國民年金之規劃，關係現行公保、勞保老年給付及規劃中農民健康保險業務之變革與調整，所以必須多方考量，方得圓滿。

問題與討論

一、請說明我國推行國民年金的社會背景。

二、請說明「年金」及「年金」的主要種類。

三、請說明「國民年金」及「國民年金」的分類及主要內容。

四、請說明隨收隨付制度、儲備制、基金制的主要內容。

五、請說明「國民年金法」的主要內容。

六、請說明「國民年金法」中國民年金保險的給付項目為何。

七、檢視近來對於國民年金的社會期待主要為何。

八、對應於人口老化時私人年金與國民年金的關係為何。

九、請簡述國民年金給付的類別與方式。

十、社會之所以高度重視國民年金制度的建立，主要著眼於哪些因素？

Chapter II

社區發展與社會福利

前　言

壹、社區發展工作的內涵

貳、福利工作社區化的趨勢

參、社區發展政策的落實

肆、社區工作的努力方向

結　語

前　言

　　社區生活是一種「生命共同體」的社群，也是共有、共治與共享的生活區域，我們的日常生活幾乎是在自己所屬的社區範圍內進行，我們的生活方式與人格發展多半受社區組織的影響。有了社區組織，個人生活便獲得許多便利，這也是它普遍存在的重要理由。雖然「社區」的概念可能範圍大小不一，並沒有明確的界線。這些區域皆有以下的特質如：第一，社區接觸多為直接的，人與人的關係密切；第二，社會行為標準較為單一，風俗、道德、習慣的影響力較大；第三，生活方式是固定的生活；第四，生活以家庭為中心，血緣方面的關係較為濃郁；第五，人口數量少，互動較為頻繁，易形成生活共同體。有了社區，個人生活便獲得許多便利，使得我們的日常生活幾乎與自己所屬的社區有關，人類生存機會是因社區而增強，這也是它普遍存在的重要理由，也因此我們的生活方式與人格發展多半受社區組織的影響。

　　社區發展被認為是1950年代由聯合國基於開發、進步及現代化的思維而推動，其並與創造民主自由、發展經濟和多元社會共同形成的社會發展運動有關。回溯社區發展推動迄今，除了協助台灣農業社會邁向工業化、都市化發展的一種適應及轉型，同時透過社區基礎建設、生產福利建設及精神倫理建設，使得台灣社會在社會發展的基礎工程條件上有了相當雛形；生產福利建設對於人民經濟生活的改善有一定程度的助益；精神倫理建設則提升人民生活的素質。同時，社區發展更帶動人民參與及團體運作的民主表現。

壹、社區發展工作的內涵

　　社區生活是為了滿足社區成員為目的，隨著社會的變動，社區必須

積極朝向社區發展的道路。社區發展的目的是：

1. 提倡互助合作精神，鼓勵社區居民自力更生解決社區的問題。
2. 培養社區居民的民主意識，吸引其參與本社區公共事務。
3. 加強社區整合，促進社區參與（community participation），理性進行社會變遷，以加速社會進步的過程。

過去，由於我們較重視社區硬體建設，相對忽視居民的社區認同，致使社區發展理想與實際間落差過大，甚至有名無實。因此，當前社區發展政策的首要任務即是如何強化居民的社區認同與社區意識，如何透過各種社區活動的辦理，加強居民的社區參與和情誼，進而使他們自動自發、相互合作，融合成社區生命共同體，形成社區發展的動力。參採1955年聯合國在「運用社區發展促進社會進步」的文件中，又提出了社區發展的10項基本原則：

1. 社區各種活動必須符合社區基本需要，並以居民的願望為根據制定首要的工作方案。
2. 社區各個方面的活動可局部地改進社區，全面的社區發展則須建立多目標的行動計畫和各方面的協調行動。
3. 推行社區發展之初，改變居民的態度與改善物質環境同等重要。
4. 社區發展要促成民眾積極參與社區事務，提高地方行政效能。
5. 選拔、鼓勵和訓練地方領導人才，是社區發展中的主要工作。
6. 社區發展工作特別要重視婦女和青年的參與，擴大參與基礎，求得社區的長期發展。
7. 社區自助計畫的有效發展，有賴於政府積極的、廣泛的協助。
8. 實施全國性的社區發展計畫，須有完整的政策，建立專門行政機構，選拔與訓練工作人員，運用地方國家資源，並進行研究、實驗和評估。
9. 在社區發展計畫中應注意充分運用地方、全國和國際民間組織的資源。

10.地方的社會經濟進步，須與全國的進步相互配合。

社區發展是一種多目標、長遠性、綜合性的社會福利事業，旨在透過社會運動方式與教育過程來培養社區意識，啟發社區民眾發揮自動自發、自助及人助的精神，貢獻人力、物力、財力，配合政府行政支援、技術指導，以改善社區居民之經濟、社會、文化等環境，提升其生活品質。1965年行政院頒布「民生主義現階段社會政策」，確立了社區發展為我國社會福利措施七大要項之一，同時並明確規定「以採社區發展方式，促進民生建設為重點」。迄2007年底，已成立社區發展協會共有6,402個，賡續推行社區公共設施、生產福利、社區意識凝聚與社會福利社區化，以增進社區民眾福祉。

 ## 貳、福利工作社區化的趨勢

人性的社區照顧中，「照顧」是個美好、溫暖、充滿真善美的詞，又是人間最好的行為之一。人和人之間，原本就應該彼此照顧，「人人為我，我為人人」的落實就是——人人照顧我，我也應該設法盡力照顧人。「社區」也是美好的詞，人們居住在靠近的地方，彼此幫助，相互扶持，以愛真誠對待。「社區照顧」就是由這兩個美好概念組成的專業又人性的服務，比起傳統機構式、威權的、冷冰冰的照顧，更能貼近人心，更符合人性。

一、社區化的興起

第二次世界大戰結束以後，西方福利先進國家的政府權力藉由戰爭而得到普遍加強，加之戰後其國民也希望休養生息，渴望社會福利，從而使政府能夠在社會福利方面有較大作為。福利國家逐漸成為西方國家標榜和追求的一種理想制度，福利開支多由中央政府統籌，政府幾乎包

攬了所有的社會福利責任。其結果,福利範圍愈來愈廣,可以說是「從搖籃到墳墓」無所不包,福利水準愈來愈高,福利開支愈來愈大,福利開支的增長可以說到了缺乏理性的程度,造成了政府沉重的財政負擔。到了1970年代末、1980年代初,終於醞釀成了福利國家危機(張學泰,2000)。人們普遍對於社會福利經費的擴張與服務效果之間的關係,開始產生懷疑和反省。常見的批評意見有:(1)道德危機;(2)缺乏效率;(3)給予不公;(4)無法治本;(5)永續危機;(6)財政危機。為了解決福利國家危機,於是有許多改革措施出現,主要內容包括:(1)政府財政緊縮;(2)分權化與社區化;(3)福利科層體系的削減;(4)管制的開放;(5)社會福利供給的志工化、社區化、小型化與家庭化。這些措施背後所隱藏的價值來自兩股思潮,一個是新保守主義,強調市場的自由機能、個人主義、反對政府干預、強調家庭責任、削減福利支出;另一個是福利多元主義,主張社會福利可由法定部門、志願部門、商業部門以及非正式部門來提供。總之,這些改革措施的中心思想就是,自由化──解除管制,使以往以政府為福利供給的主要角色逐漸撤離;社區化──讓民間有更多參與福利提供的機會;效率化──以強化服務提供的效率並增加民眾使用上的便捷性與選擇性。社會福利社區化的想法由此產生,並逐漸成為福利國家福利供給的主要模式。

二、社區化的含義

所謂社會福利社區化是指政府將社會福利的供給,完全或部分轉移到民間部門,同時引入志願團體的服務,以達成福利服務的目標。美國學者Paul Starr(1989)將社會福利社區化的意義分成三個層次:

(一)將社區化作為一種理念

在這個概念之下,社區化被視為是公私部門混合的福利供給方式,由政府與民間機制共同合作,對福利需求者提供服務。

(二)將社區化作為一種理論

在這個概念之下，社區化被視為一種所有權的重新分配，經濟資源的再分配，並透過社區發展的方式將權利下放給民間，以減少政府福利的過度負擔。

(三)將社區化作為一種政策措施

在這個概念之下，社區化被視為對民眾申請福利給付的重新安排，將以往由政府扮演服務供給者的主要角色，逐步轉移給民間。

社會福利社區化的含義從理念到理論，到最後的政策措施，環環相扣，其內容不僅僅只是指政府活動轉移給非政府部門（如家庭、雇主、商業市場、社會團體等），而且包括了由民間部門擴大參與社會服務，以及將志願服務運用到社會服務的供給。

三、社區化的實踐

(一)社會福利社區化的發展方向

西方福利國家為了達到社會福利社區化，基本上是朝著三個方向發展：

1. 逐漸減低對政府補助的依賴，回歸到以非營利機構為福利服務提供的主體。
2. 慈善事業逐漸加入志願服務的色彩，以一種較新及更具親和力的福利機構漸漸增加。
3. 強調服務提供在地化特色者需要付費，使社會福利由原有的政府為導向走向民間需求為主導。

上述發展方向，使社會福利的發展在趨勢上具有了多元化色彩。

(二)社會福利社區化的主要運作方式

1. 服務承包（contraction out）：服務承包的理念是將社會福利服務透過訂立契約的方式委託給民間志工團體或非營利機構，由它們來提供社會福利服務，用以減輕政府的負擔。

2. 補貼制度（grants）：政府為保障公民獲得一些最基本的生活需求服務，往往透過補助制度以減低其服務收費。如美國醫療機構長期接受政府的巨額財政補助，以便使低收入者也能享受較低價格的醫療服務。

3. 市場機能（marketization）：消費者自行從民間市場選擇服務，政府完全不參與，但是，政府需要制定法律或規定來進行管理，以保護社會上的低收入者。

4. 抵用制度（vouchers）：透過發放帶有現金性質的兌換券，讓接受公共服務的人在指定項目內購買所需要的服務，其目的是鼓勵他們對特定物品和服務的消費，並且能夠控制政府所補助資金的用途。

5. 確保品質（to ensure quality）：提高申請福利服務資格的標準以確保社會福利的品質，政府需要建立服務標準，使服務對象得到專業的服務。

6. 相對補助（relativity subsidize）：所謂相對補助方式指政府為了鼓勵民間機構參與社會福利服務，而設立福利服務配套資金，當民間機構自行籌措到一定資金後，政府可與民間按一定的比例共同負擔經費。而解除管制是指政府在保留提供服務的責任同時，儘量減少對民間參與社會福利供給的限制。鼓勵私營機構參與社會福利領域的競爭，促進社會服務效率和質量的提升。

7. 自助服務（self-service）：自助服務旨在鼓勵家庭、鄰里和朋友組成支持性網絡，恢復傳統及最有效率的自助方式。

8. 志願服務（voluntary service）：志願服務是由志願者透過慈善或志願機構，提供原本由政府提供的服務。

(三)社會福利社區化的效果

社會福利社區化之所以成為福利國家現行福利服務供給的主要模式，是與其所能夠產生的積極效果有關。

1. 提升了效率：透過各自委託方案的競爭，選取較為有效率的方案實施，能夠提高服務供給的效率。
2. 增加了民間參與：即將公共部門的服務轉移給志願服務團體，有助於服務領域的擴充。
3. 民間提供的服務成本較低且較具彈性，可以配合不同群體的需求。
4. 有助於限制政府科層體制的過分龐大。
5. 有助於增加福利消費者的選擇自由。
6. 可以激發社區居民的參與意識。

社會福利社區化不僅有助於克服現行社會資源的龐大負擔之外，亦能積極鼓勵民間參與，使得福利服務的推動取得了相當的成效。

四、社區化的作為

社區的英文是community，字首co的意思就是共同、靠近、相近，是人人都需要的。照顧的英文字也是c開頭的，也有靠近的意思。社區是人們生活的地方，大家在此享受，也在此運動、休閒、交友，分享人與人之間的關懷。早在有各種社區工作方法之前，人們已經參與社區、服務社區，也從社區獲得所需要的資源。社區是人們安身立命的地方，是最人性的地方，是居民共同的「根」。社區照顧就是「與生活結合」，又是「扎根在自己土地上」的服務。是很人性的，是屬於家庭的，是期盼人們共同投入的，是專業人員各自貢獻所長，而需要者各自獲得所需要幫助的現代化服務，它能適當地修正過去機構照顧的缺失，把人性找回來，又使人性中的愛得以發揮。在我們民族中早就有「落葉歸根」的傳統，「在地老化」的理想正是「落葉歸根」的現代說法，也是對近年

來過於專業化、機構化的一種反思。我們很容易就舉出目前對機構服務的各種不足，也會發現過度「治療」（cure）的問題，當然也會希望日常生活照應能享受到人性的對待，也就是被社區所照顧。以弱勢族群的福利服務為例，由於老人的需求差異很大，對身心障礙者的服務也遇到類似的狀況。「照顧產業」，本質上是「人力密集」的，又是「腦力密集」的，既是「專業密集」的，又是「知識密集」的，需要有關於照顧知識的獲取、分享、應用與創新，又有技術經驗的累積、流通、更新與發展。工作人員既需要有自我導向的學習、團隊學習、創新研發學習，還要能應用，有行動力地轉化學習為實踐。照顧組織必須是「學習型組織」，成員不斷一起學習，共同付出，共同搭配，整體服務。對老人、身心障礙者和其他人口群的需求有創新與改善，使服務水準能逐漸符合期望水準。這些方面，社區化作為宜朝向：

1. 3C學習：社區照顧結合政府、企業、非營利組織，政府的C是指公民（Citizen），企業的C是客戶（Customer），非營利組織的C是案主（Client），老人和身心障礙者兼具三者角色。服務者也以充分尊重的態度來協助，以專業工作者的自我期許要求自己。對老人和身心障礙者也應提供訓練，幫助他們成為照顧服務裡的一方，也能夠配合照顧者的要求。

2. 成人和繼續教育的管道：讓成人和繼續教育也成為照顧服務中的助力。社區資源的運用、多元能力的累積、各種方法教材的研發，都很重要，也都可以結合。

3. 終身教育：人們非常需要繼續教育、長期訓練、良好發展，如此才有穩定和高水準的照顧服務。

4. 知識經濟：以更多有效的知識和管理協助老人、身心障礙者和他們的家人。服務輸送體系有賴資訊管理，照顧服務產業其本質是知識經濟，須認真改善品質以確保服務的持續。

5. 團隊學習：專業人士在服務輸送中緊密配合，使有需要的人能在最接近家庭的環境中得到照料。

　　社區照顧尤其需要與知識管理結合，知識管理包括了創造、儲存與運用知識，以增進績效。知識是最珍貴的資產，需要規劃、取得、學習、流通、整合、保護、評估、監督，更需要創新。如何把知識發展成有用的、能增加競爭力的，是知識管理者的任務。社區照顧是對每個人的「真正在乎」，照顧（care）一詞的本質是「真正在乎」，沒有在乎，就沒有好的照顧，對社區照顧的未來發展，更充滿期待。

參、社區發展政策的落實

　　1965年行政院頒布「民生主義現階段社會政策」，確立了社區發展為我國社會福利措施七大要項之一，同時並明確規定「以採社區發展方式，促進民生建設為重點」。隨著社會環境之變遷，原由政府主導由上而下之社區發展模式，已無法適應社會需求，解決社區問題，為期改變社區體質，使其能達到民主、自治、自助之目標，乃於1991年發布「社區發展工作綱要」，推行社區公共設施、生產福利、精神倫理等三大建設。社區發展朝向一種多目標、長遠性、綜合性的社會福利事業，透過社會運動方式與教育過程來培養社區意識，啟發社區民眾發揮自動自發、自助及人助的精神，貢獻人力、物力、財力，配合政府行政支援、技術指導，以改善社區居民之經濟、社會、文化等環境，提升其生活品質。「社區總體營造」的本質，其實是在「造人」，期望透過人的品質的提升，重新塑造台灣的社會與政治行政體系，實現一個真正現代化的公民國家理想。社區營造有關的內容有以下三點：第一，鼓勵社區居民參與社區發展，活化社區組織，利用在地資源，營造活力自主的公民社會；第二，政府應整合觀光旅遊、工商業、農漁業、文化產業、環境保護、城鄉發展、古蹟維護、教育、衛生、社會福利等資源，推動社區家園永續發展；第三，政府應結合原住民部落文化與生態特色，推動新部落總體營造工程。

為增進有組織、有計畫的福利輸送，強化家庭及社區功能，結合社會福利體系與社區發展工作，整合社區內、外資源，建立社區福利服務網絡，以確保福利服務落實於基層，政府實施「推動社會福利社區化實施要點」。其實施要領為：

1. 建置福利社區：省（市）、縣（市）政府原則以社區（或聯合鄰近社區）為核心，以生活共同圈之服務輸送可近性、社區居民參與性、福利資源完整性作為規劃福利社區之範圍，經勘定後實施。

2. 確認福利需求：指定專人協助社區訂定計畫，蒐集資料，瞭解民眾之問題及需求，掌握福利服務之現況，協調福利資源之運用，據以實施。

3. 加強福利服務：以社區現有之福利工作，繼續加強辦理，進而擴大福利工作項目，充實服務內涵，並結合社區內、外福利服務體系，建立社區服務網絡，提升社區服務品質。

4. 落實社區照顧：推展社區福利機構小型化、社區化，並倡導福利機構開拓外展服務，促使資源有效利用。

5. 配合國宅整建：增設福利設施，便利各項福利設施之使用，達成福利可及性之功能。

6. 設置活動中心：由社區活動中心辦理地方性青少年、婦女及老人活動，並作為社區居民平日休憩聚會之場所，使社區活動中心能對社區民眾提供有效且多功能用途的服務。

7. 精神倫理建設：為凝聚社區居民意識，提升社區居民精神生活，以達成敦親睦鄰，促進社區居民互動的目標。

8. 辦理守望相助：透過社區居民參與，發揮「守望相助、疾病相扶持」，強調「社區共同體」的概念，以促進社區居民更好、更安全的生活環境。

9. 推動志願服務：對社區內退休人員、家庭主婦、青年學生等，鼓勵參與社區服務，以協助社區自助、自治，社區環境整理，里鄰守望相助等活動。

10.推動社區福利：隨著社會福利發展趨勢與潮流，專家學者多主張
　　機構式的福利服務應回歸社區或家庭，將福利服務落實於社區
　　中，推展多元化的服務方案，如老人在宅服務，以提升社會福利
　　服務的可近性。

 # 肆、社區工作的努力方向

　　社區發展的基本邏輯是源自於一個民主參與、政府協助的前提，
達到自立自足的社區參與模式，甚而表達自主決定的行為。然而，社區
發展最被詬病的是社區在政府主導下，使得社區無法產生自主作為，造
成社區對於政府的依賴，使得社區發展欠缺永續經營及推動的條件，更
重要的是缺乏社區核心價值及發展的參與作為。1980年代興起的社區總
體營造風潮，透過對於人民與土地的關係，做重新的瞭解與定位，其基
本的運作概念乃繫乎於民主參與，由下而上的行為模式。社區總體營造
掀起龐大的民間力量及公民社會實踐行動的展現，更重要的是民眾自覺
自主的發起。社區總體營造推動發展的模式，以非正式、非結構、非制
度的組織型態，結合具自發性、自主性、有意願、有動機的民眾、團體
或社區共同進行一種立足於社區，關照歷史，注重生命，改善生活，延
續生存的理念，為人民與社區的關係做新的營造與模塑。也就是，民眾
基於自主的立場及需要，去尋求或營造一個適合的環境與空間，全民參
與的形式及機制。重建長期以來人民與土地與社區共同連結的情感與關
係。從文史到空間到生態乃至於從觀光休閒而成的各項產業，連成一
體，進而從人文的關照落實到生計的維繫，各種產業營造更是締造社區
務實永續的基礎。社區營造為社區發展注入新的能量和活力，使社區發
展與社區營造結合為共生、共存、共容、共榮的景象，為社區最大利益
做最佳選擇及謀求。

　　無論是社區發展或是社區總體營造，其最主要的根本即是植基於共

同生活的土地及人民生活的妥善關照。從福利多元主義發展到社會福利社區化，以至於社區照顧，甚而志願服務在地發展等等，皆是在為社區人民的需要，福利的滿足做更大的突破與努力。福利社區化是扎實地回應社區居民的需求。社區發展除了著重文史、空間及產業的議題，進而對於人民實質生活，包括教育、文化、衛生、環保、福利、安全等課題的重視，落實生計、生命、生活各層面意義上的踏實作為。由此，以社區營造所具有的活力及創意，加諸社區發展真切的服務照顧，加以民間力量及市民社會紛起之際，必能為社區帶動改變，為人民共謀福祉。

社區具有群體、公社和共同體的含義，它們的構成本身就體現出人與自然、人與社會、人與人之間的諸種關係。社區是一個相對完整的社會實體，就是說，它不僅包括一定數量和素質的人口，而且包括由這些人所構成的群體和組織；不僅包括人們的經濟生活，而且包括人們的政治、文化生活；不僅包括生產關係，而且包括其他社會關係；不僅包括一定的地域，而且包括人們賴以進行生命活動的生產資料和生活資料。社區是一個公民社會（civil society），因為其是指占有一定區域的一群人，因歷史背景、地理環境、社會文化、生活水準、職業聲望或其他方面的差異而造成各種不同的地域，並且形成彼此相互依存的關係。在社會學研究中，一般按社區結構和綜合表現，把社區分為兩大基本類型，即都市社區和農村社區。這兩類社區具有各自發展的歷程，普遍存在於各個國家和民族之中，是人類社會生活的最基本環境。但伴隨著社會生產力的發展，都市化過程的加快，落後的農村社區日益向都市社區演變。城市社區將成為人類生活的主要舞台，這也是社區發展的普遍趨勢和基本規律。社區的範圍很難界定，既非行政界域，也無明確界線。然而，對於某一群人而言，社區卻是個人發展認同感與歸屬感，並擁有某些權利與義務的具體存在生活空間。社區也是一種制度、組織或體系，這種組織或體系依其空間分布來說，即是一種區位結構或區位體系。社區有自己特有的文化、制度和生活方式，每一個社區的居民，對於自己所屬社群能產生一種情感和心理上的認同感，即有一種「我是某個地方

的居民」的觀念。上述各要素的有機結合構成了活生生的社區整體。

 **結　語**

西方學者密爾森（Fred Milson）強調社區居民參與社區工作的價值，並主張：「社會變遷雖由於造成變遷的因素過於複雜而不易為人所控制，但是社會科學研究者仍能藉由已知的各種地理、人文、文化、心理、生物等因素，對社會發展加以掌控，使社會的計畫變遷有實現的可能。其中社區發展工作就是要積極的指導人類發現社會的問題和需求，發揮人群分工合作的精神，組織既有的人力、物力資源，使社區生活能在有效的建設和調適關係中獲得更高的發展與加速的進步。」經由「社區建設」的強化，將有助於形塑「生活共同體」，乃至於落實「生命共同體」的體現。

問題與討論

一、請說明何以社區生活是一種「生命共同體」。

二、請說明社區的主要特質為何。

三、請說明社區發展的目的為何。

四、請說明社區發展的基本原則為何。

五、請說明福利工作社區化興起的主要因素為何。

六、請說明社區化的含義為何。

七、請說明社會福利社區化的主要運作方式為何。

八、為期社區發展政策的落實，其實施要領為何。

九、請簡述社區營造的方式。

十、請說明社區是一個公民社會的主要意涵。

Chapter 12

社會福利的發展願景

前　言

壹、社會福利發展的挑戰

貳、建構社會安全的保障

參、社會福利思維的變遷

肆、社會安全與社會福利

結　語

前　言

　　社會福利涉及的範圍相當廣泛，就生命周期來看，從出生到死亡的每個人生階段，都可能遭遇各種不同的社會風險，例如生育、疾病、失業、傷害、老年、死亡等等，為避免掉入貧窮的困境，故需要健康照護、就業安全、養老年金等各種保障制度，以及相關的救助與服務等措施，作為必要的生活保障機制。在社會福利思潮興起之後，這些制度已成為一個國家進步發展的重要指標，尤其是在1997年的東亞金融風暴、2008年的全球金融衝擊之後，由於其所衍生的對社會面的衝擊，特別是缺少社會安全機制的國家或地區，促使各國普遍正視社會福利機制在整體國家建設中的重要角色。健康維護及老年經濟安全保障，是現代社會安全體系中最主要的項目，是國家現代化的重要指標，也是政府的重要職能之一。特別是在社會經濟結構已產生巨幅轉型的現代知識社會，工業生產模式與都市社會結構環環相扣，更使得國民經濟安全保障網絡的建構愈趨重要。

　　福利的最早形式來源於救濟。眾所周知，英國是西方社會中最早推行福利國家的民主國家，其社會福利發展具有深厚的歷史根源。從國家介入公民福利領域的角度看，英國1601年頒布的「濟貧法」和1834年推行的「新濟貧法」，象徵著西方現代社會福利制度化發展的雛形，也是工業革命早期以立法形式對貧困等社會問題的直接回應。由於「新濟貧法」是以濟貧法律的最後型態出現，它也成為英國最早推行社會福利政策的一個開端和社會福利的起源（Friedlander & Apte, 1980）。英國封建時期集結在城鎮的大批貧民；我國傳統的農業社會裡，周期性的天災導致流民的湧現，碰上此類情況，地方政府被迫開倉救濟災民。隨著社會變遷，社會福利制度是與歐美各國工業化、現代化過程密切相連和相伴而生的一種制度安排，並伴隨著工業化的過程在全球範圍內推進。在加速發展的經濟全球化背景下，社會福利制度將面臨何種挑戰？社會福利

的模式選擇是否要繼續沿襲歐美既有制度向前發展？全球化是否能為多元化社會福利制度挹注新的方向？成為人們所關注的焦點。

 ## 壹、社會福利發展的挑戰

　　由於人口高齡化進程的加速發展，政府社會福利支出的不斷膨脹，以及經濟發展衰退與蕭條的影響，社會保障改革問題長期以來一直是各國關注的焦點之一。從西方各國的傳統改革措施，到1990年代初的結構性調整改革，到社會福利的部分乃至整體私有化的改革思路，呈現出日漸明顯的以新經濟自由主義思潮為主導的改革趨勢。與此同時，各國也加快了多層次社會福利制度建構的步伐。儘管由於國情的差異，多層次社會保障在制度架構、模式選擇等方面呈現出多樣化的特徵，但承認多種保障模式的互補作用，大力發展補充性社會福利計畫，以解決日趨複雜的社會福利問題，則是許多國家日漸趨同的政策取向。誠然，當前國際社會福利改革的某些主要特徵，反映出一些國家近期社會福利制度的改革方向。但是仔細思索這種社會福利如果缺乏強有力的經濟支撐，將難以應對人口高齡化的挑戰，難以解決社會保障費用負擔的問題。如果社會保障具有雄厚經濟基礎，那麼社會福利制度的危機將得以根本緩解，歐美社會福利服務的普世性原則依舊可以在各國順利實施。尤其在經濟全球化的背景下，知識經濟、技術創新對經濟增長的獨特貢獻，資本、貿易、產品、服務及各類生產要素在經濟一體化中比較優勢的充分發揮，無疑會對眾多發達國家帶來經濟增長的機遇，同時對眾多發展中國家的經濟發展帶來程度不同的推動效應。

　　自歷史過程得知，社會福利並非單純的經濟保障制度，也非服務於單一的經濟目標，而是與經濟、政治、社會等因素息息相關。社會福利的制度分析表明，各國福利服務財務收支的危機固然是一個重要方面，在經濟全球化背景下，社會福利既有制度將面臨日益嚴重的挑戰。

一、對現行社會福利制度產生的挑戰

在經濟、貿易、金融全球化的背景下，伴隨著資本流動、技術流動、貿易流動，各國之間，發達國家與發展中國家之間的競爭必然加劇，收入差距將進一步擴大，融資風險和潛在的內外部金融危機隨時可能爆發，失業等社會風險及全球貧困問題將日趨惡化，我們迫切需要用創新思維應對全球化的風險挑戰。然而，現行社會福利制度及其自身面臨的問題，對處置全球化背景下的社會風險，顯得力不從心。儘管聯合國及其下屬國際機構，如國際勞工組織（ILO）、世界銀行（World Bank）、國際貨幣基金（IMF），以及經濟合作暨發展組織、亞太經合會（APEC）等經合組織，亦對全球化背景下的社會福利做出了某些調整，但在總體上，全球社會保障制度建構難度，遠遠超越經濟全球化的樂觀圖景，很難按照現行制度框架以有效應對全球化帶來的養老、失業、醫療風險及區域貧困化趨勢繼續演進的嚴峻挑戰。一個基本的困境在於如何在加速變化環境下，對勞動者目前和未來經濟保障，提供一個普遍適用的制度框架。從某種意義上說，各個國家社會保障一體化的制度構架，遠比貨幣流通更加困難許多。

二、對現行社會福利的制度基礎構成影響

無論各國社會福利制度在運行機制和規則層面具有怎樣的差異，人們無法迴避在其深層制度結構存在的若干核心要素的重要作用，如政府干預福利服務的導向，在一定歷史文化背景下形成的社會連帶（social solidarity）的道德共同體，以連接社會成員相應的社會權利與義務準備及其相互關係；社會福利的法律規則及制度規範等。顯然，如果沒有政府介於其間，沒有歐美國家既有的以不同形式存在的社會團結的內在機制，沒有相應的法律及制度規範，現代社會福利制度難以正常運行。加速發展的經濟全球化更多著眼於經濟利益的擴張，也許會帶來和帶動局

部乃至整體暫時的繁榮，但它自身難以解決經濟全球化必然會帶來的嚴重社會問題，並且會對現行的社會福利制度及其基礎構成潛在威脅。當然，對福利先進國家而言，它將加強正在進行的社會福利服務私有化改革進程。在全球化的進程中，政府對社會保障的限制將逐步減少，市場化趨勢得以強化，私人保險制度的保障空間將逐漸擴大，這一轉折對現行制度基礎產生了一定的影響。

三、對福利國家的社會發展產生不同的政策效應

英國Sheffield大學的S. Deacon教授將經濟全球化的影響概括為（Deacon, 1999）：

1. 全球化使福利國家面臨嚴重的競爭壓力。這主要為是否能夠真正削減開支，放鬆就業及其他限制以確保投資福利底線，是否能經由社會保障的方式促進生產發展和經濟、政治與社會的穩定。
2. 全球化為有關國際組織在社會福利政策領域發揮的作用，提供了重要機會。當然，國際機構提供的社會保護計畫與各國的實際需求是否一致，則存在著某種不確定性。
3. 全球化將創造福利供給者的全球性市場，尤其使私人保險機構及福利投資者與政府公共福利機構平分秋色。然而，對發展中國家而言，全球化則可能帶來更為嚴峻的社會風險。

四、發展中國家社會保障供給不足的困境

關於發展中國家的社會保障供給現況，江亮演在《社會福利與行政》一書中指出（2000），「社會福利服務諸多保障主要是在實現工業化進程中，半個多世紀以來，由於已開發及發展中國家現代化過程中普遍存在經濟社會二元化結構，使得社會福利制度的落實在部分非洲和南亞國家不到10%，東亞國家低於30%，南美中等占50%至60%，南歐經濟

型國家達到70%至80%，只有經合組織國家的社會保障達到90%至100%（James, 1999）」，且「占世界人口三分之一左右的二十多億人口，甚至沒有任何類型的正規的社會福利服務（Van Ginneken, 1996）」（江亮演，2004）。對占全球人口80%左右的眾多發展中國家而言，更為嚴峻的挑戰在於，加速發展的經濟全球化過程及其社會風險，與這些國家嚴重缺乏的社會福利制度相互並存。少部分收入較高的人口，可以購買保險公司的產品，而大部分勞動人口則面臨高風險背景下保障不足的風險。這一嚴峻的事實，也促使各國決策機構認真反思，以社會保險為核心的社會福利措施安排，幾乎難以真正滿足日益增長的對社會保護機制的巨大需求。而家庭、宗教組織、工會、企業及各類互助組織等非正規制度，發揮著十分關鍵的社會保護作用。不論經濟全球化的趨勢如何演進，對大多數發展中國家而言，是否有效處置全球化帶來的種種社會風險，關鍵不在於繼續套用西方社會福利制度，而是立足於各國自身的制度環境，揚長避短地建構適合各國國情的社會福利保護機制。

 ## 貳、建構社會安全的保障

　　經濟全球化的趨勢不但在短期內難以改變，而且經濟全球化的經濟與社會影響將會長期存在。然而，相當時期以來，人們似乎過於樂觀全球化的經濟效應，即以貿易、資本、技術為主導的影響各國經濟發展的層面，而經濟全球化對社會影響及其後果，則相當程度地被低估。在經濟全球化已逐步擴大和深化的1990年代後期，人們有關研究機構才開始對經濟全球化背景下社會福利制度的挑戰與對應予以關注，一些國際組織亦在加速調整全球化背景下的社會保護策略。世界銀行一直強調研究社會福利的經濟效應，希望建構能夠促進經濟發展的多層次社會保障制度，特別鼓勵發展職場及個人的第二、三層次的保險計畫，透過社會保障基金與資本市場的互動，尋求解決社會福利危機的思路。而決策觀

點在於繼續拓展新自由主義思想的政策理念，強調政府只應對最貧困的階層提供生活保障，其他階層的經濟保障應透過市場機制和其他形式的制度安排。賴兩陽（2006）指出，「1999年世界銀行發展了這一政策思路，並將其進一步拓展為較為系統的社會風險管理的策略框架，強調經由政府、市場機制和家庭、社會等非正式機制，以回應全球化背景下日益加劇的社會風險能夠有所承負（Holzmunn, 1999）。」

　　黃志忠（2005）指出，聯合國經濟社會理事會，在2001年2月提出了題為「強化社會福利——減少全球化背景下的社會風險」的研究報告（UN, 2001），是一則關於社會福利政策的系統闡述。「其基本思路包括政府和區域性組織，應高度重視社會福利在促進平等和增進投資方面的雙重職能。報告拓展了社會安全的理念，即社會保障不僅包括現金支付的保障，而且應包括健康與所得維護。報告認為全球化過程無疑會加速各國之間及各國家內部的收入不平等狀況，對社會保障涵蓋人口較少的國家，政府應當鼓勵累進稅機制直接控制有關健康保障、教育等有關服務，並應當高度重視發揮社會救助在社會福利體系中的重要作用。國際勞工組織長期以來致力於建構社會安全制度，在經濟全球化的背景下，除繼續強調透過社會福利制度，在提供基本收入保障、保障就業及家庭的責任之外，近年來國際勞工組織關注的一個中心議題，乃是經由各種方式，擴大社會福利涵蓋面。同時，幫助建立小型保險和農業生態保障計畫，透過有限的互助，並輔之以社會救助，解決低收入階層的最低保障問題（Deacon, 2001）。」

　　黃志忠（2005）指出，「歐盟組織在新的形勢下，拓展了既有的社會安全目標：其一，透過就業實現收入保障目標，但應考慮全球化背景下保障與流動，權利與責任的新型關係；其二，強調建構安全和可持續發展的養老保險計畫，尋求在勞動力市場與養老保險政策，現收現付與基金制度方面的新的平衡機制；其三，高度重視全球化背景下的社會風險問題；其四，強調重建高素質和可持續發展的醫療保障制度（Deacon, 2001）。」

　　長期以來，眾多國際組織在推進社會安全理念，建構社會福利服

務制度方面的重要決策諮詢和指導作用。尤其是在經濟全球化背景下，社會安全制度建構過程中，國際機構仍將扮演極為重要的角色。因而，重視國際機構提供的政策建議和國際經驗，毋庸置疑亦是各國應對全球化社會風險的一個重要組成部分。然而，經濟全球化容易使人們偏重經濟原則的普遍性，而忽視社會福利自身的特殊性、差異性和人文精神關照等特徵，忽視經濟力掩蓋下的潛在社會風險的嚴峻性，往往將經濟制度的某些成功原則，簡單套用於社會福利和社會安全領域。應當承認，在社會福利領域，人們長期關注於運行機制層面，偏重於技術層面，而相當程度忽視社會福利的政治經濟學分析，尤其忽視對社會保障運行的深層社會結構、家庭結構的透視。因而，西方社會福利模式在非西方社會移植的成功經驗並不多見。正規社會福利制度在發展中國家所發揮的作用非常有限，而非正規制度安排如家庭保障、民間救助、慈善機構及社會救助等傳統保障形式，長期以來發揮著十分重要的作用。是以，若干植根於特定社會結構下的傳統正規經濟保障的制度形式，仍將在發展中國家發揮基礎性保障作用，但會受到新經濟全球化浪潮的衝擊。問題的關鍵在於各國政府如何揚長避短地注重發揮非正規制度安排的作用，減緩全球化對既有社會福利制度的衝撞，這應該是有效構築全球化背景下社會風險管理框架的決策基點，亦是重構新的社會福利制度的一個政策出發點。相反，如果忽視一個長期社會地、歷史地、文化地植入社會福利的基礎，而一味追求形式完美的，運行機制科學合理的，模仿西方的社會福利制度，固守經濟全球化必然意味著社會福利全球一體化的思路；那麼，在相當長時期內，發展中國家均將很難應對經濟全球化背景下的社會風險，建構適合本國國情的社會福利制度。

從短期看，全球化帶來的經濟發展成果可能被高估，而對經濟與社會發展失衡的風險，尤其是對全球化帶來的長期的社會後果，則相當程度地被低估。在此意義上，從總體思維以探索全球化背景下的社會保障和社會福利的決策思路，具有十分重要的意義：

1.強化國家對社會弱勢群體的最低保障和社會救助的基本責任。經濟

全球化隱含的一個內在驅動，乃是放鬆政府對經濟社會生活的干預，讓經濟社會生活更多受市場規則和市場機制支配。世界貿易組織規則在社會政策領域的體現，則是加速推進私營養老和醫療保險計畫、社會照顧和保險服務的全球性市場的形成。政府提供的公共福利體系或因自身運行機制的問題，或因市場的競爭而受到嚴重挑戰。由於經濟、政治及文化等制度條件的重大差異，東亞地區必須強調政府在經濟社會發展進程中的主導作用，在應對全球化帶來的嚴重社會風險中發揮主導作用，強化社會救助成員的責任意識，即對家庭、對企業、對國家的責任。

2.建制以社會保險為支柱的社會福利制度，以應對全球化的社會風險。社會福利制度是伴隨工業化、都市化的進程並在相當程度上是從外部植入的制度機制。正是在這一背景下，經濟全球化引發的社會風險，勢必給發展中國家的社會福利制度帶來更為嚴峻的挑戰，必須立足於高度穩健的社會風險管理框架，其基本回應在於強調發揮政府對弱勢群體最優生活救助，完善現有社會福利制度的同時，注重發揮既有的家庭保障、社區保障、民間救助、慈善救助機制等非正規制度的特殊保障功能。

3.應當對經濟全球化背景下社會風險的影響進行清楚評估，並在對我國現行社會福利制度承受社會風險的能力周全估計的基礎上，反思我國建構社會福利制度的決策思路。如果在建構新的社會保護機制的過程中，忽視我國國情對社會福利的內在需求，而盲目套用所謂國際慣例和國際規則，將可能出現難以避免的種種風險。

參、社會福利思維的變遷

在對不同福利國家類型背後隱含的福利理念辨別的基礎上，透過對國家與市場之間關係的考察，我們可以進一步認識作為西方社會政策主

體內容的福利，其「價值取向」可區隔為：自由主義、進步的改良主義和批判的激進主義等三種主要思潮，來分析福利國家在社會政策方面的理念變遷。

一、自由主義的福利觀

在社會福利領域，傳統或古典的自由主義思想最早可以追溯到洛克、穆勒、斯密和近代的海耶克和費里曼（Friedland W. A.）最為著名，現在學者們將其歸類為「新右派」（The New Right）。「新右派積極主張市場經濟的自由競爭，反對國家對經濟和社會生活的干預，認為人的自由是不可侵犯的權利，他們的福利思想代表著一種保守的趨向。新右派在政治上以1970年代末的柴契爾（M. Thatcher）夫人和1980年代初的雷根（R. Reagon）政府為新右派自由主義思想的行動代言人（Pratt, 1997）。」（詹火生，1998）自由主義在現代西方工業社會裡，對福利的影響體現在它對制度化的社會福利持強烈的否定態度，主張實行殘補式的社會福利模式，極力推行志願主義（voluntarism），並突出市場和職業福利的作用。這種思潮甚至影響到典型的福利國家——瑞典，在那裡社會民主黨開始倡導（福利）消費的社會化。自由主義者認為應用「最小的政府」來界定「自由的範疇」（the liberal regime）。在海耶克看來，並非反對國家提供的一切福利或服務，他只是反對將一切福利責任都歸屬到政府的範疇，他所主張的是一種有選擇性的福利，如海耶克支持國家為公眾修造公園，在教育和公共衛生方面投資，贊成透過社會保險和慈善的方式為公民提供「最低收入保障」（minimum income security），尤其是為社區中最需要的老人、病人和失業者提供支援（Tomlinson, 1995）。從根本上說，自由主義的福利觀關注的是福利對市場經濟的負面影響，以及由此帶來的對公民自由的限制。

自由主義思想多年來在英美大行其道，一方面是和政治上保守勢力的盛行有關，另一方面經濟上的萎靡不振，使政府在社會福利支出上

大打折扣。柴契爾政府推行私有化政策,在經濟上奉行自由的市場競爭策略,鼓勵非正規部門特別是家庭在社會服務上承擔更多的責任,將市場消費者權利的概念帶入到社會福利服務的運作中,以提高公民的選擇範圍,確保服務質量和提高社會服務的單位成本效益。在社會政策上表現為政府在社會支出上徘徊或降低支出比例,減少對全面社會福利的承諾,受經濟增長緩慢的負面影響,「混合式福利」(welfare mix)成為主導式的社會政策理念,強調政府投入、非政府部門的參與和家庭的責任三位一體的方針。「社會照顧」一時成為社會服務的新路線,社區的非正規系統成為傳統正規科層機構的替代或補充,「反機構式」(anti-institutionalization)也成為精神病患者、殘疾人和老年人照顧的基本思路,尤其是在承擔照顧的日常事務上,政府更加強調人性的、符合社區環境的社會服務模式的「正常化」(normalization)和為照顧者建立支援系統的重要前提。因此,在強調政府的立法、市場和非正規系統成為社會福利服務推行中的主要角色(Queshi & Walker, 1989)。

二、進步的改良主義福利觀

葉肅科(2002)指出,「資本主義與社會主義之間存在著一種中間狀態的思潮,在福利意識型態上它們最初被維克(G. Vic)和韋爾丁(P. Wilding)稱為「不情願的集體主義」;同時,費邊(社會)主義(Fabianism)或民主社會主義也可以被歸納為是這種中間狀態的表現形式(Wilding, 1995)。」從意識型態上看,上述的福利理念由於具有強烈的社會正義色彩,因而是一種進步的改良主義。認為,國家對公民的福祉承擔著某種責任,政府的角色是為社會中有需要的個人提供資金和服務,只有這樣才能維護社會公平。因此,在資源的再分配上奉行平均主義的目標,使改良主義的福利理念具有社會主義的特徵,但在社會分析和方法上它卻和自由主義有著共同之處,在形式上表現出較大的差異性,這種帶有集體主義色彩的福利哲學主張政府採取行動,在經濟發展

上則採取混合經濟和國家干預並行的模式。主張改良主義的思想家和倡導者以馬歇爾和笛姆斯（Richard Titmuss, 1907-1973）最具代表性。馬歇爾指出，對資本主義市場經濟失敗的修正，可以透過社會政策來加以矯正，尤其是透過就業、教育和文化機會的平等，使階級之間的衝突削弱，將資源的再分配與公民享有福利的「社會權利」加以結合，使福利國家成為一種擴大公民權範圍的手段。因此，馬歇爾的福利理念朝向混合的經濟、福利的多元主義、公民權利和義務並重的模式發展，以實現穩定的社會發展。

笛姆斯的社會政策理念在於對弱勢群體進行某種形式的補償，目的在於滿足社會需要和改善「公共利益」（public goods）。因此，笛姆斯主張以更為普遍的財政福利和以工業成就為基礎的制度性資源再分配，來實現分配的正義以及建立一個更為平等的社會。在笛姆斯看來，普遍主義（universalism）可以促進社會整合，解除社會階級間的區分，所以要實現社會政策的政治目標，普遍主義的社會福利是必需的。笛姆斯將福利的區分擴大到傳統上，視福利為一種社會服務的範疇，尤其是「福利社會分工說」，更奠定了將社會政策的探索領域從經濟層面跨入社會—政治層面的重要性。

綜觀上述，進步的改良主義福利觀是強調建立一個有國家干預的社會主義經濟體制，來確保全面主義和平等主義的福利資源再分配，從而減少社會問題，確保社會各群體的需要和權利得到滿足，因而，這種社會政策只是強調以經濟結果平均分配的方式來實現社會平等。

三、批判的激進主義福利觀

賓克斯（L. Penketh）和阿里（Y. Ali）指出，1980年代以來，針對傳統社會福利是建立於以白人為中心、以男性為主導的工業社會和女性依附於男性的主要假設，西方的反種族主義、女權主義和馬克思主義思潮，成為抗衡福利政策忽視社會邊緣人口和女性權益的主要力量。西方

社會與種族相關的社會政策，使有色人種排斥在享有平等機會的邊緣，少數民族群體常在就業、受教育和福利分配上，受到來自科層機構和工作人員的不公平對待（Penketh & Ali, 1997）。近年來經濟衰退和失業率上升的趨勢，卻使有色人種在追求社會平等的道路上受到白人主流社會的排斥。因此，強調福利的重建是激進主義福利觀的出發點（Williams, 1994），認為「公民權」（citizenship）是以兩性平等、族群融合的概念為前提。有學者從後現代主義的角度出發，提出應破除一貫的男性獨立／女性依附的二元社會建構，建立公私領域之間互相依賴的定位（Pateman, 1992）。因此，以反種族主義者和女權主義者為代表，激進主義福利觀是對福利國家自由市場經濟不利後果的再度批判，它比民主主義更加深入地認識到制度不平等的政治和社會根源，為糾正傳統的社會政策只重經濟結果本身而忽視社會關係的形成過程做出了積極的努力，使社會理論對社會福利的闡釋開始注重到權力關係和身分形成的制度要素（Fraser & Gordon, 1995）。重新確立社會關係自然成為批判的激進主義福利觀為低下階層、女性、少數民族等社會弱勢群體的福利權益發聲的原因。

肆、社會安全與社會福利

隨著社會快速變遷，福利服務的意識型態，經濟發展全球化及勞工移動國際化等因素，社會福利服務工作正面臨著如下的挑戰：

一、經濟發展與社會安全規律的探討

社會福利本身便是工業革命或經濟高速發展的產物，保險形式的社會保障制度也最先在經濟發達國家中建立。可以這樣說，經濟發展為現代社會福利提供了發展的條件，而只有在經濟穩定前進的情況下，社會

福利制度補救了經濟發展的一些弊端，也為穩定的經濟發展提供了必要的元素。事實證明，正如經濟發展一樣，社會福利的發展也有本身的規律，應否擴張或縮短，必須遵循一些客觀的條件和因素，如人口不斷高齡化，退休保障的需求必然增加。

二、社會福利的責任歸屬——個人、集體或是政府

為了建立社會福利制度，社會必須付出代價，代價有時難以個人形式出現，有時以集體形式出現。舉例而言，為了保障個人的退休生活，無論採取的是保險或儲蓄的方法，個人按期供款是必需的，以顯示個人對退休保障的責任。至於失業保險，因個人責任不顯著，故常採取集體繳款形式，責任放在企業和政府身上。社會福利的責任誰屬仍是糾纏不清的問題。事實上，有時看似是個人責任，如退休保障的個人給予，到了最後卻可能是一種集體的承擔，現在很多國家的退休金制度都出現財政緊絀的問題，為了填補赤字，政府多從國家財政中撥款支持下去，其結果是轉嫁至後代子孫，成為一種世代間債務移轉現象。

三、社會福利是收入保障或社會資源的再分配

社會福利能否充分展現社會保障的功能，很多時取決於客觀環境的需要，如社會上貧富差距很大，從高收入人士中多取一點，以便改善貧者的生活，讓退休、患病、失業的多得一點，看來也是政府應該採取的措施，也有穩定社會的作用。當然，政府能否從各所得階層間重新分配資源，還須考慮其他因素，如繳款率的調整對經濟的影響等，情況不可一概而論。不過，經驗顯示，社會福利所能發揮的財富均分（wealth equalizing）效果十分有限，畢竟提高個人的競爭力才可以致富，分享別人的收入，充其量只能保護自己不陷入貧困之中。總括而言，社會安全保障的基本功能是保障個人收入的穩定。早期社會福利學者曾言，社會

保障猶如機器的潤滑劑，使工業社會運作得更順暢，但要透過社會福利達成公平社會，卻是一種奢望。以退休保障為例，這種所得階層資源再分配的計畫（income redistribution），只會延續社會的不公平狀況，收入高的，得到的退休保障也較大；收入低的，退休後也不能改善。引起的爭議必然十分複雜，問題的解決也變得十分政治性。

四、社會福利服務是否影響人們投入經濟活動的誘因

社會保障繳款已成為企業營運成本的一部分，雖然繳款的責任不完全放在企業身上，工人和政府也必須參加，但企業的角色最吃重。現在較常引起爭議的問題是，企業承擔的社會保障繳款的責任，應視為資產還是負債（asset or liability）？所謂資產，是指企業把社會保障繳款作為本身擁有的資源，因此若從人力資源的角度看，企業為雇員繳交的款項，應成為企業的寶貴財產。至於負債，指的是企業視社會保障繳款為必須承擔的義務；在繳交有關款項後，一切利益全歸雇員，與企業營運無關。

五、社會安全保障的運作模式強調的是保險或儲蓄

社會福利強調提供民眾社會保障，社會保障以儲蓄方式營運，於1950年代才開始，主要是以公積金的形式推行。公積金是否應納入社會保障範圍，到今天仍有爭議，有評論認為公積金純屬個人儲蓄，與社會保險的「危機分擔」精神大相逕庭，所以不應把兩者混為一談。但推行公積金的國家，近年來都把公積金的範圍和功能不斷擴大，形式與社會保險十分類似，所以不應完全排除在社會福利之外。社會保險和儲蓄都只是營運工具，如何使兩者互相配合，並為受保障人士帶來最大利益，這才是宜正視的問題。

六、社會福利與其他社會制度的關係

社會福利對於生、老、病、死等人生的困難提供了解決的辦法，與家庭發揮的功能有重疊的情況。過去對社會福利與家庭之間的關係採取了因果的看法，即有了社會福利，家庭的作用減弱了，但有人認為是家庭無法延續本身的作用，社會福利才有設立的必要。不過，無論因果為何，都是把社會福利與家庭關係看成是直線的（linear relationship）。與其說社會福利與家庭有因果的關係，更準確的看法是把社會保障與家庭放在同一發展的軌跡上，兩者同時受到工業化和現代化的影響，而兩者的關係則要視個別社會的特殊情況而定。

「社會安全體現社會福利，社會福利落實社會保障。」面對民眾期待及社會發展社會福利宜積極朝向：

(一)國民基本生活的保障

由於涉及社會集體連帶的觀念，其所需要的成本宜由社會全體共同承擔，課以國家最終的保障責任，這也是政府規劃社會福利制度的最主要精神，由政府為全民建立經濟安全保障制度作為機制，結合社會群體力量，讓每一位國民在此一經濟安全保障體系當中，各有其權利與義務之關係與定位，立基於自助、互助、人助的基礎上，保障每一位國民老年基本生活需要。至於社會弱勢人口（低收入者），以及特殊群體（兒童、孕婦、老人、身心障礙者），不管經濟再繁榮，此類對象必然存在，而且其苦難並不必然可以歸責於個人，仍然含有許多社會因素在內。因此，基於社會外部效應與當事人特殊生活成本之考量，國家為維持機會均等與公平正義，社會救助與社會津貼制度，成為經濟安全保障網絡中的一項環節。至於就業者在工作期間，因就業機會緊縮，或因產業結構調整，所可能導致的失業風險，也非個人所可充分掌控，而需要就業安全體系（創造就業機會、職業訓練、就業服務、失業保險）作為防範與緩衝機制。

(二)一般水準的生活保障

這是超越國家基本經濟安全保障水準以上的責任問題，已不純是社會集體與互助的關係，亦含有個人的努力與企業的社會責任，而應由雇主及個人，在其工作期間，依其努力程度來共同達成，其給付水準應與工作所得有密切關聯。由於員工與雇主是共生關係，員工是企業成長與發展的最重要資產，為安定員工的工作以發揮其能力，提供適度的退休保障制度是企業必要的職責，亦應視為吸納人才的有效作為，而政府作為一個國家的資源管理者與機會均等的維護者，在這一個層次的職能，應致力於創造與維護一個優質的投資環境（包括合理妥善的社會安全制度），讓企業經營者願意投資並繼續經營下去，為民眾創造更多的就業機會，同時有效規範其運作，確保參與者應有權益，包括投資者的成本與受僱者的保障，甚且提供必要之優惠給予鼓勵。

(三)個人理想的生活形式

生活形式因人而異，也非政府或企業所可干預，例如簡居山林之人，並不能以擁有實質貨幣的多少來論斷其生活保障問題，他如個人投資儲蓄的理財觀念，規避風險與危機的思想，家庭關係與親友網絡的經營等，幾可說多屬個人事務的範疇，國家所可著力者，則為透過社會教育，提倡尊親敬老風氣，灌輸危機意識與風險管理觀念，為自己的老年生活，進行未雨綢繆的生涯規劃。

社會福利制度在人類社會已有漫長的歷史，迄今還未到達完美的地步，其中不足之處顯而易見。如以上所提的營運模式、資金的管理等，至今仍未有妥善的辦法。此外，我們不可忽略的是，社會福利是一種制度，如何在這制度下，讓接受保障的人士感受得到關懷和愛護，看來是需要由專業實踐和服務廣度上持續努力的。

 結　語

　　社會福利思想的建構可追溯至希臘時代的「幸福論」、羅馬時代的「責任觀」及我國的《禮記‧禮運大同篇》……均有所論述，皆認為：「個人應依其基本需欲獲取社會提供的資源，個人亦應竭盡所能貢獻一己的能力造福他人」的互賴互助，不僅是一種美德，也是一種社會責任。當社會互動愈為頻繁，互賴關係愈為綿密時，基於「危險共擔」、「福利互助」所主張的生活安全保障，將裨益於社會的永續發展，此種保障是每個國民的基本權利而不是慈悲的施捨。特別是在工業化的國家，由於社會意識的變遷，人口快速的流動，醫療科技的進步，使得「小家庭」及「高齡化」成為社會的主要特徵，原本依賴大家庭所提供的保護網絡，勢必仰賴政府的福利機制加以協助。因此，新近的福利思潮強調：經由政府結合民間、職場共同參與的妥慎規劃，以滿足民眾如健康、教育、醫療、住宅、營養等基本需求，並藉以達成和諧社會的目標。

　　隨諸社會變遷與時間遞嬗，回顧過去六十年來台灣社會的整體發展的確有許多傲人的成就，諸如國民所得的增加、義務教育的普及、平均壽命的延長、生活素質的提高、醫療衛生的增進等等。然而，由於社會的急遽變化，在社會發展的過程中，衍生出若干負面的行為，乖離整體發展所追求的目標，例如家庭結構的破壞、貧富差距的擴大、犯罪行為的增加、環境污染的嚴重、老年人口驟增等等。這些課題無一不涉及社會安全的運作規劃，不僅是政府亟須面臨的挑戰與考驗，也將是決定台灣在二十一世紀是否有永續發展空間的關鍵因素。

　　我國社會福利的發展正處於一個結構變化的階段，一方面，由於參與國際經貿組織，經濟朝向全球化的方向，面對自由市場日益增強的競爭與壓力、產業外移、稅收減少、外商自由進出……凡此種種，都足以減低原先的經濟生活保障；另一方面，國內人口結構的改變（如高齡社

會的來臨）及國民對於社會安全的需求大為提升。換言之，民眾對社會的福利需求日益殷切，使得政府宜認真而周密的建構完整的社會福利機制，以因應國民的普遍需求。

根據先進國家的經驗，社會福利的建制，其實正反映著政府的基本職司，而不是國家牧民的善政，民眾只能消極的期待為政者的溥利人群，等待國家對人民的施予，而是人民皆應承受的基本權利，這一個理念的動力在於對現代生活的風險有著更深刻的體認。當無法歸諸個人因素的結構性失業一再發生，當現有家庭型態無法負擔照養老人的任務時，希冀透過社會集體的力量來求取個人的安全，便成了不可避免的趨勢。於是，我們對於社會福利或社會安全的理解，就不當再只限於透過社會集體的力量，來照顧因著經濟發展所造成的受害者而已，甚至也不應只理解成是對因性別、年齡等等，各式差異所造成的弱勢族群的照顧而已。社會福利所強調的是，在現代社會中，任何人都有招致意外或不幸的可能，其責任的歸屬往往並不清楚也無法在社會中獲致共識，同時即便做出明確的歸責也未必能帶來何種實際的效益，因而不再以是否可歸責於個人作為濟助與否的判準，而轉由運用集體力量來分擔個人所招致的風險，以群體的努力來維護個人的基本生活。社會安全制度便是相應於這種想法的一種體制，以期能改變傳統社會中「日頭赤焰焰，隨人顧性命」、只有「愛拚才會贏」的營生方式。

為求達到社會安全機制的建立，在社會福利上宜朝向下列方向努力：

1. 保障社會成員人性尊嚴：為能保障每個人最低生活需求，應建立殘補式的救助體系，協助對於低收入戶者、弱勢族群的照顧，以維繫每位國民的基本生活品質。
2. 確保國家資源公允分配：藉財富分配來達成每個人在生存、教育、就業、稅負方面的均等，並建立公正的資源分配制度，達到社會公平的境界。

3.維持基本生活不虞匱乏：在社會福利實施下，對個人在遭受其所能控制範圍之外的社會風險致使其生活水準下降時，保衛其已獲得的生活水準，經由建立完整的社會福利體制，使「和衷共濟，危險共擔」的社群得以形成。

近年來全球化的浪潮，以及科技、資訊的高度發展，已改變了傳統民眾對社會福利的期待，各國政府於福利服務方式已面臨巨大的衝擊與興革。為確保民眾生活福祉，我們社會亟需一套高瞻遠矚的社會福利體系，以迎接二十一世紀的挑戰，建設一個公義祥和的新家園。

問題與討論

一、相較於傳統社會，社會福利於今日社會所扮演的角色為何？

二、請說明社會福利發展於現今社會所面臨的挑戰為何。

三、請說明全球化對於社會福利的影響為何。

四、請說明歐盟組織在新的形勢下，如何拓展了既有的社會安全目標。

五、請說明從總體思維以探索全球化背景下的社會福利的決策思路為何。

六、請說明自由主義的福利觀的社會福利含義為何。

七、請說明進步的改良主義福利觀社會福利含義為何。

八、請說明批判的激進主義福利觀社會福利含義為何。

九、請簡述隨著社會快速變遷，社會福利服務工作所面臨的挑戰為何。

十、請說明「社會安全體現社會福利，社會福利落實社會保障。」於面對民眾期待及社會發展，社會福利宜積極朝向的努力方向。

參考書目

一、中文部分

王正（1993），王國羽主編。〈我國社會安全財源籌措之理念與原則〉，《社會安全問題之探討》。嘉義：中正大學。

王正（1998），詹火生、古允文編著。〈我國社會福利本土化政策之財政基礎〉，《新世紀的社會福利政策》。台北：厚生基金會。

王麗容（1999），詹火生、古允文編著。〈婦女福利〉，《新世紀的社會福利政策》。台北：厚生基金會。

王順民（1999）。《超越福利國家──社會福利的另類選擇》。台北：亞太。

王順民（2007）。《社會福利與社會工作》。台北：洪葉。

王仕圖（1999）。〈公設民營的迷思：非營利組織理論觀點的反省〉，《社區發展季刊》，第85期，頁156-165。

古允文（1990）。〈福利國家危機：本質與脈絡〉，《中山大學中山社會科學季刊》，第5卷，第3期，頁45-55。

古允文（1997）。〈從福利國家發展談民營化下國家角色的挑戰〉，《社區發展季刊》，第80期，頁70-78。

古允文譯（1999）。《福利資本主義的三個世界》。台北：巨流。

江亮演（1990）。《社會救助的理論與實務》。台北：桂冠。

江亮演等編（2000）。《社會福利與行政》。台北：五南。

江亮演（2004）。《社會福利導論》。台北：洪葉。

江亮演等（2004）。《社會政策與立法》。台北：洪葉。

江紹康譯（1991）。《社會政策十講》。台北：台灣商務印書館。

江明修主編（2002）。《非營利管理》。台北：智勝。

沙依仁等編（1996）。《人類行為與社會環境》。台北：空中大學。

朱志宏（1999）。《公共政策》。台北：三民書局。

危芊芝（2002）。〈落實老人生存權的扶助〉，《國政評論》。台北：財團法人國家政策研究基金會。

行政院經建會（2008）。「民國97新世紀第三期暨民國98年國家建設計畫（初

稿）」。

邱貴玲（2001）。〈家庭暴力防治法對婚姻暴力防治工作的衝擊〉，《社區發展季刊》，第94期，頁96-105。

李鍾元（1999）。〈跨世紀我國社會救助的展望〉，《社區發展季刊》，第88期，頁177-189。

李欽湧（1994）。《社會政策分析》。台北：巨流。

岑大利、高永建（1999）。《中國古代乞丐》。北京：商務印書館。

吳淑瓊、莊坤洋（2001）。〈在地老化：臺灣二十一世紀長期照護的政策方向〉，《臺灣衛誌》。第3期，第20卷，頁192-201。

林萬億（1994）。《福利國家──歷史比較的分析》。台北：巨流。

林萬億等（1995）。《台灣的社會福利：民間觀點》。台北：五南。

林萬億（1999）。《台灣社會福利的發展──回顧與展望》。台北：五南。

林萬億（1999）。〈邁向二十一世紀的後工業福利國家〉，《社區發展季刊》，第88期，頁27-48。

林萬億（2000）。〈論我國國民年金制度的規劃〉，《社區發展季刊》，第91期，頁16-29。

林維言（2000）。〈從「加強老人安養服務方案」的執行談長期照護制度之建構〉，《社區發展季刊》，第92期，頁6-18。

林清讌（2003）。〈臺灣老人福利需求與政策方向〉，《國政評論》。台北：財團法人國家政策研究基金會。

呂寶靜（1998），詹火生、古允文編著。〈保障老人社會權的福利政策規劃〉，《新世紀的社會福利政策》。台北：厚生基金會。

呂寶靜（2002）。《社會工作與台灣社會》。台北：巨流。

徐震、林萬億（1993）。〈社會行政工作〉，《當代社會工作》。台北：五南。

徐震（1999）。〈台灣社區工作的新形勢與新願景〉，《社區發展季刊》，第88期，頁168-176。

柯三吉（1997）。〈我國未來社會福利行政體系的發展方向〉，《跨世紀的台灣社會福利發展研討會論文集》。台北：國際社會福利協會中華民國總會。

柯木興（2000）。《社會保險》。台北：中國社會保險學會。

官有垣譯（2000）。《社會福利：結構與實施》。台北：雙葉。

陳國鈞（1987）。《社會政策與社會行政》。台北：三民。

陳小紅（1998），詹火生、古允文編著。〈社會保險〉，《新世紀的社會福利政

策》。台北：厚生基金會。

陳武雄（2003）。《社會立法析論》。台北：揚智。

郭振昌譯（1991）。〈福利多元主義的意義〉，《社會建設》，第78期，頁29-34。

郭振昌（1999）。〈跨世紀失業保險政策願景〉，《社區發展季刊》，第88期，頁84-96。

張學泰（2001）。《福利國家社會福利服務民營化探討》。台北：巨流。

唐文慧（1993）。《社會福利理論──流派與爭議》。台北：巨流。

梁偉康（1994）。《社會服務機構──管理新知》。香港：集賢社。

馮　燕（1999）。〈新世紀兒童福利的願景與新作法〉，《社區發展季刊》，第88期，頁104-117。

黃源協（1999）。《社會工作管理》。台北：揚智。

黃志忠（2005）。《社會福利政策》。台北：雙葉。

許慶雄（1991）。《社會權論》。台北：眾文。

廖榮利（1991）。《醫療社會工作》。台北：巨流。

廖榮利（1991）。《社會工作管理》。台北：三民。

廖榮利（1996）。《社會工作概要》。台北：三民。

曾華源、郭靜晃（1999）。〈邁向二十一世紀少年福利的願景〉，《社區發展季刊》，第88期，頁132-148。

曾華源（2005）。〈我國志願服務法未來修訂方向的幾個建議〉，《社區發展季刊》，第111期，頁207-214。

楊懋春（1987）。《中國社會思想史》。台北：國立編譯館。

萬育維（1996）。《社會福利服務：理論與實踐》。台北：三民。

蔡啟源譯（1998）。《社會工作行政：動態管理與人群關係》。台北：雙葉。

蔡正道、吳素霞（2001）。〈我國家庭暴力防治工作之規劃與展望〉，《社區發展季刊》，第94期，頁5-17。

孫健忠（1991）。〈私有化與社會服務：執行面的理念探討〉，《人文及社會科學季刊》，第4卷，第1期，頁197-222。

孫健忠（1996）。《台灣地區社會救助政策發展之研究》。台北：時英。

孫健忠（1998），詹火生、古允文編著。〈我國社會救助工作的檢討與建議〉，《新世紀的社會福利政策》。台北：厚生基金會。

孫健忠（1999）。〈社會價值與社會控制──以社會救助為例〉，《台大社會工

作學刊》，第1期，頁77-109。

孫健忠（2000）。〈社會救助制度的新思考〉，《社區發展季刊》，第91期，頁
　　240-251。

陶蕃瀛（2000）。〈社會工作專業發展的分析與展望〉，《社區發展季刊》，第
　　88期，頁190-196。

賴兩陽（2006）。《社區工作與社會福利社區化》。台北：洪葉。

葉肅科譯（2002）。《福利》。台北：巨流。

葉至誠（2000）。《職業社會學》。台北：五南。

葉至誠（2004）。《社會福利服務》。台北：揚智。

詹火生（1994）。「當代各種年金制度的社會觀」，「年金制度研討會」。台
　　北：中華經濟研究院。

詹火生譯（1987）。《社會政策要論》。台北：巨流。

詹火生（1990）。《社會福利工作方案評估方法概論》。台北：中華民國社區發
　　展研究訓練中心。

詹火生（1992）。《主要工業國家勞工福利之研究》。台北：行政院勞委會。

詹火生、古允文編著（1998）。《新世紀的社會福利政策》。台北：厚生基金
　　會。

詹火生（1999）。〈跨世紀就業安全政策〉，《社區發展季刊》，第88期，頁
　　77-83。

詹火生、林青璇（2002）。《國政研究報告：老人長期照護政策—國家干預觀點
　　之分析》。台北：財團法人國家政策研究基金會。

薛琦（2005）。《工商時報》，2005年5月20日報導。

藍忠孚（1993）。《我國社會福利行政組織結構及功能之探討》。台北：行政院
　　研考會。

劉淑瓊（1998）。〈社會福利「公設民營」制度之回溯與前瞻〉，《國立台灣大
　　學社會學刊》，第26期，頁211-279。

劉淑瓊（2001）。〈社會服務「民營化」再探：迷思與現實〉，《社會政策與社
　　會工作學刊》，第5期，第2卷，頁5-56。

賴美淑（1999）。〈全民健保財務收支現況與未來展望〉，《社區發展季刊》，
　　第88期，頁68-76。

蘇景輝（1989）。《工業社會工作》。台北：桂冠。

蕭玉煌（2000）。〈我國國民年金制度的規劃背景與內涵〉，《社區發展季

刊》，第91期，頁4-15。

蕭玉煌（2002）。〈內政部推展社區發展工作之成果與新方向〉，《社區發展季
刊》，第100期，頁5-14。

蕭新煌、林國明編（2000）。《台灣的社會福利運動》。台北：巨流。

傅立葉（1995），林萬億等。〈我國政府支出的政治經濟分析〉，《台灣的社會
福利：民間觀點》。台北：五南。

謝美娥（1991）。〈美國社會福利的私有化爭議〉，《政治大學學報》，第62
期，頁137-153。

謝美娥（1993）。《老人長期照護服務的私有化議題》。台北：桂冠。

謝美娥（1995），林萬億等。〈社會福利民營化的省思〉，《台灣的社會福利：
民間觀點》。台北：五南。

鄭文輝（1990）。《我國社會福利支出之研究》。行政院研考會。

盧政春（1995），林萬億等。〈利益團體與社會福利資源分配——透視我國軍公
教福利〉，《台灣的社會福利：民間觀點》。台北：五南。

二、英文部分

Adorno T.W., Else Frenkel-Brunswik, Daniel J. Levinson, R. Nevitt Sanford, *The Authoritarian Personality*. New York 1950.

Barr, N., 1993, *The Economics of the Welfare State,* London: Weidenfeld and Nicolson.

Barry, N., 1995, "Friedman". in V. George and R. Page (eds.), *Modern Thinkers on Welfare,* London: Prentice Hall.

Bennett, 2002, *Object Oriented Systems Analysis and Design Using UML*(2nd ed), McGraw Hill.

Bulter, E., 1985, *Milton Friedman: A Guide to His Economic Thought,* London: Gower.

Burden, Tom, 1998, *Social Policy and Welfare,* London: Pluto Press.

Cochrance, A. & Clark, J. (eds.), 1993, *Comparing Welfare States: Britain in International Context,* London: Sage.

Deacon (eds): Global Social Policy, London., Journal of University of Sheffield, Vol.1(1), Sage Publications.

Delaney, C. F. (ed.), 1994, *Liberalism Communitarianism Debate,* Lanham, Maryland: Rowman and Littlefield.

DiNitto, 1995, *Social Welfare: Politics and Public and Policy,* London: Pluto Press.

Dolgoff, R., Feldstein, D., & Skolnik, L., 2000, *Understanding Social Welfare* (5th ed.), N. Y.: Longman.

Dworkin, G., 1971, "Paternalism", In R. A. Wassertrom (ed.), *Morality and the Law,* Belmont, CA: Wadsworth.

Esping-Anderson, G., 1990, *The Three Worlds of Welfare Capitalism,* Cambridge: Polity Press.

Ezioni, A. (ed.), 1991, *The Spirit of Community,* New York: Crown Publishing.

Farley, O., Smith, L. L., & Boyle, S., 2000, *Introduction to Social Work* (8th ed.), MA: Allyn and Bacon.

Finch, J. & Groves, D., 1983, *A Labor of Love: Women, Work and Caring,* London : Routledge and Kegan Paul.

Fraser, N., & Gordon, L., 1995, "A Genealogy of Dependency: Tracing a Keyword of the U. S. Welfare State", in B. Laslett, J. Brenner, & Y. Arat (eds.), *Rethinking the Political: Gender, Resistance, and the State,* Chicago : The University of Chicago Press.

Friedlander, W. A. & Apte, R. Z., 1980, *An Introduction to Social Welfare,* Englewood: Prentice Hall.

George, V. & Wilding, P., 1994, *Ideology and Social Welfare,* London: Routledge and Kegan Paul.

George, V. & Page., R., 1995, *Modern Thinkers on Welfare,* London: Prentice Hall.

George, V. & Miller, S., 1994, "2000 and Beyond: A Residual or Citizenship Welfare State?", in V. George & S. Miller (eds.), *Social Policy Towards 2000: Squaring the Welfare State,* London: Routledge.

Gummer, B., 1990, *The Politics of Social Administration: Managing Organizational Politics in Social Agencies.* N. J.: Prentice-Hall.

Hayek, F. A., 1967, *Studies in Philosophy, Politics and Economics,* London: Routledge and Kegan Paul.

Hill, M., 1996, *Social Policy: A Comparative Analysis,* London: Prentice-Hall.

Hill, Michael, 2000; *Understanding Social Policy,* Malden, Mass.: Blackwell Publishers.

Iatridis, D., 1995, *Social Policy,* California: Brooks / Cole.

Lavalette, M. & Pratt, A. (eds.), 1997, *Social Policy: A Conceptual and Theoretical Introduction,* London:Sage.

Lewis, J., 1993, *Women and Social Policies in Europe. Work, Family and the State,*

London: Edward Elgar Publishing.

Lightman, E. S., 1987, "Welfare Ideology, the Market and the Family", *International Social Work,* Vol.30:309.

Lightman, E. S., 1965, *Social Policy,* London: Hutchinson.

Lohmann, R. A. & Lohmann, N., 2002, *Social Administration*. N. Y.: Columbia University Press.

Marshall's, T. H., 1950, *Social citizenship perspective,* New York: Crown Publishing.

Midgley, J., 1998, "Social Development as a Social Work Practice Approach", A Public Lecture at Department of Sociology, Peking University/July 15.

Mishra, R., 1981, *Society and Social Policy,* London: Macmillan.

Mishra, R., 1984, *The Welfare State in Crisis: Social Thought and Social Change,* Brighton: Harvester Press.

Moroney, R. M., 1986, *Shared Responsibility: Families and Social Policy,* New York: Aldine.

Gilbert, Neil & Terrell, Paul 2005, *Dimensions of Social Welfare Policy* (6th ed.). Boston: Pearson Education Inc.

Nozick, R., 1974, *Anarchy State and Utopia,* New York: Basic Books, Inc.

Offe, C., 1985, *Disorganized Capitalism: Contemporary Transformations of Work and Politics,* Cambridge: Polity Press.

Pateman, C., 1992, "The Patriarchal Welfare State", in L. McDowell & R. Pringle (eds.), *Defining Women: Social Institutions and Gender Divisions,* Oxford: Polity.

Paul Starr, "The Meaning of Privatization," *Yale Law and Policy Review* 6 (1988): 6-41. This article also appears in Alfred Kahn and Sheila Kamerman, eds., *Privatization and the Welfare State* (Princeton University Press, 1989).

Penketh, L. & Ali, Y., 1997, "Racism and Social Policy", in M. Lavalette and A. Pratt (eds.), *Social Policy: A Conceptual and Theoretical Introduction,* London: Sage.

Prinker, R., 1979, *Social Theory and Social Policy,* London: Heinemann Educational Books.

Pratt, A., 1997, "Neoliberalism and social policy", in M. Lavalette & A. Pratt (eds.), *Social Policy: A Conceptual and Theoretical Introduction,* London: Sage.

Qureshi, H. & Walker, A., 1989, *The Caring Relationship: Elderly People and Their Families,* London: Macmillan.

Rawls, J. 1971, *A Theory of Justice,* Cambridge: Harvard University Press.

Reamer, F. G., 1993, *The Philosophical Foundations of Social Work,* New York: Columbia University Press.

Richard Jackson, 2002, "The Global Retirement Crisis", in *The Geneva Papers on Risk and Insurance, Vol.27, No.4,* p486-511, Oxford.

Skidmore, R. A., 1995, *Social Work Administration: Dynamic Management and Human Relationships.* Allyn and Bacon. PP.1-32.

Spicker, P., 1988, *Principles of Social Welfare,* London: Routledge.

Taylor, Gooby P., 1994, "Postmodernism and social policy: a great leap backwards", *Journal of Social Policy,* 23, 3:385-404.

Tice, Carolyn J. & Perkins, K., 2002, *The Faces of Social Policy,* Pacific Grove, CA: Brooks / Cole.

Tiedt, P. L., & Tiedt, I. M., 1990, *Multicultural Teaching: A handbook of activities, information, and resources,* Boston: Allyn & Bacon.

Tomlinson, 1995, "Hayek", in V. George & R. Page (eds.), *Modern Thinkers on Welfare,* London: Prentice Hall.

Thompson, S. & Hoggett, P., 1996, "Universalism, Selectivism and Particularlism", *Critical Social Policy,* Vol.16:21-43.

Titmuss, R. M., 1968, *Commitment of Welfare,* London: Allen and Unwin.

Titmuss, R. M., 1970, *The Gift Relationship,* London: Allen and Unwin.

Titmuss, R. M., 1974, *Social Policy: An Introduction,* London: Unwin Hyman.

Tony Bennett, 1990, *Outside Literature,* London: Routledge.

Townsend, P., 1981, "The Structured Dependency of the Elderly: The Creation of Social Policy in the Twentieth Century", *A geing and Society,* 1, 1:5-28.

Weintraub, J., 1997, "Public/Private: The Limitations of a Grand Dichotomy", *The Responsive Community,* 7, 2, Spring:13-14.

Wilensky, Harold L. & C. N. Lebeaux, 1965, *Industrial Society and Social Welfare,* New York: The Free Press.

Williams, F., 1994, "Social Relations, Welfare and the Post Fordism Debate", in R. Burrows & B, Loader (eds.), *Towards a Post-Fordist Welfare State?,* London: Routledge.

國家圖書館出版品預行編目資料

社會福利概論 / 葉至誠著. -- 初版. -- 臺北
縣深坑鄉：揚智文化, 2009.02
　　面；公分.
ISBN　978-957-818-902-7（平裝）

1.社會福利　2.社會工作

547　　　　　　　　　　　　98000117

社工叢書 30

社會福利概論

著　　　者／葉至誠
出　版　者／揚智文化事業股份有限公司
發　行　人／葉忠賢
總　編　輯／閻富萍
執　　　編／宋宏錢
地　　　址／新北市深坑區北深路三段 260 號 8 樓
電　　　話／(02)8662-6826
傳　　　真／(02)2664-7633
E-mail ／service@ycrc.com.tw
印　　　刷／鼎易印刷事業股份有限公司
ISBN ／978-957-818-902-7
初版三刷／2015 年 3 月
定　　　價／新台幣 320 元

＊本書如有缺頁、破損、裝訂錯誤，請寄回更換＊